读客® 这本史书真好看文库

轻松有趣，扎实有力

# 极简明史

11 个关键人物、9 个关键事件，用极简逻辑理清极复杂明史！

刘钢 著

**图书在版编目（CIP）数据**

极简明史 / 刘钢著．-- 南京：江苏凤凰文艺出版社，2022. 8
（读客这本史书真好看文库）
ISBN 978-7-5594-6869-7

Ⅰ.①极… Ⅱ.①刘… Ⅲ.①中国历史—明代—通俗读物 Ⅳ.①K248.09

中国版本图书馆 CIP 数据核字 (2022) 第 088484 号

# 极简明史

刘 钢 著

责任编辑 丁小卉
特约编辑 王 珺 乔佳晨
装帧设计 张 璐 张王珏
责任印制 刘 巍
出版发行 江苏凤凰文艺出版社
南京市中央路 165 号，邮编：210009
网 址 http://www.jswenyi.com
印 刷 三河市龙大印装有限公司
开 本 880 毫米 ×1230 毫米 1/32
印 张 10.25
字 数 208 千字
版 次 2022 年 8 月第 1 版
印 次 2022 年 8 月第 1 次印刷
标准书号 ISBN 978-7-5594-6869-7
定 价 49.90 元

# 目录

第一章

# 朱元璋——自卑的理想主义者

洪武二十八年（公元1395年），南京。

漆黑的夜幕中，皇宫的灯光就像萤火虫一般显眼。虽然烛光有些摇曳，但是丝毫不影响一位年近古稀的老人的“创作热情”。“盖其创业之初，备尝艰苦，阅人既多，历事亦熟。”他伏案为《皇明祖训》作序，过往的几十年如走马灯般在他脑海中飞快闪过。这位老人就是大明王朝的开国皇帝——明太祖朱元璋。

此时他盯着身上的锦衣，紧锁双眉，感慨万千，眼中流露出一丝悲怆，回想起了自己不幸的童年和青少年时代。17岁那年经历的大旱与瘟疫使得朱元璋的父母、兄弟相继离世，他不得不剃度出家，作为游僧漂泊度日，饱尝人间冷暖。洪武帝这时抬起头，从窗格望向了宫外扬子江的方向，又回想起了自己起兵举义时在徽州和浙东遇见了自己的谋臣刘基、宋濂时的场景，尽揽英才的兴奋之情顿时跃上心头，仿佛又看到了自己在鄱阳湖之上挥斥方遒，率领大军击败陈友谅的决胜时刻。

“皇上，茶凉了。”宦官的话打断了朱元璋的思绪。“哦。”他摆了摆手示意宦官退下，随后盯着自己的双手又陷入了沉思。俗话说“人生七十古来稀”，此时的朱元璋已经不再是当年的英雄少年，双手也呈现出老人的朽状，布满了皱皮。几十年的征战和对庞大帝国的经营，让他从一个受尽苦难的放牛娃成长为一代雄主。

回看他执掌帝国的这几十年，充满了现实主义与乌托邦式的纠结。他憎恨贪官，不惜对他们剥皮楦草，然而贪墨仍屡禁不止；他害怕大权旁落，于是废丞相，设立特务机构锦衣卫，却为后来的“明亡于厂卫”埋下了苦果；他希望人民安居乐业，为此制定了严格的户籍制度与教育政策，但是人心依然不古；他建立卫所，分封藩王，希望江山永固，换来的却是靖难之役……

虽然有诸多的不尽如人意之处，但是朱元璋一手构建的大明王朝还是成了我国封建历史上政治、军事、经济一度强大的王朝。而其设立的封建制度之完备，更是令后来的康熙皇帝也不得不赞叹道：“明太祖天授智勇，崛起布衣，纬武经义，统一方夏，规模制度，准今酌古，咸当周详，非独后代莫能越其范围，即汉唐宋诸君诚有所未及也。”清朝在行政制度的基础建设上，几乎是对明朝体制的照单全收。我们不禁要问，一个没读过几天书的放牛娃，是怎么做到这一切的？

洪武十三年（公元1380年），朱元璋的轿子按照计划前往丞相胡惟庸的府中。突然半路上冒出一个身影，随行的卫兵迅速将其拿下，不由分说就是一顿老拳伺候。被打的人叫云奇，他毫不在乎自己的性命，只是拼命地指向胡惟庸的宅邸。皇帝很疑惑，命人前去查看，才发现胡府中刀枪林立。朱元璋大惊，立刻下令回宫。

很快胡惟庸就以谋反的大罪被处死，不仅如此，包括韩国公李善长等功臣都受到株连，朝堂之上一片血雨腥风，三万余人相继被斩，这就是洪武时期著名的“胡惟庸案”。云奇是谁？这不重要，历史上甚至对于有没有云奇拦路这件事都存在很大争议。重要的是，“胡惟庸案”之后，朱元璋废掉了中书省。这起案件只是千百年以来皇权与相权之争的“载体”而已，没有胡惟庸，也会有别人做炮灰。

清代学者赵翼对洪武帝的评价可谓入木三分：“盖明祖一人，圣贤、豪杰、盗贼之性，实兼而有之者也。”青少年时长期以来的颠沛流离和军旅生涯既造就了朱元璋坚毅果敢的韧性，也让他形成了多疑、狠毒的另一重人格。在反元起义的时候，他懂得很好地伪装自己，不但时刻保持清醒的头脑，“高筑墙、缓称王”，而且所到之处明令部队秋毫无犯，军纪严明。早年起兵时期的大将胡大海，围攻绍兴正在紧要关头，其子胡三舍不顾朱元璋的禁酒令率众饮酒，朱元璋大怒，下令处死胡三舍。此时部下劝朱元璋，这个时候杀了胡三舍，胡大海很可能会造反。朱元璋却坚定地说：“宁可胡大海反了，不可坏我号令！”当他位居九五之尊之后，对权力的欲望更是激活了血液中的残暴与多疑。

中央权力的分散，让朱元璋如鲠在喉，而胡惟庸一案正好成了皇帝废相的导火线。

胡惟庸撞到了“枪口”上。这个从洪武六年（公元1373年）就开始担任右丞相的“职场老员工”，随着多年的掌权，心态也慢慢发生了变化。从开始的万事小心翼翼，到后来生杀废黜这种大事也敢自作主张。彼时各部的奏章，胡惟庸基本都是自己处理。市侩之徒纷纷奔走其府，贿送财物。目无领导是职场大忌，这触动了朱元璋最敏感的神经，正好将其正法。虽然胡惟庸没了，但是谁能保证以后不会出现第二个、第三个“胡惟庸”？于是，朱元璋索性废去丞相一职。至此，中国历史上实行了一千六百年的丞相制度被废除，六部直接向皇帝负责，相权与君权合二为一。

既然丞相废了，朱元璋干脆给上层建筑来了一次彻底的“大手术”。大明建国，千头万绪，洪武帝起初承袭元朝旧制，设中书省（下设六部，为行政机构）、枢密院（军事机构）和御史台（监察机构）。此时洪武帝改枢密院为大都督府，并分中、左、右、前、后五军，而且这五军都督平日里只管军务，战时才能统军作战；改御史台为都察院，在中央形成了行政、司法、军事独立的政府机构。这样一来，权力完全被分散了。特别是军队，部队指挥官的任命由兵部下达，后勤由户部负责，装备由工部供给，军阀形成的可能性就被排除了。中央改组了，军权分散了，但如果在地方形成“独大”之势又该怎么办？明廷原本在地方上设行中书省，管理地方事务，其具有掌管所辖地区内钱粮、军务、漕运等一切事务的权力，如此集权对人性是巨大的考验。出身底层的朱元璋尝尽了世间冷暖，在这种权力毫无监督的情况下谁能保证地方不会出现“胡惟庸”？他深知权力就像毒品一样，会让人上瘾，于是决定在地方也必须要分权。

洪武九年（公元1376年），朱元璋改行中书省为承宣布政使司，设左右布政使，主管行政。全国被分为了浙江、江西、福建、北平、广西、四川、山东、广东、河南、陕西、湖广、山西十二个布政使司。后来在洪武十五年（公元1382年）又设置云南布政使司。永乐一朝，成祖朱棣迁都北平，北平改称京师，南京改称应天府，形成“两京”。这就是明朝影视剧中官员们口中所说的“两京一十三省”的由来。与此同时，朱元璋在地方还设置了提刑按察使司与都指挥使司分别主管司法与军事，“三权分立”消除了地方“坐大”的可能。如此一来，不论中央还是地方，都做到了各部门平行，无法一家独大。但是，看似天衣无缝的设计，实际执行中却有很大问题。

首先，六部对皇帝直接负责，大事小事皇帝都要过问，这就意味着帝国的皇帝需要有惊人的体力和执政能力。洪武一朝朱元璋是“天天加班”，通宵达旦地看奏折是常态，他一天批复的奏折达上千份，共有几十万字！要知道普通人的阅读速度一般在每分钟三百字左右，这样算来朱元璋每天光看奏折的工作量都在十个小时以上，而且他还要时刻保持清醒的头脑，对诸事做出正确的判断与回复。有一次，户部尚书茹太素提交了一份“万言书”，朱元璋看到近万字的时候还不知道这位官员想说什么，气得直接将他打了一顿。因为时间太紧张，在回复官员奏疏的时候，这位草根出身的皇帝也是效率至上，尽量做到用两句大白话就说清楚。有一次，地方官员上报沿海有倭寇来犯，朱元璋直接回复道：“奉天承运，皇帝诏曰，告诉百姓每（们），准备好刀子，这帮家伙来了，杀了再说。钦此。”这么写，在外人看来有点忍俊不禁，但是其中的苦衷可能只有朱元璋自己明白了。这样的机制设置，决定了皇帝的综合素质直接与国家命运相关，帝明则天下清，帝昏则万民苦，同时也催生了日后明朝内阁制度的诞生。

而军权的分立，让将领长期与部队分离，形成了“兵不识将，将不认兵”的尴尬状况，大大阻碍了军队的磨合，导致军队战斗力的下降。在明朝中后期，战斗力强悍的部队往往是以地域为主形成的地方性部队——乡军，如江浙的“戚家军”、辽东地区的“关宁铁骑”等。这些地方性的部队在王朝衰弱时期就慢慢形成了私人武装割据，像崇祯时期驻扎皮岛的毛文龙，巡备陕西、甘肃等地镇压农民起义的总兵贺人龙等，表面上同属明廷调遣，实际上已经成了割据一方的军阀。洪武帝本想阻止地方“坐大”，却未曾料到军权的分立导致了王朝后期军阀的出现。

值得一提的是，为解决军权分立产生的不良后果，明朝中后期逐渐授予了武将在外的统兵权。为了节制武将，又在军队出征之时以文官统率武将，让有明一朝出现了“文官尚武、武官崇文”的有趣现象，成就了很多著名的“儒将”，比如王越、王守仁（王阳明）、袁崇焕等。在文人领兵的大环境下，武将与文臣增加了交流，反过来促使很多武将“崇文”。例如，俞大猷、戚继光等人的文学修养不输文臣，戚继光还被当时的文人誉为“词宗先生”，虽然这一称号有些趋炎附势之嫌，但是武将对“文化圈”的热衷可见一斑。

大明王朝诞生之初并不像其国号一样“日光月明”，北方的元朝残余势力依旧对中原虎视眈眈，国内社会仍然动荡，庞大的武装力量是维护统治的必要工具。然而立国之初，百业凋敝，如何养活一支数量庞大的军队是个难题，面对如此棘手的情况，明廷是如何应对的呢？

洪武二十二年（公元1389年），风光秀丽的洱海旁，大理古城迎来了新生。十五年前傅有德、蓝玉、沐英率领明朝大军兵锋直指云南，元梁王把匝剌瓦尔密及地方武装土司段世溃败，大理城几乎毁于战火。明代之前，中央对于云南没有形成过有效的控制，明军进驻云南后，汉族与少数民族在云南长期杂居，为了平定地方，明朝决定在云南设立卫所——大理卫。

据《云南志》卷三《大理府·城池·大理卫城》记载：“洪武十五年建，周围一十余里，四门——东曰通海，南曰承恩，西曰苍山，北曰安远，其上有楼。”依照明代建城规制，大理城很快得到了修复，成为此后云南重要的经济、军事与文化中心。

再看看两千公里以外的福建永宁，一条纵向的石板路贯穿了三条横向的大街，构成了一幅鳌龟背上的纹路。城内的石板路上熙攘热闹，军人、铁匠、市民摩肩接踵，这就是明朝东南地区最重要的海防卫所——永宁卫。永宁卫在明朝百年间抵御了沿海倭寇的侵扰，是国家重要的武装防御机构。在明代，有数百个像大理卫和永宁卫一样的卫所，它们星罗棋布地散落在大明王朝辽阔的疆土之上，组成了帝国安全的重要防线。大明王朝是汉族建立的最后一个君主集权制的封建王朝，然而儒家文化与道德体系建立的基础是农耕文明，中原文化一旦进入草原和沙漠，就马上变得“水土不服”了。我们可以发现一个非常有趣的现象，明朝的“两京一十三省”刚好位于以农耕为主的疆域之内。而在北方的草原，游牧部落是瞧不上养于深宫之内的汉家皇帝的，只有唐太宗、元太祖这样的英雄才能令他们打心底里折服。因此，卫所成了明廷在边疆地区维护社会秩序与安全的重要保障。

据估算，洪武二十六年（公元1393年）之后，明朝全国的军队数量在一百八十万人以上，要知道明初全国的人口数量不过六千万，但是维持如此庞大的军队却基本上不用国家财政支持，最重要的原因就是卫所制的实施。洪武帝曾经自豪地说：“吾养兵百万，不费百姓一粒米。”

什么是卫所制呢？简单来讲就是在全国划定防区驻扎军队，然后让军队在驻地屯田，闲时耕种、战时打仗，自给自足。其实这种方式并不鲜见，类似于唐朝的府兵制，以及三国时期诸葛亮的屯田制。不过，明朝的卫所制更为详尽，至洪武二十六年，全国已有卫所329个，其中除了前边所说的永宁卫、大理卫，在北方还有天津卫、燕山六卫等，为巩固边防起到了关键作用。除了地方卫，明代还有专门保护天子的“内卫”。所谓“内卫”就是御林军中的配置，明代皇家近卫军有上十二卫，由皇帝亲自指挥，这十二卫中最著名的莫过于“锦衣卫”了。

对于这一制度的设计师朱元璋来说，他希望打造一支兵农合一的部队，既能自给自足，又能冲锋陷阵。洪武帝规定卫所内的军人全部世袭，为了解决军人的思亲之情，随军家属也一并被送往卫所；如果是单身，国家还可以“包办婚姻”，为的就是要让军人安心守土。那么怎么做到军户的世袭，为王廷世代守疆呢？这就有赖于朱元璋制定的另一项重要的行政制度——户籍制。

农民出身的朱元璋即便是成了九五之尊，小农意识依旧深深地扎根在心中。不论多么庞大的帝国，在他眼中就像是自己家中的那“一亩二分地”，这地里的一草一木、牲畜动物都是自己的财产，而自己作为“户主”，有权利也有义务照顾好它们。不论大事小事，他每天都如耕田下地般亲力亲为。他时刻关心着帝国每一寸土地上发生的一切，对自己的孩子更是上心，亲自主编的《皇明祖训》中，为了巩固皇权、训诫子孙，甚至还包括了皇子们几点起床、饭不要吃太饱等这些生活细节。他越来越想回到童年时代那短暂的欢乐时光，和父亲、母亲、哥哥在一起的日子虽然很贫苦，但一家人在一起温情常在。可惜突如其来的变故让他们阴阳两隔，朱元璋甚至没有尺寸之地来下葬父母，“殡无棺椁，被体恶裳，浮掩三尺，奠何肴浆”。元末的土地兼并之严重，百姓生活之困苦让他记忆犹新。

大明初建，百废待兴，最重要的就是“钱”。作为有着上千年历史的传统农耕文明国家，赋税一直是国家最直接、最重要的财政来源。然而元末大乱，田赋无准，中央最重要的财政该如何保障呢？千头万绪，又该如何下手？宁国府的政绩让朱元璋眼前一亮。

知府陈灌推行的“户帖法”在宁国府大获成功，我们来看一则标准的“户帖”：

> 一户林荣一，嘉兴府嘉兴县零宿乡二十三都宿字圩
>
> 民户计家五口：
>
> 男子二口
>
> 成丁一口，本身年三十九岁，
>
> 不成丁一口，男阿寿，年五岁。
>
> 妇女三口
>
> 妻章一娘，年四十岁，
>
> 女阿换，年十二岁；次女阿周，年八岁。
>
> 事产
>
> 屋，一间一披，田：自己民田地六亩三分五毫。

政府由此可以得到的信息是：户主林荣一一家五口，住在嘉兴县，两男三女，有地六亩三分五毫。这份户帖中，一家人的籍贯、姓名、年龄、关系、性别、土地、住址、行业等信息全部呈现出来，这为国家征税和征役提供了准确无误的参考信息。朱元璋推行的制度环环相扣，缜密无比。在户帖的基础之上，还诞生

了“黄册”，简单来讲就是朝廷组织“人口普查”，把居住在城乡的每个住户按照籍贯、姓名、人口、田宅、地亩等逐一登记造册，信息更为翔实。黄册每十年编造一次，每册一式四份，分别上报户部及省、府、县。因上报户部的册子封面是黄纸，故称为“黄册”。

有明一朝，每年百姓在农闲或者遇到政府重大事务时，都需要服徭役。只有户籍上尽量将每户人口信息细化，才能为徭役人选做出正确的征派。太祖将全国户口按照职业分工，分为民户、军户、匠户等，民户务农，并向国家交税、服徭役；军户的义务是服兵役；匠户则必须为宫廷、官府及官营手工业服劳役。百工百业，世袭相传、不容更改是明朝户籍制度最大的特点。这意味着没有特殊原因，实现阶级跃层的可能性非常小。你要是铁匠，你的子孙世代就是铁匠；你要是军籍，你的子孙世代就是军籍。不但出身受限制，就连活动自由也受限制。明代规定“农业者不出一里之间，朝出暮入，作息之道相互知”，任何人离乡百里，都必须持“路引”，否则就是“流民”。“路引”实际上就是介绍信，有了它才能异地远徙、住店，不然就会被遣回原籍。

朱元璋这么做是有目的的。明朝初立，流民失所，政府缺乏准确的户籍信息，加上过去的信息搜集方式原始且效率低下，如果不能准确、大量地掌握户籍信息，国家的税收和管理将无从谈起。朱元璋想尽可能地将百姓和土地捆绑在一起，因此核查户口、强化户籍管理势在必行，户帖和黄册的实行使得人口统计有章可循。

在实现人人都有“户口本”之后，朱元璋又开始在全国派发土地证——鱼鳞图册。他展开了大规模的土地丈量工作，将土地的类型、贫瘠程度、四周地貌的分布全部一一登记造册，为朝廷的征税奠定了基础。

朱元璋最爱挂在嘴边的一句话就是：“四民之中，农民最苦。”体恤农民是因为朱元璋自己当过农民，爱惜农民是因为朱元璋知道农业是天下根本，只有让农民安居乐业才能天下太平。

他的努力在明初产生了良好的效果。经过治理的洪武一朝，全国户数达到了10 652 789户，人口60 545 812人，耕地面积统计为8 804 623顷，夏秋粮合计为3100万石。洪武二十八年，朱元璋自豪地颁旨：“方今天下太平，军国之需皆已足用。其山东、河南民人田地、桑枣，除已入额征科，自二十六年以后栽种桑枣果树与二十七年以后新垦田地，不论多寡，俱不起科。”

明朝初年，洪武帝的治国方针确实为社会经济的恢复打下了坚实的基础，但任何事物都是发展变化的。随着明朝中后期资本主义萌芽与市场经济发展，户帖与黄册显然已经不适合时代发展的需要了，而好不容易清查出的土地，也随着基层管理权力移交到士绅手中被兼并蚕食，皇族对土地的觊觎让这种情况更是雪上加霜。朱元璋心中那“几亩地，一头牛，老婆孩子热炕头”的田园牧歌式的场景终究没能够实现。

洪武三年（公元1370年）四月，朱元璋一口气将自己的十几个儿子全部封为了藩王。册封仪式结束后，朱元璋宴请群臣，觥筹交错之际，他语重心长地对群臣说道：“昔者元失其驭，群雄并起，四方鼎沸，民遭涂炭。朕躬率师，以靖大难，皇天眷佑，海宇宁谧。然天下之大，必树藩屏，上卫国家，下安生民。今诸子既长，宜各有封，分镇诸国。朕非私其子，乃遵古先哲王之制，为久安长治之计。”于是，两千年前西周的“分封制”又被朱元璋搬上了历史舞台。

洪武帝似乎对西周的分封制度情有独钟，在编纂《皇明祖训》时就将这条编于书中，“定封建诸王国邑及官属之制”，就连诸王的“册宝”也严格按照西周的尺寸定制。一提到“藩王”，我们通常能想到的就是西汉的“七国之乱”和西晋的“八王之乱”，后者更是导致了国家政权的长期动荡，这些前车之鉴难道朱元璋不知道吗？非也，洪武帝对此还做过深入的研究。据《明太祖实录》记载，洪武元年（公元1368年），朱元璋在与太子朱标聊天时，问他最近都在研习什么知识，朱标答“昨讲《汉书》七国叛汉事”，朱元璋问“此曲直孰在”，太子毫不犹豫地说“错在七国”。很可惜，朱元璋为太子的回答打了零分。看着朱标疑惑和求知的眼神，朱元璋给出了正确答案：“此讲官一偏之说。宜言景帝为太子时，常投博局杀吴王世子，以激其怨，及为帝，又听晁错之说，轻意黜削诸侯土地，七国之变，实由于此。”他的观点一句话总结就是，汉景帝太不够意思，薄情寡义，激怒了藩王。在朱元璋看来，皇帝有绝对的掌控力可以驾驭藩王，只要不做得太过分，藩王们也不会冒着巨大风险造反，而“一家人”就应该互相照顾。

当然，分封藩王这个问题，朱元璋还是仔细考虑过的。郡乎，县乎？还是国乎，家乎？朱元璋认为，秦、汉、唐、宋之亡，就是因为没有强大的亲藩支持，一旦天下大乱，异姓崛起，中央没有可以依靠和信赖的武装力量。但是周代的分封制，又会形成枝强干弱的局面，于是他将两种方案折中，一方面立郡县，集大权于中央；另一方面又建藩国，分封诸王，维护朱姓统治。

当时元廷虽已退居漠北，但是势力犹存。出于国家安全考虑，为了抵御蒙古，朱元璋将实力最强的几个儿子分封在了北方重镇——二子朱樉封秦王，建藩陕西西安府；三子朱棡封晋王，建藩山西太原府；四子朱棣封燕王，建藩北平；十三子朱桂封代王（初封为豫王，后改封为代王），建藩山西大同府；十四子朱楧封肃王（初封为汉王，后改封为肃王），初建藩甘肃平凉府，建文年间迁移到甘州府；十五子朱植封辽王（初封为卫王），建藩辽宁广宁府；十六子朱㮵封庆王，初建藩韦州，建文三年迁藩于宁夏；十七子朱权封宁王，建藩国于大宁卫；十八子朱橞封谷王，初建藩国在上谷宣府。这就是历史上著名的“九大塞王”。这九个藩王在北方漫长的边境线上形成了一条完整的防线，既针对蒙古，又能有效抵御东北的各部族势力。

“打虎亲兄弟，上阵父子兵”，小农出身的朱元璋对此深信不疑。在他看来，王朝初定，除了塞外劲敌及国内陈友谅、张士诚余部残存，跟着自己打天下的一班猛将才是最大的心腹之患。不然多年后针对功臣大清洗的“蓝玉案”“胡惟庸案”也不会发生，追随朱元璋开国的猛将谋臣们基本上被诛杀一空。当然在建国之初，政权未稳的情况下，他还需要这班文臣武将为他做事。作为一个出色的政治家和谋略家，他懂得制衡的奥妙。制衡的筹码就是封藩，只有自己的亲骨肉手握兵权才能够放心，朱家人总不会自家人打自家人吧？

封藩的另一个好处是减少太子登基的阻力。“最是无情帝王家”，历朝历代为了夺龙椅上演的骨肉相残的悲剧不在少数。太子朱标生性仁慈，而其他的儿子个个都不是省油的灯，把这些人调到各地去就藩，一来可以镇守地方，二来可以减少太子的威胁，岂不两全其美？朱元璋想得很细致，诸子分封之后，为了防止藩王之间串联勾结，甚至连入京都必须错开时间。

然而事与愿违，封藩不但没有让老朱家“家和”，同时也把大明帝国拖进了万劫不复的深渊。

虽然诸王对于地方行政没有太多权限，但是有统兵和指挥军事之权。藩王们还可以在府内设亲王护卫指挥使司，拥有三护卫，甲士少则三千人，多则可达近两万人。塞王的兵力尤其雄厚，如宁王所部“带甲八万，革车六千”，所属朵颜三卫蒙古骑兵更是骁勇善战。秦、晋、燕三王的护卫经朝廷补充，军力也十分强悍。诸塞王每年秋天都会塞外巡边，进行大规模的军事演习，曰“肃清沙漠”，这就意味着这些藩王的军队是长期以来经过实战锤炼的精锐部队。《皇明祖训》还规定：“凡王国有守镇兵，有护卫兵。其守镇兵有常选指挥掌之。其护卫兵从王调遣。

如本国是险要之地，遇有警急，其守镇兵护卫兵并从王调遣。”同时又规定：“凡朝廷调兵，须有御宝文书与王，并有御宝文书与守镇官。守镇官既得御宝文书，又得王令旨，方许发兵。无王令旨，不得发兵。”也就是说，藩王是地方守军的监视人，是皇帝在地方的“军代表”。如晋、燕二王屡次受命将兵出塞和筑城、屯田，大将如宋国公冯胜、颍国公傅友德都受其节制。军中小事专决，大事才报告朝廷，二王军权之大可想而知，这也是燕王后来能够发起靖难之役的重要原因之一。

虽然朱棣称帝之后，极大地削弱了藩王的军权，但是各地的藩王还是会拥有一定的私人武装。譬如后来宣德朝的汉王叛乱、正德时期宁王和安化王的叛乱，虽然经过朱棣对藩王权力的限制，这几次叛乱都没有成功，但也给社会经济造成了一定的破坏。

如果说早期藩王的武装对国家安全威胁甚重，那么负担藩王的供养更是中央财政肌体上的“毒瘤”。

明朝的分封制度虽然和周代相似，但是以洪武帝“酷爱创新”的性格，对分封也进行了调整——分封不锡土，列爵不临民，食禄不治事，不近四民之业，世袭罔替。不能从政，也不能参与工商等营生，一句话就是什么也不能干（明初的塞王例外），安静地做一个衣食无忧的“寄生虫”。而且藩王的子孙也可以承袭爵位，坐享其成。明廷规定藩王的嫡长子可以世袭爵位，其他儿子降一等成为郡王，郡王的嫡长子继承郡王爵位，郡王其他儿子降爵成为镇国将军，孙子为辅国将军，曾孙为奉国将军，四世孙为镇国中尉，五世孙为辅国中尉，六世以下皆为奉国中尉。如果只有几十个藩王也就罢了，国家尚可负担，但是由于亲王们一天到晚没事干，过去又缺乏娱乐项目，享受补贴的龙子凤孙们开始成几何级数递增，而中央政府为了消磨藩王们的意志，原则上也是大力鼓励他们“多生”。

明朝出生于官宦之家的博学大儒张岱，在其穷尽毕生精力所著的《石匮书》（纪传体明史书籍，是研究明史的重要史料之一）中记载：“我明自靖难之后，待宗室其制愈严愈刻。在诸王之中乐善好书者固百不得一，而即有好饮醇酒，近妇人，便称贤王，遂加奖励矣。”对于明朝宗室来说，贪杯好色竟然被视为“贤德”，实在是令人大跌眼镜。另一方面因为生的孩子多了，享受国家补贴的自然也多了，所以诸王把生孩子当“事业”来经营。就这样，“子又生孙，孙又生子”，大明朝的宗室像滚雪球一样越滚越大，国家为此每年都要负担庞大的支出。

据《明史·食货志》记载：“嘉靖四十一年，御史林润言：天下之事，极弊而大可虑者，莫甚于宗藩禄廪。天下岁供京师粮四百万石，而诸府禄米凡八百五十三万石，以山西言，存留百五十二万石，而宗禄三百十二万；以河南言，存留八十四万三千石，而宗禄百九十二万。是二省之粮，借令全输，不足供禄米之半，况吏禄军饷皆出其中乎？……下部复议，从之，至四十四年乃定宗藩条例，郡王、将军七分折钞，中尉六分折钞，郡县主、郡县乡君及仪宾八分折钞，他冒滥者多所裁减，于是诸王亦奏辞岁禄，少者五百石，多者至二千石，岁出为稍纾。”

到了嘉靖四十一年（公元1562年），当年应该给予宗藩的禄米为853万石，如果根据十多年后万历六年（公元1578年）《明会典》的记载赋税收入麦406.7万石、米2264万石，合计2670.7万石来计算的话，宗藩禄米约占赋税米麦的30%以上！当然，面对如此沉重的压力，朝廷也做出了调整，嘉靖四十四年（公元1565年），世宗定下制度，亲王禄米岁减500～2000石，郡王、将军七分折钞（折钞，用宝钞替代），中尉六分折钞，郡县主、郡县乡君及仪宾八分折钞。

尽管是“寄生虫”，也分油水大的和油水少的。大宗的直系和被皇上眷顾的亲王们日子自然好过，而小宗和不被重视的亲王后代的日子过得则不尽如人意。根据《中国货币史》记载，明代的宝钞贬值非常严重，万历六年1000文实际折钱仅0.1文，缩水到之前的万分之一！因此明朝宗室的工资实际缩水很大，而且就连这点工资也经常拖欠。明代规定，凡是封藩皇族的婚娶和爵位名称，都要朝廷批示，于是很多官吏竟然趁机要挟索贿，以致积压奏文逾千份。如此过分，就连“外人”都看不下去了，崇祯时期辅臣何如宠就向朝廷力谏其弊，使皇族中得到命名婚娶者六百多人，解决了一部分皇族的燃眉之急。不要说远支皇族了，就连崇祯帝被封信王的时候，都因为没钱贿赂有司官员，王府盖得十分寒酸。据史料记载，“故自郡王以上，犹得厚享，将军以下，多不能自存，饥寒困辱，势所必至，常号呼道路，聚诟有司。守土之臣，每惧生变”。到了明朝中后期，有些偏地远支的皇族，生活已经十分拮据了，地方官甚至都害怕这些皇族们会起事造反，而这种事还真出现了。

嘉靖三十七年（公元1558年），就出现了安化王府的宗仪，“求索禄粮”不遂，围布政使司；嘉靖四十三年（公元1564年），一百多个皇族包围了陕西巡抚府第，要求付给欠下的俸禄等一系列的“请愿”事件，搞得皇室无比尴尬。

拿“冰火两重天”来形容明代的藩王宗室十分到位，那些被皇帝宠幸的亲王往往生活优渥，甚至到了奢靡的程度，皇室一切的规则在他们身上都可以“法外施恩”。比如万历皇帝最喜爱的儿子福王朱常洵，婚礼费用竟高达三十万两银子。这是一个创纪录的数字，要知道，万历六年时神宗朱翊钧婚礼的费用不过七万两银子，皇太子朱常洛的婚礼费用也不过是十多万两银子，可见万历皇帝对福王的宠爱。

而且在福王婚礼举行之前，万历皇帝就指示户部每年支给福王禄米三千石，然而明朝开国元勋刘基的岁禄不过二百四十石。即使如此，贪得无厌的福王还嫌不足，要与民争利，指示王府办事人员在崇文门外开设皇店招徕进京商人车辆货物寄宿，每年收取店租一万四千两银子。户部尚书赵世卿表示反对，万历皇帝竟然表示福王这样做是自己特别许可的。

浙东四大史家，《明史》的“布衣”主编万斯同曾写道：“帝耗天下以给（福）王，而洛阳王邸富于大内。”以天下养儿，万历皇帝对于这个儿子的宠爱简直达到了无以复加的程度，史实也确实不过分。万斯同曾书：“帝所遣矿使税使数十人，日有奉，月有进，所得珍宝不可胜计，号为人主私财。及福王之国，斥其十之九遗之。所赐庄田至四万顷，又所请杂税地，东至南畿，西至四川，使者乘传来往收利，所至为之骚然。”万历皇帝不但赐予了福王上万顷的土地，而且将四川等地的矿税也划归福王所有。这位“有福”的藩王到底搜刮了多少民脂民膏已经无法统计，但是数量肯定是惊人的。明末的农民军首领李自成在攻破洛阳杀掉福王之后，将王府的财物洗劫一空，据说用了上千辆车子，搬运了几天才将财物运完。

一生怜农恨贪的朱元璋对待官员十分吝啬，但对自己的后代却是出奇的大方，这让明朝的皇室宗亲们就像寄生虫一般附着在帝国的肌肤上吸脂吮血，直到元气耗尽。

作为大明王朝的缔造者，朱元璋终其一生都在醉心于制度的设计。在朱元璋的眼中，帝国再庞大也是他的“私产”。在他的心中，自己的帝国应该是一个传统，或者说是保守的农业性的国家——日出而作，日落而息。他的意愿也很简单，就是希望把明帝国打造成一部永不停歇的机器，而帝国的每一个子民都像是机器中的零件一般，有秩序地维持帝国的运转。可惜，朱元璋错了。在封建集权的王朝中，阶级矛盾是不可调和的，客观的经济规律也更不可能变更，作为大地主阶级的代表想凭借一己之力去改变社会发展的规律，无异于痴人说梦。这让洪武帝的构想只能变成一厢情愿的乌托邦。他憎恶贪官，对于贪墨者不惜剥皮楦草，却无法阻挡明朝中后期整个帝国自上而下的腐朽；看似轻官重民的他，只愿意给支撑帝国的基层公务员——县令们，一年一百公斤大米的微薄薪酬，而在自己“衣锦还乡”的时候，征发几十万民工营建中都凤阳，整条大街都不惜铺上白玉石，以至于将“龙兴之地”凤阳变成了“自从出了朱皇帝，十年倒有九年荒”的“贫困区”；费尽心血核查田亩制成的“鱼鳞册”，在明朝中后期疯狂的土地兼并中已变得毫无意义；他设计的卫所制度在中后期已经跟不上时代发展的需要，军队战斗力低下、军官吃空饷的现象屡禁不止，从而不得不启用募兵制，王朝末期更是在各地形成了尾大不掉的“地方军”；就连他精心培养的“私人保镖”锦衣卫，在大厦将倾之时也没能够力挽狂澜。朱元璋在世时，在他的乾纲独断之下，社会好似在按照他的意愿一步步发展，然而他一离世，就连朱家的子孙都不愿意，也无法遵循他制定的游戏规则。

虽然依靠武力荡平九州，豪气万丈，但是一旦问鼎天下，洪武帝就立即表露出了“农民”的本色，他对外界丝毫不感兴趣，甚至是恐惧。他下令海禁，“以三日为限，后者死”。在他的眼里只有“面朝黄土背朝天”是最为稳妥的谋生方式，那些食货远洋者在他看来都是寄生虫。而明朝时期，正在迎来世界性的地理大发现与商业、社会的变革，欧洲人此时正在全力地摆脱蒙昧与黑暗的中世纪。而在东方，宋元时期曾经高度发达的对外交流与商业经济，在太祖的铁腕治国下一度萎靡不振，也让中国失去了和世界深度交流的机会，输在了前往近代文明的赛道之上。

现在看来，朱元璋的治国就像是堂·吉诃德似的努力，他试图战胜眼中的恶，但讽刺的是，他手中的长矛却从未真正插向过恶龙。也许到死洪武帝都不会明白，大明帝国这列重型火车只是在他乌托邦式的幻想轨道上驰骋罢了。帝国的前途究竟在何方，这个问题只能留给他的子孙去解答了。

第二章

# 锦衣卫——无孔不入的特务机构

万历年间，北京。

虽然只是初伏，但天气已经燥热难耐，顺承门（今北京宣武门）外护城河两岸的茶楼酒肆人满为患。很多在二楼的客人不顾炎热的天气，成群地挤在围栏旁。没有钱进茶楼消费的市民则三五成群地相拥在两岸的高处，一些顽皮的孩童还爬上了树，所有人的目光都朝着不远处的顺承门方向望去。

突然，从远处传来了几声巨大的嘶吼声，只见一只只身形巨大的大象在前方旗官的引导下井然有序地走出了顺承门，然后慢悠悠地走进了护城河。凉爽的河水让大象们兴奋异常，有的摇头晃脑，有的用鼻子喷水，象群中不时地发出一阵阵嘶吼，两岸的人们也是看得津津有味。这神奇的一幕就是明朝万历年间一年一度的"伏日洗象"，而指挥这些大象洗澡的旗官就是负责训象的锦衣卫。没错，他们可能和我们平常在影视剧中看到的鲜衣怒马、武功盖世的锦衣卫不大一样。其实关于锦衣卫，你不知道的还有很多……

出身底层的洪武帝，对权力的欲望超越了之前所有的帝王，他既没有唐朝帝王的豁达，也不可能像宋朝君主一样“与文人共治天下”。没有显赫的身世背景和豪族支持，导致他天生缺乏安全感，对谁都不信任。在解除了中央与地方行政、军事可能存在的“一臣坐大”的威胁之后，皇帝开始考虑到自身的安全问题。与此同时，“高处不胜寒”的境地让他不得不保持警惕，他时刻关注着帝国每一个角落发生的状况，以便防微杜渐。在这种情况之下，集安保、侦查等多重任务于一身的锦衣卫就诞生了。

由于干系重大，朱元璋亲自指导了安保部队的改组。他废除了亲军都尉府和仪鸾司，将亲军十二卫划入自己的直接管辖范围内。在十二卫中，为首的就是盛名在外的锦衣卫，其余的分别为旗手卫、金吾前卫、金吾后卫、羽林左卫、羽林右卫、府军卫、府军左卫、府军右卫、府军前卫、府军后卫、虎贲左卫。后来历经永乐、宣德两朝，皇帝近卫军扩编至二十六卫。

早在锦衣卫还隶属于亲军都尉府的时候，由于近卫军部门、人数众多，为了区别身份，便于指挥，朱元璋下令给近卫军们制作“工牌”。工牌分为“仁”“义”“礼”“智”“信”五种，仁字号饰盘龙云花纹，一般是“高干”——公、侯、伯和都督；义字号饰伏虎云花纹，一般是指挥使；礼字号饰獬豸云花纹，一般是千户、卫镇抚；智字号饰狮子云花纹，一般是百户、所镇抚；信字号饰盘云花纹，一般是将军。除了“工牌”，锦衣卫的制服与装备也是独具特色。

先来说说锦衣卫的制服——飞鱼服。此“鱼”非彼“鱼”，飞鱼服上的“鱼”出自《山海经·海外西经》：“龙鱼陵居在其北，状如狸。”它其实是一种会飞的神兽。那么这只“鱼”到底长什么样呢？其将龙头、蟒身、四足、鱼尾合于一身。因为和我国神话中的“蟒”非常像，明世宗就曾误以为兵部尚书张瓒穿的飞鱼服是“蟒袍”，斥责其越级。张瓒却淡定地回答“臣所穿乃钦赐飞鱼服”，弄得皇帝有些尴尬。

飞鱼服一般都是橘红色，服饰上的图案不同于传统的刺绣，是在织造的时候一次成型。其中最经典的款式是曳撒款。“曳撒”这个词源于蒙古语，本意指蒙古袍。明人王世贞在《觚不觚集》描述曳撒为“短袖或无袖，下腹竖褶之，若袖长则为曳撒”，因此飞鱼服也被形象地称为“断腰袍”。

再来说锦衣卫的装备——绣春刀。可惜绣春刀我们只能从一些历史记载和绘画中想象了，因为有机会佩带绣春刀的人寥寥无几，只有一定级别以上或者受到皇帝赏赐的官员才能拥有，其礼仪性和荣誉性要大于实用性。

据《大明会典》记载：“凡大朝贺（皇上）御殿。掌领侍卫官俱凤翅盔、锁子甲、悬金牌、佩绣春刀，一员侍殿内东，一员侍殿内西。勋卫分立于其下、少后。锦衣卫正直指挥一员，悬金牌，侍于殿内帘右。千户六员，具朝服，侍于殿门外右檐下。”大朝贺，一般是春节期间或者是皇上、皇后生日，这样的日子一年中没几次。在如此隆重的皇家仪式中，几千人的安保部队里只有大殿上的两位掌领侍卫官能够佩带绣春刀。

而明朝沈德符《万历野获编》[1]的记录更有说服力："至尊初登极，行郊祀大礼，其四品以上，及禁近陪祀官，俱赐大红织金纻袍。若恭谒诸陵及行大阅，则内阁辅臣俱赐蟒衣，或超等赐服，至鸾带金银瓢绣袋等物，以壮扈从。……锦衣卫官登大堂者，拜命日即赐绣春刀鸾带大红蟒衣飞鱼服，以便扈大驾行大祀诸礼。"明确指出了只有能和四品大员列班的锦衣卫才有机会佩带绣春刀，足见绣春刀之珍贵。

锦衣卫常设十二个所（全盛时期为十七个卫所），其中中、左、右、前、后五个所负责统领卫下执行礼仪工作的所有军士，主要承担重要典礼上的仪仗与安全保卫工作，属于锦衣卫最基本的核心五所。其中"掌天子仪仗"里还有一个最为另类的部门——驯象卫。

作为帝国最精锐的仪仗卫队，"多才多艺"是必须的，本章开头的训象旗官就来自"训象卫"。这个卫所隶属亲军卫的水军，后来改为了"驯象千户所"，由锦衣卫直接管辖。皇宫里用大象做什么？你绝对猜不到，他们竟然是皇室重大典礼的"特殊卫士"。其实不仅仅是大象，锦衣卫还负责豢养虎狼豹等一系

1　该书记述了明朝的典章制度、人物事件、山川风物、神仙鬼怪等诸多内容，对于明朝的典章制度和典故逸闻记载得尤为详细，书中所记载的很多事情都是作者耳闻目睹的亲身经历，是研究明代历史的重要史料。

列猛兽，这些猛兽的一个重要职责就是列席天子的重大典礼或者仪式。想象一下，在万众瞩目的典礼之上，如此野兽都乖乖臣服于天子脚下，那么皇帝的威严则不言而喻。弘治年间，还设立了“常朝大象”的制度，每天的朝会，文武百官都能享受到御阶左右站立的大象行“注目礼”，不知道朝臣们有没有逛动物园的感觉。

不要小看这训象的工作，不但辛苦还极度危险。嘉靖年间，一只大象因为“闹情绪”，堵在了承天门下，驯养大象的锦衣卫无计可施，造成了上朝的大臣集体迟到的尴尬场面。武宗时期，豢养猛兽尤为之盛，朱厚照下令在西苑建造豹房，从正德二年（公元1507年）至正德七年（公元1512年）共添造房屋200余间，耗银24万余两，豢养了大批虎、豹等猛兽，尚武的皇帝天天泡在“动物园”驯虎御豹，与锦衣卫一起干起了专职驯兽师的工作。

除了训象、御豹，锦衣卫中还有一部分人负责各种各样的“后勤”工作。比如铁匠——负责兵器和火器的制造；画匠——明代院体花鸟画代表画家林良就因为画艺高超，被授予了锦衣卫指挥使的职衔。可以看出，锦衣卫的职衔在某些时候还可以作为封赏下臣、笼络人心的工具。在锦衣卫中，还有为数不少的“鞑官”，他们是周边少数民族归附明廷的部落首领。

当然，除了掌天子仪仗、保障后勤这些工作之外，锦衣卫更是皇帝的贴身保镖，历史上有很多锦衣卫都是因为护驾有功而受到皇帝的宠幸。如正统年间的锦衣卫指挥使袁彬，土木堡之变中和英宗一起被瓦剌俘虏，在敌营期间袁彬和英宗形影不离，时刻护卫着皇帝的安全。塞外苦寒，袁彬就在深夜时将英宗的双脚裹入自己怀中；英宗苦闷失意的时候，袁彬又宽慰皇帝。在艰苦的环境中与英宗建立起了深厚的君臣之谊。

正德一朝，武宗朱厚照有一次在豹房内与老虎戏耍，一只猛虎突然向皇帝袭来，千钧一发之时护卫江彬向前冲向老虎并将其驯服。惊魂未定的武宗虽然口中说自己能搞定，但是江彬如此英勇的行为还是取得了皇帝的信任，日后得以擢升，统领锦衣卫。

洪武年间，朱元璋召见编修《孟子节文》的儒士钱宰。朱元璋用略带调侃的语气说："你昨日的诗作得好。不过我并没有'嫌'迟啊，改作'忧'字如何？"吓得钱宰魂不附体，连忙磕头谢罪。原来，钱宰因为被朝廷征召参与《孟子节文》编修，每天都要很早起来入朝，老人家实在吃不消，回家吟诗抱怨道："四鼓咚咚起着衣，午门朝见尚嫌迟。何时得遂田园乐，睡到人间饭熟时。"没想到第二天上朝朱元璋就知道了，而给皇帝递送"小道消息"的就是锦衣卫。还有一次，大臣宋濂在家请客，第二天朱元璋就问他请了哪些人，吃了什么菜，宋濂如实回答后，朱元璋笑着拿出一张现场图给他看，吓得宋濂汗如雨下。可见，"侦听臣民、巡查缉捕"是锦衣卫另一项重要的职能。

设置特务机构并非朱元璋的专利，我国历朝皇帝似乎都有这个习惯，汉有"诏狱"和"大谁何"，三国有"校事"，唐有"丽竞门"和"不良人"，五代有"侍卫司狱"，宋有"诏狱"

和“内军巡院”。但是像明朝锦衣卫这样规模之大、机构之严密、社会各个层面渗透之深可算是前无古人，他们分布在国家的每一个角落，充分发挥着“巡查缉捕”的职能，严密监视着人们的一言一行。

锦衣卫虽然是特务机构，但是缉捕和审讯都是有严格的操作流程的，最起码表面上是这样的。

首先，对于需要侦捕的目标人群，锦衣卫会采取监视守候、化装侦查等方法进行控制。为了防止锦衣卫在监视过程中被贿赂，每一次执行监视任务前，会采用抽签的方式来决定人选。据《明史》记载：“每月旦（初一），厂役数百人，掣签庭中，分瞰官府。”

执行侦查任务的大多数是锦衣卫中的普通军士，称为校尉、力士。他们在执行任务时被称为“缇骑”（锦衣卫属下人员，因穿橘红色军服得名）。缇骑的数量，最少时为1000人，最多时达6万人。到了明中后期，厂卫势力急速扩张，编外人员也跟着大量增加，所以有大量的市井之徒混入执法队伍，他们道德败坏，经常敲诈、勒索涉案人员，这也是导致人们对锦衣卫印象不好的重要原因之一。

皇帝经常会通过锦衣卫“盯梢”得到许多有用的信息，甚至有时候拿这些信息作为“筹码”来要挟不听话的大臣。比如嘉靖帝继位后，想将明仁宗的神主迁入祧庙（远祖庙），礼部尚书徐阶和给事中杨思忠反对，于是世宗命人收集二人的把柄，被皇帝“揭短”的二人最后只得同意。

但还有很多人就不像他俩这么幸运了。涉及京畿地区或重大案件的，锦衣卫会携带缉拿牌票前往犯罪嫌疑人所在处对其进行拘传，同时还会出示驾帖（明代刑科签发逮捕嫌疑犯和处决犯人的凭证），这些犯人被拘捕后就会进入“诏狱”，那便是九死一生。

天启五年（公元1625年）七月，北京，诏狱。

刑房内，一个囚犯被打得遍体鳞伤，狱卒们仍不断地往这个犯人身上放置装满泥土的麻袋。看到奄奄一息的犯人还没有被压死，气急败坏的狱卒们又将一颗铁钉钉入犯人的耳朵，顿时血流如注，惨不忍睹。这个被残酷折磨的犯人就是“东林六君子”之一的杨涟。

似乎老天爷也在庇佑忠义之士，面对如此酷刑，杨涟仍然没有死，刚正倔强的他似乎要留着一口气与阉党斗争到底。然而魏忠贤等不及了，他命人将一颗铁钉钉入了杨涟的头部，一代忠臣命丧黄泉。而使杨涟受尽折磨的“诏狱”，正是由锦衣卫北镇抚司管理。

锦衣卫下设“南镇抚司”和“北镇抚司”两个机构。“南镇抚司”主要负责本卫的法纪、军纪，类似于“稽查大队”的角色。“北镇抚司”是朱棣登基后设立，专审皇帝钦定的重大案件，只向皇帝一个人负责，直管“诏狱”，可以自行逮捕、刑讯、处决犯人，不必经过司法机构。虽然“北镇抚司”的领导镇抚使是从四品，比锦衣卫指挥使的正三品要低，但由于权力的特殊性，往往掌管北镇抚司的镇抚使权力更大，也更得皇上信赖。永乐时期，掌管北镇抚司的就是朱棣的三儿子赵王朱高燧。因为受皇帝器重，北镇抚司的业务也比较繁忙，经常到全国出差。派出的人员皆为“钦差”，地方官员十分畏惧他们，接待都是恭恭敬敬，称呼为“上差”或“钦差”。

前边说到，一旦进入诏狱便是九死一生。这里除了最基本的械（缚于手上的木质刑具）、镣（镣铐）、棍、拶（夹手指、脚趾的小木棍）、夹棍（夹大腿、脚踝的大木棍），还有各种各样的酷刑。比如“刷洗”——先将滚烫的热水浇遍全身，然后拿铁刷一点点地把皮肉全部刮开，露骨方止。除此之外还有脑箍、烙铁、灌鼻等种种酷刑，受刑者往往“呼謈声沸然，血肉溃烂，宛转求死不得”，置身诏狱宛如身处人间地狱。

虽然《大明律》中明文规定，刑讯对象必须是犯有重罪且赃证呈堂却仍负隅顽抗者，而且对年老者及年幼者、疾病者、孕妇及产后百日内的妇人不得拷讯，刑讯还要由众位办案官员投票表决。若违法刑讯，主办官员将受到严厉惩处。但是，诏狱的特殊性决定了这里是“法外之地”。

没有读过几天书的朱元璋对“文化人”既厌恶又敏感，他讨厌这些“饱读诗书”之人的惺惺作态，害怕士人从骨子里轻视他这个“放牛娃”，更憎恨贪官污吏，太祖扭曲的心理让有明一代形成了严以治吏的朝风。朱元璋曾说过：“奈何胡元以宽而失，朕收平中国，非猛不可！”对于文人朝臣他毫不心慈手软，诏狱成了这些手无缚鸡之力的文人群体经常光顾的地方，明朝的严酷治官让士人颜面扫地，对从政官员的心理造成了极大的不良影响。

朱元璋编撰的《大诰》《大诰续编》《大诰三编》《大诰武臣》中被凌迟、枭示、种诛（灭族）的案件有上千件，弃市（杀头）以下有一万多件。除此之外，书中还记录有抽肠、剥皮、黥刺、刖、劓、阉割、挑膝盖、锡蛇游等种种酷刑，他还创新地发明了“戴死罪”。于是出现了戏剧性的一幕——有的御史戴着脚镣坐堂审案，有的被打了八十大棍仍回原衙门做官。朱元璋也是没办法了，把人杀光了谁来维持帝国的运转呢？明初掀起了“四大案”（胡惟庸案、空印案、郭桓案、蓝玉案）之后，数万官员命丧黄泉，搞得朝野人人自危。据说在上朝时朱元璋如果揿玉带在肚皮底下，便是又要大开杀戒了。许多朝官在离家上朝之前，就跟上刑场一般和家人诀别吩咐后事，如果活着回家便是天大喜事。

明代伴随着锦衣卫一起出名的还有“廷杖”。古语有云：“士可杀，不可辱。”而在有明一朝，皇帝经常一言不合就“打屁股”，而执行者就是锦衣卫。嘉靖三年（公元1524年）七月，世宗皇帝一声令下，一百多位官员因为“大礼议之争”被集体廷杖。上百名文官在光天化日之下被扒掉裤子，让如狼似虎的锦衣卫们按在地上打屁股，一时间哀号四起，血肉横飞，有十六人当场被打死。这就是明朝的廷杖，皇帝相信，棍棒之下出顺臣。

诏狱和廷杖给大臣们造成了多大的心理阴影呢？宪宗、孝宗在明代算得上是比较仁厚的皇帝了，大臣在上朝的时候仍会感觉“手足茫茫”。明神宗有次召见方德清、吴崇仁两个阁臣，商议

"梃击案"，方德清却只知连连叩头，吴崇仁则紧张得不敢作声，惹得神宗大怒。吴崇仁竟吓昏过去，当场大小便失禁，被抬回府中之后如木偶一般，几天后才恢复正常。明代的政治高压可见一斑。

朱元璋始终把革除弊政的重心放在治官上，"明祖严于吏治，凡守令贪酷者，许民赴京陈诉"。洪武帝鼓励百姓检举告奸，允许上京告御状，允许锦衣卫接手民告官的案件，他希望利用锦衣卫对朝野的广泛布控实现帝国的政治清明。这条亲民路线给官员的震慑实在不小，起到了一定的辅助监察的正面作用。据统计，《明史·循吏传》中近三分之二的模范官吏都出自洪武一朝。但是这样的作用很有局限性，太理想化了。千百年来，中国的封建官员形成了官僚集团特有的生态圈，孟子曾说："为政不难，不得罪于巨室。"对这句话的解读有不同的版本，但不管是哪个版本都彰显出了"巨室"在国家政治中的影响，为官从政要遵守"潜规则"。

明朝贪腐尤为严重，明末启蒙思想家顾炎武曾说："今日贪取之风，所以胶固于人心而不可去者，以俸给之薄而无以赡其家也。"指出明代贪腐的第一根源就是官员俸禄过低，而且百官从户部领取的不再是粮食实物，而是白银钱钞，"其弊在于以钞折米，以布折钞，以银折布，而世莫究其源流也"，没有任何金融体系作为保障的纸币，受通货膨胀的影响非常大。"想让马儿跑，又不给马儿吃草"，当官员们的俸禄无法养家糊口的时候，自然而然就滋生了腐败。其实除了现实中的客观因素，中国官员长期以来也在官场中形成了官官相护、官商勾结的“潜规则”。作为大地主的代表，官员上任为地主利益说话，地主花钱为官员晋升打点通道，已经成了大家心知肚明的游戏规则。有钱的士绅大族还会投入资金在后辈教育上，以期让子孙都能够踏入官场，为家族谋取福利。到了明朝中后期，读书人的主流价值观基本上都把做官当成了“营生”，官吏贪腐无比猖獗，以致国库空虚，财富都流入了富户和官僚的口袋，也使得明王朝出现了国弱而官商皆富的怪象。

纵观中国两千年封建社会，“世事洞明皆学问，人情练达即文章”，能够顺应规则的人都能在历史舞台上呼风唤雨。明朝的士子们在王朝的中后期已经将读书—入仕—腐败视为一个正循环，科举制度也在不断吸收新人进入官僚队伍。你要是不贪，在官僚体系中会被视为“另类”，即便能“高风亮节”，也无法挡住众多官员搭乘“贪腐”的公交车前行。新人总有一个“学习腐败”的过程，当这个过程比较慢的时候，王朝还能维持有限的活力。当这个过程足够快、人数足够多的时候，就是一个王朝寿终正寝的时候，明朝中后期就是如此。其实明朝中期官员的贪腐和奢侈之风就已经很严重了，大明的“续命师”张居正虽不算贪官，但其死后抄家仍“所蓄不及十万”，这里还不包括名贵字画。面对此种状况，不知道洪武帝会作何感想。

仅凭锦衣卫来制衡贪腐，实在太过天真；用尽了重刑惩治违法官僚，杀了数万人，官员贪墨却愈演愈烈。洪武十八年（公元1385年）朱元璋无奈地说："朕自即位以来，法古命官，列布华夷。岂期擢用之时，并效忠贞，任用既久，俱系奸贪。朕乃明以宪章，而刑责有不可恕。以至内外官僚，守职维艰，善能终是者寡，身家诛戮者多。"郭桓案发后，他又说："其贪婪之徒，闻桓之奸，如水之趋下，半年间弊若蜂起，杀身亡家者人不计其数。出五刑以治之，挑筋、剁指、刖足、髡发、文身，罪之甚者欤！"皇帝实在是想不通，如此重刑之下为什么还有一茬接一茬的官员以身试法。

不但贪腐没有止住，还唤醒了锦衣卫这头洪水猛兽。在明朝前期，由于朱元璋、朱棣等君主雄才大略，能够较为全面地掌控吏治和锦衣卫。随着强权皇帝的去世，加上继任皇帝或刻意纵容或不理朝政，厂卫愈发横行于世，出现对官吏滥用刑讯、屈打成招的情况，冤狱频出，人人自危。而明朝重刑讯也被后世广泛诟病，让文官集团的尊严被粗暴地践踏，法制形同虚设。

在明朝中后期，锦衣卫也成了皇权与党争的工具，对吏治造成了严重打击，甚至有了"天下刑狱先东厂而后法司"和"明亡于厂卫"之说。其实锦衣卫坐大的根源在于权力缺乏有效制衡和监督，朱元璋之后的几朝皇帝也意识到了这个问题，这也是催生东厂、西厂与内行厂的重要原因。

锦衣卫从诞生之日起，它的罪恶行径似乎就与其鲜衣怒马的外形形成了鲜明对比。但不管人们怎样唾弃这个"历史名词"，它都只是特殊时代皇帝专制统治下的工具而已。

第三章

# 朱棣——雄才大略的盛世皇帝

建文四年（公元1402年），南京。

此时大明帝国的都城外旌旗林立，人马沸腾，无边无际。城下，是燕王朱棣的军队。

从建文元年（公元1399年）开始，明朝的第二位君主建文帝朱允炆的叔叔朱棣，以“清君侧”为名发动靖难之役，历经大小无数仗，终于站到了南京城下。面对城池坚固且有重兵把守的南京城，有着丰富军事经验的朱棣没有轻举妄动。就在燕王与幕僚团队商议如何破城时，戏剧性的一幕发生了。位于神策门和钟阜门之间最重要的防线——金川门突然打开，守城将军朱元璋第十九子谷王朱橞和深受建文帝倚重的曹国公李景隆二人，配合完美地上演了一场“无间道”——二人指挥打开金川门迎接燕军入城。就这样，固若金汤的帝国首都南京陷落，历时四年的靖难之役结束。

沦陷后的南京皇宫火光冲天，宦官、宫女四散皆逃。很快，朱棣在亲随的簇拥下来到了大内，当有人从一片残垣断壁中抢出一具尸体时，朱棣还没有辨认就上前大哭说道：“小子无知，乃至此乎？”接着，他问一旁的翰林侍读王景该如何安葬，王景心领神会地说道：“当葬以天子礼。”于是，天下人都知道了仅仅做了四年皇帝的建文帝死于战火，大明王朝迎来了“永乐时代”，朱棣成为明朝的第三位君主。

靖难之役无关对错，本质上是明朝统治阶级内部为了争夺权利而进行的武装斗争。燕王朱棣胜利了，并且成了一代雄主。如果历史可以改变，建文帝未必不能成为贤君，但是单就靖难之役来说，朱允炆确实不是一个合格的军事家与政治家。

明朝的藩王们有着很大的权力，特别是兵权，这对国家的统一、稳定来说就像是定时炸弹。朱元璋的小农意识让他在设计制度时总是从个人和家族利益出发，而不考虑现实和人性。他处心积虑研究出的藩王制本来是想让朱家子弟勠力同心捍卫皇权，结果却弄得天下大乱。亲情在权力面前变得一文不值。没办法，爷爷埋的“雷”，孙子含着泪也要“排”，但生性优柔的建文帝在“排雷”时智商却经常“下线”。

和朱棣一生金戈铁马不一样，朱允炆作为皇太孙，从小是在“书堆”中成长的，陪伴他的是有明一朝的几位大儒——黄子澄、齐泰和方孝孺，建文帝的性情也与父亲朱标一样温文尔雅，他身上有着绝大多数读书人的气质，满怀理想主义。洪武二十九年（公元1396年），朱允炆曾向爷爷太祖朱元璋请求修改《大明律》中的严苛条文，深得好评。如果是太平盛世，朱允炆大概率会成为一代明君，最起码是守成之主，但是这样的气质放在靖难之役中，简直就是灾难。更要命的是，建文帝的智囊团——黄子澄、齐泰这些人是典型的“老学究”，出谋划策时经常是纸上谈兵，充满了理想主义色彩。靖难之役与其说是朱棣强势上位，倒不如说是建文帝和“猪队友”们联手“挖坑埋自己”更为恰当。

其实关于藩王可能会造反的问题，建文帝很早就考虑过，而且在怎样解决的大方向上还算得上处理得当。朱元璋在世的时候，朱允炆曾经问过一个尖锐的问题：“虏不靖，诸王御之；诸王不靖，孰御之？”老皇帝显然没有考虑过这个问题，沉默良久无法作答，只能反问孙子怎么办。朱允炆答道：“以德怀之，以礼制之，不可则削其地，又不可则废置其人，又甚则举兵伐之。”可以看到，建文帝在面对处理藩王的问题上思路清晰，可圈可点，但问题就出在具体执行上，这位涉世未深的小皇帝在一些关键问题的处理上总是“拎不清”。

优柔寡断、遇事善变又多疑是建文帝的致命缺点，作为最高统帅，他的这些缺点把自己推向了万劫不复的深渊。稍具军事常识的人都知道“擒贼先擒王”，削藩的首要目标就应该是燕王。黄子澄却惧怕燕王势大，主张先从周王下手。于是建文帝在他的建议下先削了周、齐、湘、代等几个并未构成威胁的藩王，速度虽然快，但这些举措对巩固中央的统治来说无关痛痒，且善后工作做得不好，反而激化了矛盾。燕王经营北平数年，根基牢固，大臣建议将燕王改封藩地，削弱其根基，建文帝又没听。

燕王起兵后，建文帝起用老将耿炳文北伐。耿炳文是洪武朝留下来的为数不多的具备丰富作战经验的战将，早年屡次打败张士诚的军队，这次朱允炆总算是在纷乱的大局中下对了一步棋。可是出师前建文帝居然对主帅耿炳文说出了“勿使朕有杀叔父之名”这样的话，两军对垒，大战在即，皇帝说出这样的话，下边的将领该作何感想？又怎样能施展拳脚？战争开始不久，这位高层统帅还没打几仗，就因为小小的真定之败被建文帝以曹国公李景隆替换。李景隆是个典型的“官二代”，眼见一起配合攻城的南军都督瞿能就要破城，他却害怕被抢功而叫停了攻势，就这样错失了改变历史的机会。后来，更是在燕军攻南京时玩起了“无间道”，直接“放水”。朱棣登基后，李景隆被授予左柱国、太子太师等衔，列于群臣之首，风光无限，更加让人怀疑他其实是燕王的卧底。

靖难之役的初期，朱棣的攻势进展并不顺利。燕军长驱南下时，在齐眉山受到明初大将徐达的长子徐辉祖的阻击，就在燕军军心动摇之时，建文帝却下令把徐辉祖撤了回去，朱棣得以缓过气来。以后南军“诸将势孤，遂相次败绩”，燕军很快推进到南京城下。

建文帝的队友们表现得又如何呢？在削藩之前，朱棣的三个儿子（世子朱高炽、二子朱高煦、三子朱高燧）全在南京为质，于是他以病重为由希望儿子回北京见自己最后一面。黄子澄居然觉得不放人质会授人以柄，激怒燕王造反，于是建议建文帝将燕王的三个儿子全部放回去了，朱棣得以毫无顾忌地起兵。而身为兵部尚书、建文帝的智囊团成员之一的齐泰，在敌军兵临城下时并没有恪守文人气节，反而用墨将白马染成黑色，落荒而逃。可笑的是奔跑途中马身出汗，墨汁脱落，齐泰反而因此被俘。

智囊团中建文帝最看重的大儒方孝孺，在整个战争的过程中却一直醉心于“改制”，心向周礼，意欲改官制、并州县、行井田，完全沉浸在自己的世界中。与齐泰不同的是，方孝孺在生死攸关的时刻，至少守住了文人的气节。朱棣进南京后想让作为儒士正学代表的方孝孺起草登基诏书，但方孝孺不为所动，只是放声恸哭。朱棣虽然恼怒，但还是好言相劝。不料方孝孺不但不领情，反而一直质问朱棣：“建文帝虽身死，为什么不立建文后人为帝？”朱棣不耐烦地说道：“此朕家事。”方孝孺边哭边说：“死即死耳，诏不可草。”彻底被激怒的朱棣下令处死方孝孺，被株连问斩的多达873人！其中除了方孝孺的亲族之外，还包括他的朋友及学生郑居贞、林嘉猷等。这就是被后世称为“诛十族”的方孝孺之死事件。永乐帝登基初期，对忠于建文的旧臣的屠杀掀起了一片血雨腥风，他发明的“瓜蔓抄”动辄株连数百人，连获罪旧臣的妻属也受到难以想象的摧残。封建统治阶级的残酷嘴脸暴露无遗，有些人甚至感到朱棣上位就是大明的灾难。历代封建王朝不过是勋贵集团的更替而已，每每遇到王朝权力的更迭，天下多少鸿学大儒都成了这些统治阶级为了一己之私的祭品。

不过平心而论，比起建文帝，一生戎马的燕王朱棣确实是刚毅过人，有雄才大略。战争伊始，燕军不论在战力还是政治影响上都处于绝对弱势，但朱棣凭借战略思维和气魄，让胜利的天平一点点倒向了自己。起兵时朱棣先是迅速扫平蓟州、怀来，巩固了自己的大后方，以逸待劳地击退了耿炳文的第一次北伐；面对李景隆的二次北伐时又采取“围点打援”的计策巧妙化解。战争期间，朱棣总是身先士卒，对归降者一律既往不咎，推诚任用。战争在北方呈胶着态势之时，面对南京空虚的情形，朱棣听从谋士“黑衣宰相”姚广孝[1]的意见“毋下城邑，疾趋京师。京师单弱，势必举”，采用“蛙跳战术”，豪赌般直捣南京，取得了靖难之役的最后胜利。

“篡权”也好，“清君侧”也罢，特殊的历史时代将朱棣推向了舞台的中央，而他也没有让人失望。在位22年，朱棣将大明王朝的政治、文化发展推向了一个前所未有的高度。

永乐十三年（公元1415年）初，大雪凛冽。

在空地的一处雪堆内，一个醉酒的人正在被风雪吞噬，几个时辰后，便成了一尊“冰雕”，这个人就是明朝的内阁大臣，著名的文学家解缙。

曾几何时，解缙与朱棣有过一段火热的“蜜月期”，朱棣亲自赏赐解缙与六部尚书一样的金绮衣，并言：“代言之司，机密所系，且旦夕侍朕，裨益不在尚书下也。故于赐赉必求称其事功，何拘品级。”又云：“若使言者无所惧，听言者无所忤，天下何患不治，朕与尔等共勉之。”对权力极为看重的朱棣要与这

1　明初传奇的政治家、佛学家，靖难之役的主要策划者，明朝唯一一位死后以文臣身份入明祖庙的官员。

个大臣“共治互勉”，同时还钦点他主持参与当时最著名的《永乐大典》的第一次编撰，可见解缙的重要性。

古人查阅资料的方法是使用“类书”——一种将资料分类整理好的书籍，类似于工具书。其实早在洪武时期，太祖就想要编撰一部类书——《类要》，总汇经史百家之言。永乐帝出于彰显新朝气象、笼络士大夫之心的目的，又将此事提上日程，下旨曰：“天下古今事物，散载诸书，篇帙浩穰，不易检阅，朕欲悉采各书所载事物类聚之，而统之以韵，庶几考索之便，如探囊取物尔……凡书契以来经史子集百家之书，至于天文、地志、阴阳、医卜、僧道、技艺之言，备辑为一书，毋厌浩繁。”不仅划出了图书的提纲，而且规定了编撰的原则——在编排上要统之以韵，易于考察；内容上要备辑众书，毋厌浩繁。

解缙团队在用了十七个月的时间编撰初稿之后，给朱棣呈献了一部《文献大成》，这就是《永乐大典》的前身。但是永乐帝不满意，下令姚广孝和解缙同为监修，重新编修。帝令一下，宿学老儒、文人雅士、高僧道士等两千多人云集京师，一时间“天下文艺之英，济济乎咸集于京师”。经过众人努力，《永乐大典》在永乐六年（公元1408年）终于完成。全书22 877卷（另有目录60卷，共计22 937卷），11 095册，约3.7亿字！

作为“搜索引擎”，检索的方便性就很重要了。《永乐大典》的编排以《洪武正韵》[1]为纲，检索阅读极为方便。大典按韵

1 乐韶凤、宋濂等人编成的官方韵书。

分列单字，每一单字下详注音韵训释，备录篆隶真草字体，然后列出含有该字的词汇。全书将各种典籍中的有关资料，整段、整篇，甚至整部编入，全书完稿后又征召能书善画之人精心抄绘。《永乐大典》收书八千余种，较之前代的《太平御览》多四五倍。全书历史文献资料上起周秦，下迄明初，包括经、史、子、集，工技、农艺、医药、占卜、释藏、道经等门类，比著名的《大英百科全书》还早三百余年，是中国古代最为成熟的“百科全书”。最难能可贵的是，在书籍编撰的过程中收集资料不避讳世俗作品，让该书最大限度地集中了原始史料。

如此的鸿篇巨制，可惜现存只有三百多册，还是嘉靖时期世宗组织人力进行重录的副本。明世宗十分喜爱阅读《永乐大典》，在嘉靖四十一年（公元1562年）下令重录，用了六年才将副本誊抄完成，而正本早已损毁在屡次的宫廷大火中。就是这仅存的副本，在清朝也屡遭盗失。其中清朝官员的监守自盗尤为严重，特别是在道光年后，翰林院官员盗走《永乐大典》千余册。这些官员每天上班带一个“锦囊”，下班便私携一两册回家。光绪元年统计《永乐大典》尚存五千余册，到了光绪二十年时竟然只剩八百册！《永乐大典》很多在清末流往海外，还有一部分散落民间。1983年在山东掖县（今莱州市）的农民孙洪林家中发现了一册《永乐大典》，其中的纸页竟然被拿去做了烟卷，幸亏及时发现才得以保存。新中国成立后，国家图书馆收集了两百余册《永乐大典》馆藏，使我们有幸目睹这些古籍珍本的真容。

在修撰《永乐大典》的时候，从全国各地搜集的民间珍藏书籍藏于文渊阁。文渊阁在北京、南京共有两处，是宫廷藏书与修撰的地点。文渊阁中的藏书有一大部分来自元代皇室藏书，相当于“国家图书馆”。谁也没有料到的是，就是这小小的“图书馆”，不久之后成了整个明帝国的权力中枢。

明代是我国封建社会皇权空前强化的朝代。朱元璋废掉了丞相，意味着六部的工作都要直接对皇帝负责。皇帝如同大脑，庞大的官僚系统如同身体中千万个神经，明帝国的身躯就靠着千万缕神经传递给大脑的讯息令行禁止。显而易见，大脑的工作强度是非常高的，就连精力旺盛的朱棣面对着几百甚至上千封的奏折，也深感心有余而力不足。靖难之役结束了，国家要走向正轨，就需要官僚集团的勠力同心。

建文四年，朱棣亲自遴选了解缙、黄淮、胡广、杨荣、杨士奇、金幼孜、胡俨入直文渊阁。入直文渊阁就是在文渊阁“值班”。文渊阁在藏书修撰的同时，也成了明代早期内阁的办公场所，因此“内阁学士”也被称为“文渊阁学士”。在前面朱棣对解缙所说的“代言之司，机密所系”指的就是在永乐朝形成并延续至清朝的内阁制度。

同样是读书人，朱棣的“文人班子”远胜于建文帝。入直文渊阁的这七人各有特色，能文能武。

先说说解缙，永乐早期就深得信任。朱棣长期被立储的问题困扰，彼时长子朱高炽性格仁慈，深得人心，但是他体态肥胖，还有足疾，不为朱棣所喜。而次子朱高煦生性勇猛果断，朱棣觉得他很像年轻时的自己。朱棣曾一度想立朱高煦为太子。有一次便找解缙秘密商议立储之事，解缙委婉地表达了自己的意见：“好圣孙，可保大明三代盛世。”朱高炽的长子朱瞻基（宣宗）天资聪颖，深得朱棣喜爱，这句话等于是支持朱高炽为太子。朱棣觉得解缙所说很有道理，最终决定把朱高炽立为太子。解缙不但是较为成熟的政治家，在文学、书法方面也是颇有造诣，有《游七星岩诗》等墨宝存世。

黄淮办事干练，有敏锐的政治头脑，在针对蒙古阿鲁台部要求控制吐蕃地区的请求时，坚决建议朱棣要“分而治之”，受到朱棣称赞，说他的判断是“如立高冈，无远不见”。

杨荣情商极高，每次朱棣遇事发怒的时候，他一说话就能缓和气氛。同时杨荣还深知兵事，一次宁夏被围送来急报，朱棣问杨荣该如何处置。他思索后回答，“宁夏守备严密，不日危机将自解”。后来果然如此。杨荣深得朱棣欣赏，跟随皇帝五次北伐蒙古。

还有像杨士奇等其他阁臣也是各有千秋，最难得的是朱棣与这七人相处融洽。有次杨荣奏报甘肃军务，朱棣对他的处置非常满意。时值盛夏，朱棣竟然起身亲自为杨荣切西瓜吃，这在皇权至高无上的明代是十分罕见的，颇有贞观遗风。

内阁在永乐朝之后逐渐发展成为明廷官僚机构的中枢大脑，能够入阁的一般都是皇帝的近臣，经常和皇帝一起议事。近水楼台先得月，阁臣还有个先天优势就是可以向皇帝“打小报告”。一般官员上书言事，外廷由通政司转呈，内廷由会极门宦官转呈，只有内阁成员可以进“密揭”。因此往往“外廷千言，不如禁密片语”，无形中提高了内阁的身价。这让外廷官员既欣羡又忌惮，因此也称阁臣们为“阁相”。但是不管明朝的内阁如何发展，其权力都远远不如之前真正意义上的宰相。

最早的阁臣角色类似于皇帝的“顾问团”兼“秘书团”，只是负责向皇帝提供政策咨询、起草诏书等工作，等到宣德年间，内阁开始有了“票拟”的权力。但是明代内阁并不是正式的官署，没有明确法定的政治权力。另外明代内阁官员的品阶也不高，内阁大学士的品级不过是正五品。《明史·职官志》也记载：“虽居内阁，官必以尚书为尊。”

很多人觉得内阁的权力大多来源于对严嵩、张居正等权相的印象，但实际上在有明一朝，封建集权高度集中，皇帝圣眷优宠时，身居高位的宠臣可以呼风唤雨，而一旦皇帝“翻脸”，他们也很快就陷入万劫不复之地。即便是荣宠极盛的张居正，在死后也差点落得被鞭尸的悲惨下场。而且在明代严密的官僚体系之下，阁臣即便取得了票拟之权，还要由司礼太监代皇帝批红后才能生效，所谓的“阁相”只不过是皇权的一枚棋子而已。

但不管怎么说，内阁的出现一定程度上帮皇帝分担了很大一部分工作量。能臣干吏往往充当了皇帝的大脑，会帮助他处理很多纷繁复杂的问题，保证国家机器的正常运转，这就是明朝中后期皇帝长年不上朝，国家机器也能正常运转的重要原因。

坐稳江山的朱棣在登基之初通过一系列措施捋顺了朝局，便开始按自己的意图打造“永乐盛世”。与建文帝的优柔寡断、书生意气相比，永乐帝在大问题上丝毫不会犹豫，比如说自己感同身受的藩王问题。

《明实录》载，从永乐三年（公元1405年）始，朱棣就不断旁敲侧击地给诸王“洗脑”，不要轻越雷池，以全亲戚之谊。十月，朱棣赐诸王《皇明祖训》，表示自己不是宋太宗，诸王也不要当“汉七国”，紧接着朱棣采用将塞王移迁内地、削弱藩王武装、明令藩王不得干政等措施基本解决了藩王割据的问题。具有讽刺意味的是，这些措施其实和建文帝的削藩方法没太大出入，但历史却选择了朱棣来完成这个使命。在随后的宣德年间，宣宗又颁布了皇族人员不得参政、出仕，不得从事士农工商“四民之业”，出城不得“二王相见”等条例。明宗室失去了戍边的作用，没有了任何权力，而且还不让从事各种营生，彻底沦为了“徒拥虚名、坐縻厚禄”的寄生虫。到明末，宗室成员达到二三十万，成了国家财政上的大包袱，而宗室侵占民土、与民争利等一系列问题也十分严重，成了导致明朝灭亡的催化剂。

虽然较为彻底地处理了藩王问题，但是朱棣自己成功“上位”的例子给后代做了个典型的“教材”。有明一朝藩王们即便是被削了权，他们终是躁动不安。

曾开金川门迎降的谷王朱橞不久就以为建文帝“申大义”为名举兵反叛，后被废为庶人；朱棣的次子朱高煦一直阴谋夺嫡，宣宗刚即位他就举兵谋反；景泰年间广通王朱徽煠谋反，并煽动湖广一带的少数民族起事；正德年间安化王朱寘鐇、宁王朱宸濠也起兵反叛。虽然叛乱都没有成功，但是也给明代社会造成了动乱。

“东起朝鲜，西据吐番，南包安南，北距大碛（塞北沙漠），东西一万一千七百五十里，南北一万零九百四里。”这段话是《明史》中对明朝疆域的记述。成祖一朝，绝对是明朝的“高光时刻”。“幅员之广，远迈汉唐”，除了“两京一十三省”，还有大面积的羁縻统治区（封建王朝在社会发展落后的少数民族地区所采取的一种民族自治政策）。有明一朝，政治影响范围之巨大，当属永乐时代。朱棣作为一代雄主，文治武功标榜在史。

永乐四年（公元1406年），在红河三角洲地区行进着一支数量庞大、装备精良的军队，军队中的士兵操着四川、福建还有湖广方言。他们是来自四川、云贵的马步军和福建、湖广等地的军队，共计二十余万。这支部队穿梭在密林中，虽然行军不便，但还是携带了大量的火器。而此次远征的敌国安南（今越南），为了抵御强大的明军，几乎将国内可用之兵一征而尽。安南胡朝（大虞国）开国皇帝胡季犛将国内十五岁到六十五岁的男性全部招入军队，即便如此，失去民心的胡季犛也未能挽回败局。这位被誉为“越南的王莽”的皇帝，通过夺权上位，不断侵扰明朝西南边境，对于朱棣的“以书诏责”置若罔闻，甚至诱杀明使，出于对海防的整体考虑，朱棣决心给安南一点教训。

由新城侯张辅率领的明军一进入安南境内，便如摧枯拉朽般击溃了胡朝军队，就连胡朝令人生畏的秘密武器“大象军团”在明军的火器下也是不堪一击。永乐五年（公元1407年），胡朝（大虞国）覆亡，这个建国才七年的王朝和王莽一朝同样短命。

中原王朝大部分时间内都将安南视为"南蛮"未化之地，其民风彪悍、环境恶劣。太祖朱元璋以祖训的形式告诫其子孙："四方诸夷，皆限山隔海，僻在一隅，得其地不足以供给，得其民不足以使令。"朱棣不遵父亲教诲，毅然决定远征安南，并且在永乐六年，正式下诏把"安南"更名为"交趾布政使司"，将其变成了大明的行省。正如朱元璋所言，明政府在安南的管理确实出现了"得其地不足以供给，得其民不足以使令"的尴尬局面，以至于后来在宣宗时期撤销了交趾布政使司。但是，永乐帝征安南的意义绝非"教训"这个南边小弟或者设置布政司这么简单。

戎马一生的朱棣从登基起就致力于构筑明朝的国防与战略空间。从海洋地理学的角度来考量，安南所在的中南半岛的战略位置十分重要，可牵制暹罗（今泰国）、真腊（今柬埔寨）诸国，从而控制东南亚的制海权，让明朝的国际影响波及南海的苏门答剌、旧港等国。通过对安南的控制，极大地提升了明朝对南海的控制力和影响力，并为之后郑和下西洋的顺利进行提供了保障。就连部分越南学者也认为，明朝控制安南后将它"变成一个作为与东南亚和西欧各国船舶往来通商的根据地"。所以朱棣能够欣然地说道："安南黎贼悉已就擒，南海之地廓然肃清。"

作为传统的农耕文明国家，朱棣能够站在海洋的角度俯瞰世界，十分难能可贵，而成功在安南设置行省与明朝前期强大的国力密不可分。除了形成实际控制，“安南之鉴”的地区震慑效果也十分显著。永乐九年（公元1411年），前来朝贡的国家大大超出以往。

永乐一朝，中央对各处疆域的控制也达到了最盛。为了消除残留元朝势力的威胁，朱棣五次亲征漠北，使得北方边境形势一度改观。永乐八年（公元1410年），朱棣在漠北大败蒙古鞑靼部，本雅失里在逃亡途中被宿敌蒙古瓦剌部杀死（此前蒙古瓦剌部首领马哈木等人已经臣服明朝）。永乐九年，鞑靼实权人物阿鲁台遣使到明朝称臣纳贡称：“元室子孙已绝，欲率部属来归。”永乐十一年（公元1413年），朱棣册封阿鲁台为和宁王，阿鲁台的归附意味着明朝成了蒙古鞑靼与瓦剌部两大势力的宗主国。蒙古鞑靼和瓦剌两部均无力再南侵，北方边界得到了短暂的安宁。同时明廷在东北设立了奴儿干都司，对西起鄂嫩河，东至库页岛，北达外兴安岭，南濒日本海的广大地区进行管理。朱棣还下令在奴儿干都司境内修建四条通道打通辽东与北京的联系，有力地促进了东北少数民族地区的开发。

在西部，明廷采用对西藏掌管一方、具有一定实力的高僧进行册封，其中地位最高的有阐化王、护教王、赞善王、辅教王、阐教王等五个王，通过推行僧纲制度使得西藏地区与中央建立起紧密的政治领属关系，加强了明廷对藏区的控制。在丝路贯通的西北，朱棣设立哈密卫，加强了对西北地区的管理和控制。在西南对土司进行管理，并最先实行改土归流，设立了贵州布政使司。

永乐一朝的强盛，不单单是实现了国家的安定和大一统，更重要的是明朝作为一个极具国际影响力的超级帝国出现在了世界舞台之上。

永乐二年（公元1404年），秋，锡尔河。

这条发源于天山山脉，亚洲中部最长的河流流经图兰低地最终注入咸海。就在永乐二年的秋天，一支由步兵、骑兵组成的庞大军队渡过了锡尔河，这支军队是帖木儿帝国派出的东征军，他们全副武装，目的地是东方的明帝国。号称“成吉思汗之后最伟大的征服者”的帖木儿用了二十多年时间统一了中亚，建立起了东至帕米尔高原，西达黑海，南临波斯湾，北抵高加索山脉的庞大帝国。但是鹰视狼顾的帖木儿并不满足止步于中亚，于是发起了对明帝国的挑战。明朝一方，甘肃总兵宋晟已经整备军队，枕戈待旦了，亚洲大地上两个帝国即将展开一次规模空前的决战。然而庆幸的是，刚越过锡尔河不久，帖木儿就在中亚的严寒中离世了。经过了短暂的内乱，帖木儿的继承者沙哈鲁登上王位，这位皇帝是一个“开明的君主和高尚的文化赞助者”，这让朱棣制定的“遣使四出”的外交原则有了发挥的空间。永乐十二年（公元1414年），以礼部员外郎陈诚为首的访问团到达帖木儿帝国的首都赫拉特（今阿富汗境内）。陈诚多次受到沙哈鲁的高规格接待，数次参加皇帝的宴请。沙哈鲁强烈地表达出了两国修好的意愿，后来甚至一度修书劝明成祖信奉伊斯兰教。朱棣回函强调了对帖木儿帝国的尊重和对沙哈鲁的英雄相惜之意，至于信奉伊斯兰教这个尴尬的问题则避而不谈。

作为具有雄心壮志的一代君王，朱棣不甘于国内的太平盛世，播国威于四方，引万国来朝是他的夙愿，他也确实做到了。永乐一朝，明廷先后接待了包括帖木儿帝国在内的三十多个中亚国家的使团，元末阻塞的丝绸之路又重现了“站驿相通，道路无壅”的景象。

在向东的交流上，与朱元璋的禁海不同的是，朱棣超前地将视野投向了海洋。朱棣登基之初，便在浙江、福建、广东设置市舶提举司接待南洋各国使臣，还多次派遣郑和出海访问。永乐七年（公元1409年），郑和第三次出使西洋，访问了占城、宾童龙、真腊、暹罗、假里马丁、交阑山、爪哇等几十个南洋国家与城邦。朱棣的积极外交也得到了国际响应，东南亚诸国纷纷遣使朝贡，有的国家皇室成员甚至留在中国居住。朱棣的一系列外交举措改变了东亚的政治格局。

首先是朝鲜李氏王朝的臣服。李朝太宗皇帝李芳远在朱棣登基之初就曾遣使来朝。作为同样夺权称帝的李芳远，对朱棣有着一种莫名的好感，而朱棣对这种态度十分欣赏，给予朝鲜使臣丰厚的赏赐，包括皇室的整套冠服、绸缎、珍珠、金银器和大批的儒家经典史籍。朝鲜对于明廷的赏赐受宠若惊，也是从那时开始，确立了对明朝的“事大”关系，始终奉明朝为自己的宗主国，“律用大明律、历用大统历；服色礼仪，无不慕尚（中华）”。朝鲜之后，日本的室町幕府也打破了自元代以来的交恶，开始与明廷朝贡往来。介于明朝的朝贡原则是“厚往薄来，宣扬国威”，幕府的掌权者足利义满为了获取更多的利益，假借日本天皇之名开展了与明廷的朝贡，每次朝贡获得的利润都在十万贯以上，以至于日本人惊呼“大明实为空前绝后的大善政国家”。

朱棣在位22年，将立朝不久的大明王朝推向了一个全新的高度。这个高度不仅在于边疆的巩固，更在于相对开明的执政态度和前瞻的国际视野。朱棣在和群臣议政的时候，气氛要比洪武朝宽松很多，颇有贞观遗风。虽然是戎马出身，但是永乐帝对文化发展的理念也远超太祖。在洪武时期，出身贫寒的朱元璋十分敏感，不知有多少人因一句错话而人头落地，社会上形成了“见人斫轮只袖手，听人谈天只钳口”的景象。而朱棣对文人则采取优容的政策，尊儒纳士，兼用杂流，繁荣了封建文化，《永乐大典》的成书就是最好的例证。

迁都北京和郑和下西洋则是他战略眼光的体现。为了抵御北方游牧民族的入侵，朱棣力排众议，不顾淮西勋贵的反对，毅然将帝国首都迁往北京。与此同时疏浚大运河，命宋礼浚通会通河，兼治黄河；陈瑄开凿清江浦，真正意义上开通了京杭大运河，推动了南北经济的联系，在运河两岸陆续兴起了像淮安、济宁、临清等一些新兴的工商业城市，意义重大。郑和下西洋不管是出于宣扬国威还是寻找建文帝的目的，都为明朝的边疆巩固、以明朝为中心的东亚国际政治格局的形成打下了基础，同时还促进了早期的资本主义萌芽的发展。

然而人无完人，在朱棣建立起永乐一朝盛世的同时，也存在着遗憾。“诛十族”的血腥一面我们暂且不提，由于朱棣上位的特殊性，出于对政权的巩固和政治信息搜集的必要，一改之前限制内臣的政策，开始重用宦官，并设立了臭名昭著的东厂，且宦官开始行使出使、监军、专征、分镇等大权。东厂的设立成为明代政治肌体上的恶性肿瘤，朱棣御下有方，勤政英明，他在世时东厂还不致危害过甚。但随着后世皇帝多出现庸懦者，皇帝为了一己之私利用东厂，造成了宦官专权的局面。正统年间的王振擅权，在与瓦剌作战时仍然飞扬跋扈、越权调度，间接导致了“土木堡之变”。其后更有正德年间的刘瑾、天启年间的魏忠贤，弄得朝纲不振、民怨沸腾。

为了构建自己的永乐王朝，朱棣也未免有些急于求成。郑和下西洋、远征安南几乎是同时进行，五次亲征漠北、大规模地营建北京城、疏通大运河等战事与工程都消耗了大量的人力和财力，以至于仁宗一登基就叫停了郑和的远洋活动。

朱棣在晚年仍然勤政不惰，虽然为政也存在着一些弊病，但永乐一朝国力达到鼎盛，多民族国家的统一得到巩固和发展，政治、经济、文化都达到前所未有的高度，为明朝近300年的国祚打下了坚实的基础。明末的思想家李贽曾说：“我国家二百余年以来，休养生息，遂至于今。士安于饱暖，人忘其战争，皆我成祖文皇帝与姚少师（姚广孝）之力也。”

朱棣以不足千人起兵于北方一隅之地，一统天下，文治武功在有明一朝可算继往开来，但是由于“出身”的问题，总是受到一些文人学者的诟病。不过我们也可以试想一下，如果建文在位，能否做得比朱棣更好？

第四章

# 营建紫禁城——故宫的前世今生

大明永乐年间的一天，在四川的密林中，一群伐木工人正在砍伐一棵大树。

“小心，要倒了！”随着伐木匠的一声大喊，森林中响起一阵噼里啪啦的声音，一棵参天大树轰然倒下，随后几十个人上前捆扎这棵百年巨木。这棵巨木有个好听的名字——金丝楠木。据《博物要览》[1]记载：“金丝者出川涧中，木纹有金丝，楠木之至美者。”金丝楠木极为珍贵，它木质坚硬耐腐，成材要两百年以上，自古就是皇室首选的建材，因此它还有个形象的别名——皇帝木。

就在木匠捆扎巨木的时候，两千多公里之外的苏州砖窑中炉火通红，一大群工匠袒胸赤膊，在汗流浃背地工作，一方方“敲

1　明朝谷泰撰，内容论列古器物、字画、印宝等艺术品。

之有声，断之无孔”的金砖从这里生产出来。不管是四川密林中的金丝楠木，还是苏州窑口的金砖，它们都将一路跋山涉水，被送往千里之外的目的地——北京。

永乐十年（公元1412年），大明王朝即将迎来一个充满活力的新首都——北京。《明会要》中称北京“北枕居庸，西峙太行，东连山海，南俯中原，沃野千里，山川形胜，足以控四夷，制天下”。

纵观中国封建王朝数千年来的建都趋势，呈现出了明显的“从西到东，以北制南”的特点，将北京作为帝国的首都，在中国封建社会发展的历史上具有至关重要的意义。不仅加强了帝国对长城以北的广袤领土的控制力，更为南北交流与民族大融合建立起了纽带。然而在明朝，北京的定都之路却走得不是那么的一帆风顺。

回到半个世纪前，洪武二十年（公元1387年），明朝大将冯胜带领步兵、骑兵共二十万远征辽东，盘踞在开元金山（今勃勃图山，位于今吉林省双辽市东北、农安县一带）的元将纳哈出投降，二十万元军和牛羊马驼及辎重组成了一条绵亘百余里的壮观队伍，缓缓地投入大明王朝的怀抱。洪武二十一年（公元1388年），明朝大将蓝玉北征，借沙暴天气突袭捕鱼儿海（今贝尔湖）元军大本营，元主与太子天保奴等数十骑逃走，此战俘虏包括元主次子地保奴、吴王朵儿只、代王达里麻等王公贵族在内七万七千余人，元廷至此北遁。辽东与北方的平定，让朱元璋从建国初期的偏居东南变成了一统天下，全国政治形势和疆域的变化，使得洪武帝不得不重新考虑定都的问题。这个问题也成了朱元璋的心病，立朝初期就曾不断尝试迁都。

出于对南方经济的倚仗，以及建国勋贵都是江淮子弟，明初暂时将都城定在了南京。这里处于南方中心，在朱元璋自称吴王时就是他的大本营，基础建设相对完善，政治环境良好。随着对北方作战的不断深入，朱元璋曾想将开封设为北京，但这也只是权宜之计。因为开封地处中原，无险可守，当时只是想作为北方战线的临时战略基地罢了。

随着明帝国疆域的不断扩大，建都南京的弊端慢慢凸显出来，这个偏居东南的城市显然已经不能承担起首都的职能了。洪武二年（公元1369年），朱元璋决定在临濠（濠州）建立中都，相比起南京来说，临濠前后两水（长江、淮水），交通便利，太祖觉得这是可以建都的地方，并且已经下令打造新的首都。临濠的建都工程持续了六年，靡费一时，后来在众大臣的一再反对下停工，朱元璋才在洪武十一年（公元1378年）下决心改南京为京师。

在冷兵器时代，战争的指挥部离前线越近，则越方便调度。虽然扫除了辽东与北方，但是蒙古人的势力依旧存在，北面的军事压力仍然很大。从海洋望去，从辽东到广州漫长的海岸线也面临着倭寇的侵扰。从历史经验上来看，历代王朝的威胁基本上都来自北方，一旦黄河以北丧失，政权就有颠覆的危险，宋朝就是最好的例子。虽然定了南京为都城，朱元璋却仍然在谋求新的帝国首都。其实在他的心里，一直就有两个地方比较中意——长安和洛阳。特别是长安，作为中华文明鼎盛朝代周、秦、汉、唐的首都，长安在我国历史上有着举足轻重的地位。洪武二十四年（公元1391年），朱元璋特意派皇太子朱标巡视陕西，考察建都事宜，太子西巡后带回了长安的地图和详细资料。不料朱标在第二年突然病逝，朱元璋悲痛万分，营建新都的事情就搁置了。

虽然朱元璋没精力去考虑迁都的问题了，但是冥冥之中仍一直觉得南京作为首都不合适。首先南京皇宫的“风水”就很不好。按惯例，古代帝王修建宫殿一般遵循南低北高的地势而建，取意步步升高，江山可万代相传。但南京城里的皇宫呈现出南高北低的态势，一反常态，这在朱元璋眼中是非常不吉利的象征。另外，南京同样是无险可守，而且离北方边境太远。因此，老皇帝虽然力不从心，但对迁都的事情一直念念不忘。

洪武二十五年（公元1392年），朱元璋在《祭光禄寺灶神文》中说道：“朕经营天下数十年，事事按古有绪。惟宫城前昂后洼，形势不称。本欲迁都，今朕年老，精力已倦。又天下新定，不欲劳民。且废兴有数，只得听天。惟愿鉴朕此心，福其子孙。”可见他的不甘与无奈。在靖难之役中半路杀出的燕王，完成了老皇帝的心愿。

朱棣作为明朝边塞九王之一，深知边塞藩王权力之大，于是登基之后采用建文帝的削藩政策，但比起建文帝的瞻前顾后来说，朱棣可以说是有条不紊地解决了藩王问题。收藩王兵权，设立种种苛禁制度约束，并且把藩王们该迁徙的迁徙，该削爵的削爵。建文四年到永乐十八年（公元1420年）徙谷王、宁王于长沙、南昌；削代王、岷王、辽王护卫；将齐王废为庶人，后来又以谷王谋反为由废其为庶人。

藩地迁徙，护卫削除，边塞九王的问题解决了，但是新的问题又出现了。朱元璋当时布置的"九王守边"成为空谈，情况变成了"四裔北边为急，倏来倏去，边备须严。若畿甸去远而委守将，则非居重取轻之道"，边患与驻军尾大不掉的问题浮出了水面。作为朱元璋的儿子，朱棣遗传了父亲对权力极强的控制欲，谁在北方率重兵守边他都不放心。于是，朱棣心生"天子守国门"的想法。《读史方舆纪要·北直方舆纪要序》[1]中说："太宗靖难之勋既集，切切焉为北顾之虑，建行都于燕，因而整戈秣马，四征弗庭，亦势所不得已也。銮舆巡幸，劳费实繁，易世之后，不复南幸，此建都所以在燕也。"

那么，首都定在北京就完美了吗？其实不尽然。首先，将北京作为帝都，粮食供给就是第一个难题。明代水运是相对最优的运输手段，为了建立保障北京粮食供应的"物流线"，朱棣发动了声势浩大的修河工程。

永乐九年，从山东临清会通镇以南到徐州夏镇的一条河道上，聚集了成千上万的民夫，他们有的垒土筑坝，有的疏通河道，有的依图监工。工部尚书宋礼在河岸远眺着这一切，他主持

1 明清时期地理学家顾祖禹创作，是古代中国历史地理、兵要地志的专著。

疏通的这条河道就是明朝南粮北运的重要物流线——会通河。

这条运河于至元二十六年（公元1289年）由元世祖下令开凿，起自东平路须城县（今山东东平）到临清连接御河（今卫河），全长二百五十多里。至元二十八年（公元1291年）元世祖又开凿了从大都到通州的通惠河，全长一百六十多里。至此，南北大运河全线开通，将海河、黄河、淮河、长江和钱塘江五大水系紧密连接在一起，打通了京杭运河要由中滦（今河南封丘）陆运至淇门（今河南浚县）再入御河和通州至大都的这段陆路。但是黄河原武段（今河南原阳西北）在洪武二十四年决口，会通河段被毁，大运河中断。

会通河的彻底修复长达几十年，除了疏通旧河道、新建部分河道，宋礼“又于汶上、东平、济宁、沛县并湖地”设置了新的水库，以更好地调剂会通河的水量。经过永乐朝的大力治理，会通河的通航能力有了极大的提升，每艘漕船载粮的限额提升了将近三倍。年平均运粮至京的数量，由以前的几十万石，猛增到几百万石，为建都北京提供了物质保证。大运河恢复通航后，朱棣下令废除海陆运粮，专划漕运总兵督运粮米。更让朱棣没有想到的是，大运河的恢复不仅保障了北京的粮食供应，更是带动了运河两岸的经济繁荣。

每当漕运季节，运河上就会出现舳舻相接、千帆点点、百里不绝的壮观景象。官船、商船和民船相交行驶，北方的豆、麦、枣等作物和南方的丝绸、茶叶、瓷器通过大运河进行交易，这条黄金水道就像是帝国的大动脉一样，为南北输送着血液。

商业的繁荣还催生了城市的兴起。洪武二年（公元1369年），临清在会通河、卫河交汇处——临清闸另建新城，很快发展为中国北方最大的商业城市。到万历年间，临清设有布店73家，绸缎店32家，杂货店65家，典当铺100多家，粮店100多家，瓷器店数十家，客栈数百家。城内街道纵横交错，店铺鳞次栉比，街道中轿夫、挑夫、商贩等各色人等熙熙攘攘，聚集了“徽商”“晋商”，成为大运河上一颗璀璨的明珠。大运河岸边的济宁、东平也迅速成为北方重要的商业城市。

经济的繁荣也带来了文化的兴盛，南北运河的大贯通，为北方构成了一道新兴的文化带，齐鲁文化成为这道文化带的重心。明清两代出自山东的10名状元中有6名来自运河文化带（武城韩克忠，茌平朱之蕃，聊城傅以渐、邓钟岳，济宁孙毓桂、孙如谨）。

北方的粮食问题解决了，迁都的根本和营建北京城的工作得到了保障，帝国的首都就这样在这临近塞北之地拔地而起。北京作为明清两代的帝都，是国家的政治、经济、文化中心。到现在为止，北京人还会自豪地称自己住在“皇城根下”，生在“四九城内”。那么皇城根与四九城又是怎么来的呢？

明朝北京城的营建是在元大都的基础上构建的“三城”模式（宫城、皇城、郭城），即最外侧是由内城和外城构成的“郭城”，由护城河和高大的城墙组成，大约是现在北京二环以内地区。以前三门大街划分内外城，大街南侧为外城，也称北京“南城”，大街以北是内城。内城共有九座城门，而皇城就在内城中南部。

皇城南起长安街，北至地安门大街，东到东皇城根，西抵西皇城根。四条大街形成一个较为规整的南北走向的矩形，围绕着这个矩形就是民间常说的“皇城根”。而皇城又有四个城门，分别是正门南端的承天门（今天安门）、北边的地安门、东边的东安门和西边的西安门。皇城的四个城门加上内城的九个门，就是民间常说的“四九城”，而人们也经常将“皇城根”和“四九城”作为北京的代称。

北京成了首都，北方的安全得到了拱卫，那南京怎么办？南方有着漫长的沿海线，而且是重要的经济中心。“两京制”就解决了这个问题。明廷决定在迁都北京之后，南京依然为留都，设置机构健全的五府六部，节制南方诸事。

现在就剩最后一件事了，明帝国的皇帝需要在北京有个“家”。

朱棣肯定不会想到，他为明皇室打造的这个“家”——紫禁城，存在了整整六百年！这座世界著名的皇家宫殿前后一共有两朝24位皇帝居住，其中明朝有14位皇帝，分别是成祖朱棣、仁宗朱高炽、宣宗朱瞻基、英宗朱祁镇、代宗朱祁钰、宪宗朱见深、孝宗朱祐樘、武宗朱厚照、世宗朱厚熜、穆宗朱载垕、神宗朱翊钧、光宗朱常洛、熹宗朱由校和思宗朱由检。其中，朱祁镇与朱祁钰、朱由校与朱由检是同父异母的兄弟，朱厚照与朱厚熜是堂兄弟。

皇帝们的这个“家”有多大呢？据《大明会典》记载，紫禁城占地约72万平方米，建筑约980座，房屋8707间。广义上的紫禁城还包括万岁山、东南部的太庙、西南部的社稷坛和由北海、中海与南海及其园林组成的西苑与东苑。从永乐四年开始筹建紫禁城到永乐十八年城墙及主体建筑竣工为止，这座伟大的建筑历经十四年的营建终于展现在世人面前。

“紫禁城”这个名字又是怎么来的呢？因为帝王所居的宫城都模仿天帝所居的紫微垣，所以将宫城称为“紫宫”，而皇帝居所为禁区，“紫禁城”便由此而来。

紫禁城不仅是皇帝们的家，更是中国建筑艺术的结晶。让我们回到六百年前紫禁城营建时的繁忙现场，一个操着浓重南方口音的人在和旁边的工匠认真讨论着建筑图纸，这个人就是紫禁城的设计师之一——太监阮安。严格来说，阮安是个外国人。成祖下令张辅南征安南，大军在得胜回朝时带回了一批俊美的安南男童，留在宫中充当宦官，阮安就是其中之一。他精通数学、建筑，参与了紫禁城的设计。据《明史》记载：“阮安有巧思，奉成祖命营北京城池宫殿及百司府廨，目量意营，悉中规制，工部奉行而已。”阮安不但参与了紫禁城初期的建设，在之后英宗时代的通济河河道与河岸改良、京师九门濠桥的修建工程中也起到了至关重要的作用。正统时期紫禁城内奉天殿、华盖殿和谨身殿的重修也是在阮安主持之下完成的。

雄伟的紫禁城的营建，还吸引了全国各地的能工巧匠，来自太湖之滨的吴县香山的蒯氏家族也成了紫禁城的主力设计者。香山自古盛产能工巧匠，素有“江南木工巧匠皆出于香山”的说法。北京城营建之初，蒯思明带着儿子蒯福、孙子蒯祥参与设计营建了西宫、午门、仁寿宫、万春宫、长春宫、景福宫等重要的建筑群，以蒯氏为首的“香山帮”成了绝对的主力。蒯祥精通尺度计算，工程竣工后的实景与施工前的设计分毫不差，被誉为“蒯鲁班”。值得一提的是，“香山帮”的到来还将江南建筑艺术融入了北京皇家建筑之中，为雄伟庄严的殿堂楼阁增添了一丝温婉精致。

因为紫禁城是在元大都皇宫基础之上营建的，兴建伊始就要先镇住元朝的王气。营造者不但毁掉了利用元朝宫室兴建起的燕王府，而且掘掉了元朝皇宫的基础，重新做了一遍夯土地基。经测量，新地基最浅处约3米，最深处达85米。人们给这种做法起了一个好听的名字——满堂红，而新地基则被称作“块玉”。营造者希望通过这种方式将前朝的晦气与王气完全驱散。一个王朝的兴衰跟宫室的地基有必然联系吗？历代王朝的宫室都是经过堪舆家精心选择而建，如果一块风水宝地能够兴旺一朝的话，那么前朝又怎么会灭亡？实际上除了风水的讲究之外，紫禁城地基的建设还是遵循建筑科学原理的。

在毁掉地面建筑进行新地基的构筑的时候，民工们将生石灰、黏土按照3:7的比例配制成“三七灰土”和碎砖进行交替回填，“三七灰土”可以有效防止虫兽在地基之下打洞做穴，而将碎砖与灰土夯实，可以消除建筑物的沉降隐患。在地基建设的时候，还要在搭配好的三七灰土上泼洒煮好的糯米汁加白矾，用来增强地基的整体坚固性和柔韧性，避免了建筑的不均匀沉降。庞大的紫禁城建筑群就是在这样一片坚固而又特殊的人工地基之上建立起来的。而之前南京皇宫“地势不利”的风水，在紫禁城得到了彻底的解决。

在北京城的中轴线上，北护城河北部中段有一座东西走向的山丘，这里树木苍翠，风光秀丽，是北京城内登高远眺的最佳地点。山下遍植花草、果木。明清帝王常来此赏花、习箭、饮宴、登山观景，这就是万岁山[1]。这么一座风光优美的小山不是大自然造化而成，而是真真实实的“人造工程”。在修建紫禁城时，人们将挖掘筒子河时的土方和建筑废料堆积于此，垒成了万岁山。当然，这也是经过了堪舆家的精心设计，其刚好位于皇城的中轴线上，就像一面屏风屏护着南边的紫禁城。谁能想到，在这万岁山山巅之下就是旧时元朝皇帝的寝宫延春阁。明朝皇帝用一座废料山丘压在前朝皇帝的床榻之上，其用意不言而喻，因此万岁山也被称为大内的“镇山”。

万岁山的筑成，改变了紫禁城的“风水”。不仅如此，建筑师们还将筒子河从紫禁城西北角开石砌券洞引入内为明河。五行方位以西为金，北为水，又因居于宫城内，这条河故名“内金水河”。内金水河就像一条灵动的飘带，蜿蜒曲折，进一步优化了紫禁城的风水。如果那个时候有无人机，就会拍下这样一幅照

---

1　即景山，又称煤山，据传明代兴建紫禁城时，曾在此堆放煤炭。

片——紫禁城位于万岁山南部、筒子河围绕的阳地之上，构成了“背山临水、负阴向阳”的绝佳宅地。格局虽然很好，但是一朝兴衰又岂在“风水”？万岁山能镇住元朝的王气，却挡不住农民起义和满洲的铁骑，最后落得崇祯帝在这大内“镇山”上吊自尽的悲惨下场。

嘉靖三十六年（公元1557年），北京。

紫禁城内一片火海，猛烈的浓烟直冲云霄，方圆十几里都能清楚地看见大内的浓烟。三大殿、体仁阁、弘义阁、午门等建筑全部为火龙吞噬。这次紫禁城历史上最大的火灾将城内南部正中区域的建筑几乎夷为平地。极具讽刺意味的是，此次火灾发生前，迷信道教的嘉靖皇帝正在进行祭祀雷神的活动，结果引得天神“动心”，雷电劈中奉先殿起火，殃及华盖、谨身二殿和三大殿附属建筑。火灾发生时，宫内堆积了大批楠木、檀香木，这些木材在火灾之中全部被引燃，以致这场大火持续了半月之久，京城方圆十里以内都能闻到檀香味。

在以砖木结构为主体的中国建筑发展史中，火灾一直是建筑师挥之不去的梦魇。我们现在看到的紫禁城早已没有了六百年前的风貌，那时候的紫禁城要比现在更加雄伟壮丽。自竣工伊始，永乐十九年（公元1421年）奉天殿（今太和殿）就被大火烧毁，一起毁坏的还有华盖、谨身二殿。第二年乾清宫又在火灾中变成一片废墟。一直到明末李自成焚毁紫禁城止，几乎每十年就有一场大火。但是从紫禁城兴建伊始，人们从来都没有放弃过火灾的预防。

在紫禁城，午门、太和门、神武门等建筑匾额上的“门”字的最后一笔都不上“钩”，就是源于对火灾的预防，尽管这是人们心理上的暗示。传说，朱元璋对火灾的恐惧近乎到了敏感的地步，书法家詹希源在题写南京皇宫集贤门匾额时，因为“门”字加了“钩”便以欺君之罪被斩首示众，真是千古奇冤。当然，除了心理上的防御，古代的能工巧匠也从来没有放弃过用实际的措施来抵御火灾。

首先在紫禁城的建筑设计上，工程师们就已经做好了防火的准备。他们前瞻性地给重要建筑都留出了安全距离。比如乾清门广场是前朝与后寝的分界处，宽三十多米，这个有效距离能阻隔发生火灾时火势的蔓延，这也是紫禁城历史上前朝和后寝从未一起着火的重要原因。另外在建筑物密集的后三宫，建筑师还设置了“防火墙”。在乾清宫、坤宁宫东西两侧各有两段围廊，后檐墙上的梁、柱、斗拱、椽子等木构件全部改用石料雕刻而成，上面覆以彩画，既与其他建筑巧妙地融合在一起，又起到了阻延火势的重要功能。

火的克星就是水，古代没有先进的自动给水系统，那么怎样才能够引水灭火呢？紫禁城内全长2100米，曲折蜿蜒在城西部和南部的内金水河就是消防的主力。在引水进入文渊阁这个典藏孤本珍籍的重要资料库的时候，内金水河还特意扩大了河道，为的就是更好地防范火灾。除了地表的明河，三大殿、南三所、御花园等处设立的井亭也是灭火的补充水源。此外，还有遍布在紫禁城各处的太平缸，这种大缸储水量多达2000多升。配合太平缸灭火的还有一种神奇的工具叫唧筒，它的工作原理类似于我们现在的压力滋水枪或者针管，早在北宋时期就出现了竹制的唧筒。紫禁城的唧筒通常都是铜制，体积更大，压力更强，射水可达二十多米。

“水火无情”，除了火灾，水患也是建筑的一大杀手。

季风性气候给北京带来了丰沛的降水，特别是在每年的6月到8月。大雨来临之时，紫禁城三大殿的台基上，1142只排水兽会喷涌出雨水，组成“千龙吐水”的壮观景象。三大殿的地基采用的是夯实的灰土，台基在雨季存水、渗水是一个重要的问题。高大的石质须弥座表皮为地砖，三层须弥座每层台基地面在建造之初就设计了3%～5%的坡度让上层水可以直排到下层台基。台基每块栏板底部正中设置有直径10厘米的半圆形泄水口，雨水就从栏板之间往柱底部伸出的排水兽排出。不仅如此，紫禁城建筑后檐的檐头往往设置排水天沟，宫墙向外也接有排水石槽。许多普通宫殿建筑的台基也做成斜面形式通向地面。协和门、熙和门的台阶，还有三大殿、后三宫的诸门都是类似的设计，而且台面都做成礓嚓[1]。大雨降临之时，雨水从建筑的排水沟倾泻而下，沿着礓嚓洒向地面，好似连绵不断的白丝绸，是雨中故宫的另一美景。

除了地面的排水系统，六百年前的设计师们还在紫禁城的地下构建了一个庞大的排水系统，其设计之复杂、功能之完备，完

1　中国古代建筑中以砖石露棱侧砌的斜坡道，用于防滑。在室外坡度较大的地段上本应设台阶，但是为了能通行车辆，故将斜面做成锯齿形坡道。

全不亚于现在的地下排水管网。如果你走在紫禁城中，就会发现地面上有不少镂空的铜钱形状的地砖，俗称钱眼，这就是紫禁城的下水道“井盖”。而主要的排水干道位于神武门内宫墙南侧的自西向东的石板路，这些石板上设有泄水孔，下方就是紫禁城最北侧的排水道，宽35厘米，最深处将近3米。故宫的雨水就通过这些排水系统进入地下管网，最终汇向内金水河。作为流速这么小的一条“内河”，如果淤积了紫禁城岂不是要“水漫金山”了？然而六百年来内金水河不知疲倦地接纳各处雨水送入筒子河，从来没有做过大的改动，绝妙之处就在于内金水河上下游河床相差一米左右，这种巧妙的设计保证了水流能以一定流速流经紫禁城。而在东南角出口处，内金水河呈倒喇叭状，这样的设计产生了一种“束水攻沙”的效果，防止下游水流缓慢导致泥沙淤积。

紫禁城作为帝国的权力中枢，每天都会有影响着九州万方的决策从这里传递出去，而紫禁城内的很多建筑也随着历史上的重大事件被人们所熟知，成了“打卡胜地”。比如午门，也称“五凤楼”，位于奉天门（今太和门）前，高37.95米，因为居中向阳，位当子午，故名午门。午门与东西北三面城台相连，环抱形成一个凹形广场。在明代，著名的“廷杖”就是在这里执行。

廷杖，就是在朝廷上行杖打人，是对官吏实行的一种惩罚。有明一朝皇帝以酷爱使用廷杖立威闻名，而朝臣又以受杖为荣。被廷杖的大臣士子，往往会以敢于廷争面折而被贴上“诤臣”“忠臣”的标签，得以声名天下。屁股上挨几板子就可以名垂千古，这对把名分看得极重的明朝官员来说是一种“诱惑”。因此，甚至出现了为了反对而反对，自贴标签争取廷杖的人。可是平心而论，这个荣耀不好争取，因为很有可能没机会享受之后的荣誉。在明朝，被廷杖致死的大臣大有人在。嘉靖时期，就有16位大臣因“大礼议”事件被廷杖致死。

太和门广场东侧的左顺门也是紫禁城内的名胜。这里是皇帝晚朝（其实是午后的朝见）的地点，如果有突发事件，皇帝就在这里召见臣工议事。

明英宗正统十四年（公元1449年）八月二十三日，众多官员拥挤在相对狭小的左顺门。就在几天前刚经历了对国运有致命打击的土木堡之变，群情激奋的官员要求惩办当朝的宦官与权奸，最后事态发展到令人意想不到的地步，平日里温文尔雅的文臣们竟然在此地“群殴”，打死了锦衣卫指挥使马顺和王振的党羽毛贵与王长随。左顺门就这样成了载入史册的名胜。

还有在建极殿（今保和殿）居中向后原有一处不大的石阶叫云台门，以隔外朝内廷。从孝宗开始在这里开启平台召对，建立了皇帝与大臣近距离沟通的渠道。这里见证了孝宗的弘治中兴，也见证了袁崇焕从国家柱石沦为阶下囚的时刻，遗憾的是到清朝时已无迹可寻。

紫禁城是中国传统建筑艺术最为璀璨的宝石，直接参与建造紫禁城的人员多达三十余万。当时为了建造这座举世无双的辉煌宫殿，建成的神木厂、大木厂、台基厂、墨窑厂和琉璃厂至今还留在北京城，向人们诉说着当时这项人类工程奇迹的壮举。

迁都北京和营建紫禁城，是明成祖对中国历史的一个重大贡献。帝国首都的北迁对边防的巩固和多民族大一统国家的形成有着至关重要的作用。现如今，紫禁城已经对外开放，普通游客也能够一睹皇室宫殿的风采。建筑就是历史的“化石”，紫禁城内那大大小小的宫殿仿佛是在对人们展示着明朝历代帝王的“众生相”，既有成祖朱棣的开拓进取、御宇四方，也有武宗的性格乖张与荒诞不羁……

第五章

# 郑和下西洋——联结中国与世界

永乐二十二年（公元1424年），太平洋，苏门答腊岛，旧港（今巨港）。

虽然艳阳高照，但是遮天蔽日的船帆形成的巨大阴影将码头覆盖得严严实实。水面上一艘艘马船忙碌地穿梭在港口和离岸不远的众多巨舰之间，将成箱的绿豆、黄豆和其他物资运送上巨舰。当地人成群结队地聚集在岸边，像看戏一般围观着这一幕。他们注视着巨舰，不时发出啧啧的惊叹之声。这些大船每艘长度都在一百米以上，船上置有楼阁，在船舷和上层的甲板还配置着一门门火炮，远远望去好似海市蜃楼一般雄壮又富含魔幻色彩。

不论是岸边还是船上，忙碌的工作人员都身着明式服饰，还有一些人身着官服。为什么会有这么多中国人出现在千里之外的太平洋上？你肯定想不到，这里就是五百多年前明朝在太平洋的苏门答腊岛上设立的军事基地——旧港宣慰司，而这时停靠在这座港口的庞大舰队正是历史上赫赫有名的郑和船队。此时此刻，郑和的舰队正在旧港进行第六次下西洋的舰队补给。

在亚欧大陆的东西两端，人类都蠢蠢欲动地把眼光从大陆移向了蓝色的海洋。1417年，葡萄牙人占领了非洲大陆北岸的休达。他们从当地的商人口中得知，穿过死亡禁区撒哈拉沙漠，就能到达传说中的沃野天国，那里满地都是黄金、象牙和胡椒。这时的欧洲人正苦于阿拉伯人对传统商路的控制。但问题来了，怎样才能穿越茫茫的撒哈拉大沙漠呢？葡萄牙人将目光投向了海洋。

果然，走海路，他们很快就到达了那片向往的“绿洲”，这里真的充满了财富。公元1448年，葡萄牙王子恩里克在北纬20度的阿奎姆岛建立了欧洲人在非洲的第一个殖民据点，从此打开了“潘多拉的魔盒”。在此后的二十年内，葡萄牙征服了撒哈拉地区并开始了历史上臭名昭著的奴隶贸易。而恩里克发现的绿洲就是现在的塞内加尔。

同一时期的亚欧大陆东端，大明朝早已开始了一场开创人类航海历史的伟大壮举——郑和下西洋，但郑和船队的航行目的绝对不是为了黄金与奴隶。

“婆罗，又名文莱，东洋尽处，西洋所自起也。”明朝时的西洋并非只指欧洲，因为明朝的首都在南京，千百年来的天朝大国思想，让历代的封建王朝的统治者认为中国就是世界的中心。以首都南京的经度划线，地球就理所当然地被分为东西两部分，虽然当时的人们还没有地球和经度的概念。

时间回到永乐三年（公元1405年），刘家港（今苏州太仓市东浏河镇），郑和舰队第一次下西洋。

上百艘各式各样的舰船聚集在这里，为首的巨型宝船上高悬着“明”字和“帅”字旗。旗门正中，一人身着蟒袍，内穿鱼鳞细甲，手握佩剑，相貌英伟。随着他一声号令，岸上彩炮轰鸣，几百艘巨舰鱼贯出港，大明的舰队开始了划时代意义的世界性远航。而在旗门正中的统帅就是舰队的司令官——郑和。

郑和原姓马，出生在云南一个信奉伊斯兰教的回族家庭。从《郑和家谱》中“咸阳世家”字样推断，郑和很有可能是元朝名臣赛典赤・赡思丁・乌马儿的后代。后来乌马儿的后代在云南世代与汉人杂居的过程中，逐渐地同化形成“马”姓。郑和的父亲曾被授予“哈只”的头衔，在穆斯林教徒中，只有完成麦加朝觐的人才能被授予这个令人尊敬的名号。彼时的明朝，身处西南的穆斯林前往麦加的路线是从云南出境到达缅甸，顺伊洛瓦底江出海到达印度的加尔各答，休整之后再历经漫长的海上航行横穿印度洋到达阿拉伯湾进入阿拉伯半岛。可以看出，这与郑和下西洋时的航线有惊人的相似之处。从小父亲就给郑和讲述前往麦加旅途中的奇闻异事、所遭遇的艰难险阻，以及异域各国的风土人情，在郑和幼小的心灵里早已埋下了向往大海的种子。

另一方面，郑和虽然是个宦官[1]，但他形貌英伟，声音洪亮。正因如此，朱棣早年就将郑和收在府中。北平的燕王府中藏书丰富，郑和在这里开阔了自己的眼界。不仅如此，郑和在军事指挥上也有着惊人的天赋，在后来的靖难之役中经常为朱棣出谋划策甚至驰骋疆场。建文元年，建文帝大将李景隆的军队与燕王的军队在京郊郑村坝对决，郑和就在此战中请缨亲率敢死队突击李景隆的军队，随后朱棣指挥军队大败敌军。郑和也因为郑村坝对决中的英勇表现被朱棣赐姓“郑”，改名郑和。

熟悉航线，有勇有谋，于是舰队司令官的位置就落在了郑和的头上。

郑和的舰队驶出刘家港已经好几个星期了，得益于先进的舰队保障，船员们的精神依旧饱满。郑和的航海行动不仅在时间上早于西方大航海时代，装备上也是碾压对手。著名的哥伦布探险船队旗舰“圣玛利亚”号排水量只有120吨，船长23.66米，整个舰队的船员不足百人。

再来看看郑和的舰队。郑和的舰队总共有百余艘大小舰船，严格来说郑和率领的是一支“特混舰队”。整个舰队由旗舰、运输舰、补给舰、战舰四大类组成。

---

1　明初内廷有完整的机构，专为皇族生活杂事服务，直接听命于皇帝，称为二十四衙门，十二监为其中机构之一，负责掌管宫殿、陵墓、塔寺的营建和皇室内部婚丧礼仪、陈设器皿制造和采办等。太监是各监的最高长官，正四品。明朝的太监是职衔，清朝才将大小宦官一起称为太监。

旗舰就是我们现在所称的宝船。最大的宝船有十二面风帆，长约148米，宽约60米，排水量在万吨以上，人员配置在800人到1000人之间，是哥伦布探险船队旗舰“圣玛利亚”号的100倍。还有一种常见的型号是长约61.2米，宽13.8米，排水量在1000吨左右的六桅木帆船。宝船通常采用分段式船身结构，这样的做法类似于我们现代舰船的水密隔舱，既增强了舰船的抗沉性，又可以利用不同的舱段分别储藏不同的货物。要知道，在漫长的航行中，像茶叶、香料这些货物单独存放是十分必要的。

不同于现代舰船，宝船的舰桥设置在船尾的舵楼上，这里是高级军官的住所和指挥室，整个宝船从船底到舰桥最多可分八层，在甲板上除了火炮、操帆绞盘外还留出了专门供士兵习操活动的场地。

宝船的桅帆采用纵帆布局、硬帆式结构，这样的结构是为了让船只在海上更好地借助风力航行。与同时期欧洲帆船的分段软帆不同，硬帆结构拥有极高的受风效率，且调整灵活，能有效利用多面来风。同时宝船在两舷和艉部设有长橹驱动，在无风的时候也可以保持一定的航速。宝船为了进一步提高稳定性，还使用两舷披水板，用来抵消航行中两侧的晃动幅度。宝船的船舵采用可升降式，根据需要来调整舵叶的入水深度，使舵不受影响。

至于武器装备，宝船更是碾压同时期的西方战舰。据《续文献通考》记载，明代武装海船的标准武器配置是：手铳16只、碗口铳4门、火枪20条、火攻箭20支、火叉20把、火蒺藜炮10个、铳马1000个、神机箭20支等。

从明代《武备志》[1]等文献分析，郑和舰队的火器装备主要分为击发类和燃烧类。明代铳（类似于枪）与炮没有较为严格的区分，火器的口径在10厘米到20厘米，射程在100米到500米不等。郑和的舰队配备的武器更是远超标准，每艘大型战舰大概配备有击发性火器60件到100件。而火攻箭、火枪、火蒺藜这些都属于燃烧性火器，主要靠投掷到对方的舰船或者阵地中起到杀伤作用。此外，郑和舰队还装备有很多“秘密武器”。比如水雷，其设计原理是将炸药密封好绑在木板下，再坠以石块，由船员潜入海中将其偷偷地固定在敌舰上，预留出较长的引信最后引爆。还有一种名为“没奈何”的火器尤为引人注目，别看这个武器的名字很搞笑，但其杀伤力之巨大令人咂舌，有点类似于现代的集束炸弹。它是把火药、弹珠固定在芦席里卷成圆筒，再装上引信，使用时将“没奈何”绑在长竿上，靠近敌船时点燃引信让其落入敌船燃爆，爆炸时弹珠四射，杀伤范围巨大。如此恐怖的武器装备，让郑和的舰队成了那个时代的“海上霸王”。

郑和的舰队每次出航都在50艘以上，指挥如此庞大的舰队远航与作战，没有一套完善的指挥体系和航行工具是不可能完成的。郑和的舰队不但做到了，而且还发明了用于夜战的指挥方式。

据《西洋记》[2]记载，郑和舰队“昼行认旗帜”。早在600年前郑和的舰队就用上了现代海军的“旗语”。“夜行认灯笼，务在

1　明代茅元仪辑，是明代重要的军事著作。

2　明代罗懋登所著长篇神魔小说。虽然是小说，但是是根据郑和下西洋的故事编撰而成。

前后相继，左右相挽，不致疏虞。”在夜间则按照灯笼的信号联系调度。

除了大小型战舰之外，郑和的舰队中还配有用于作战和联系的快速马船、专门用于保障淡水与补给供应的水船和粮船。

可以想象一下，在广阔的洋面之上，巨大的战略舰——宝船航行在舰队中央，巡洋舰——小型的宝船在前方开道；舰队左右游弋着护卫舰——巡航联络的马船；宝船后方跟随着补给舰队——粮船与水船，远远望去就如同一座座超级堡垒在海上缓慢地移动。正是强大的武装力量，才保证了郑和舰队在航行途中的安全与威服四方。

洪武十四年（公元1381年），明州。

较几十年前千帆出海的盛景而言，这一年的明州显得萧条而落寞。港口和市镇的街道中再也没有几十年前操着不同语言的商人讨价还价的热闹场景。“今后咱们这里就要叫宁波了。”一个老人淡淡地说道，可以看出他的眼中充满着沧桑与故事，而他说话的语气中透出了一丝的无奈与惋惜。让空间向北飞驰四百公里，帝国首都的皇宫之中，洪武帝正在喃喃自语：“实行海禁，朕希望明州真能像赐的新名字那样，海定波宁。”此时明帝国的海禁已经实行整整十年了。

然而就在二十年后的永乐三年，郑和的舰队却受到永乐帝的指示，代表国家开始了颇具外交风采的“全球性国事访问”。我们都知道，封建社会中最流行的一句话就是“祖宗成法不可违”。那为什么朱棣一上台就迫不及待地要违反海禁，组织大规模的远洋航行？

《明史·郑和传》中说：“成祖疑惠帝（建文帝）亡海外，欲踪迹之。”于是百年来民间野史不断有人爆料郑和下西洋的目的是寻找建文帝和在靖难之役中遗失的国玺。现在来看以朱棣当时的文治武功和政治手腕，能不能找到建文帝对其的威胁实在是微不足道。至于国玺，朱棣更是不缺这一枚小小的“公章”。

建立一个以明朝为宗主国的国际秩序，让万国来朝、四夷臣服，对靠夺权登上皇位的朱棣来说，才能够更好地巩固皇权的正统性，因此建立朝贡体系才是郑和下西洋最重要的目的。

与西方大航海时代的殖民掠夺性质的海洋拓展有着很大的区别，中国长期以来的农耕文化和儒家思想，让统治者一直以世界中心和天朝上国自居。中国的对外贸易基本上是本着“厚往薄来”的原则，就是一定不能让小兄弟们吃亏。郑和的船队如此庞大，除了要携带舰队航海的补给之外，还运载了众多的财富与珍宝，以供在与西洋诸国交往中使用。

公元1488年2月3日是西方地理大发现一个重要的转折点。在历经了十几天的海上风暴之后，迪亚士的船队到达了非洲南端的莫塞尔湾，并发现了非洲最南端的厄加勒斯角与西南端的风暴角。欧洲人终于发现了进入印度洋的航线，这时他们仿佛已经能够闻到东方的香料与肉桂的味道。虽然这里是航海家的地狱，惊涛骇浪长年不断，葡萄牙国王约翰二世还是将这块地方改成了

"好望角"，因为通过这里能够到达富庶的东方。而郑和的远洋航行比迪亚士的地理发现早了近80年！

郑和七次下西洋的时间横跨永乐至宣德三朝，最后一次远航于宣德八年（公元1433年）结束。江苏太仓，这个名不见经传的江南城镇因为郑和下西洋而被世人所瞩目。在元代之前，这里还是个住户不足百人的渔村，但是进入元代以后，这个村落就飞快发展了起来。在对外贸易最发达的时候，这里聚集着来自世界各地的商船，集市中黄色、黑色、白色各色人种聚集交易，太仓也被誉为"六国码头"。这里水网密布，粮食等物资供应充足，积累了丰富的造船经验。明朝初期虽然实行海禁政策，但是从洪武五年（公元1372年）开始，明政府就从来没有停止过这里的海务建设，分别在这里建造了造船厂、码头仓库等，从那时起这里就承接了千吨级的海船建造。因此，太仓自然而然地成了郑和下西洋船队的出发点。

郑和的舰队在太仓集结休整完毕后，庞大的舰队起锚驶向福建长乐太平港，他们需要的最重要的一样东西便是季风与洋流，这是在没有机械动力的那个时代船只航行最重要的条件。郑和前后七次出海，航线主要分布在西太平洋和印度洋，先后抵达了30多个国家和地区，其中包括爪哇、苏门答腊、苏禄（以菲律宾苏禄群岛为统治中心的酋长国）、彭亨（位于马来半岛东部）、真腊（今柬埔寨境内）、古里（今印度南部古国）、暹罗（古泰国）、榜葛剌（今孟加拉国）、阿丹（今亚丁湾西北岸一带）、天方（今红海东岸一带）、左法尔（今阿拉伯半岛南岸一带）、忽鲁谟斯（今伊朗东南）、木骨都束（今非洲东岸索马里一带）等地。

郑和的舰队是如何确定海上的航线的呢？答案是罗盘，就是这个被我们的祖先用来看风水的器具成了“导航系统”。另外舰队还配有“牵星板”，这个神奇的“黑科技”类似于西方航海家使用的六分仪。凭借这些先进的技术，郑和不但出色地完成了七次远洋航行的壮举，还制成了《自宝船厂开船从龙江官出水直抵外国诸番图》，也就是传说中的《郑和航海图》，图中详细地记录了自刘家港至东非的详细航线以及水文气候状况。遗憾的是，图纸的原稿在历史的长河中已经遗失，我们只能在《武备志》中寻找到相关目录。

除了航线问题，远洋航海还有一个最大的问题就是补给，尤其是维生素的补给。茫茫大海，除了惊涛骇浪之外，败血症是船员最大的敌人。西方早期的航海活动中通常通过橙子、洋葱等食物来补充维生素，但是这些食物的补给十分困难，且保质期短，那么郑和的船队是怎样解决这个棘手的难题的呢？郑和的舰队会携带大量的黄豆与绿豆，聪明的船员会利用这些食物在航行的途中发豆芽，以此来保证船员维生素的补充。可见中餐在提供美味的同时也是保命的手段。

令四夷臣服是郑和船队的主要使命，但是官方的贸易往来和民间的互市也是在远航途中重要的交往行为，郑和下西洋不但宣扬了国威，而且构建了一条联系大洋各国的海上丝绸之路。

永乐十五年（公元1417年），在新都的永乐皇帝心情大好，因为北京迎来了以苏禄国三王（东王巴都葛叭哈喇、西王麻哈喇葛麻丁、峒王巴都葛叭喇卜）为代表的三百多人的大型国事访问团，并向大明递交了金缕表文的国书，还给皇帝送上了珍珠、玳瑁等礼物。朱棣龙颜大悦，在册封了国王之后，赏赐了苏禄使团宝物无数。据《明史》记载："明成祖赐印诰、袭衣、冠带及鞍马、仪仗器物，其从者亦赐冠带有差。"使团回国时，"各赐玉带一，黄金百，白金二千，罗锦文绮二百，帛三百，钞万锭，钱二千缗，金绣蟒龙麒麟衣各一"。不知道是过度兴奋还是水土不服，苏禄国使团回程途中，东王巴都葛叭哈喇一病不起，长眠于大明。东王二子安都禄、三子温哈喇在为父亲守孝三年之后选择留在中国。

郑和在出使的过程中也带回了很多外来"物种"，比如麒麟（长颈鹿）和榴梿。永乐朝逐渐以这样的方式建立起万邦认可的朝贡体系。西洋的诸国由于宗教信仰、地域和郑和出使的频次等因素，对中国文化并没有很深的认同感。

郑和团队在完成了政治任务之后，会与各国进行国家之间的贸易。比如到达古里时，国王就召集了国内的富商与中国商队进行集中贸易，这种交易时间有时会长达几个月，在交易过程中还有专业的商业经纪人从中斡旋以平衡双方需求。在完成了朝贡、政府贸易之后，还催生了民间的互市。

在郑和下西洋这样大规模的国家政治、贸易行动的影响下，海禁政策在实际执行中得以放松，沿海之民"往往私造海舟，假朝廷干办为名，擅自下番”，南洋的一些国家也冒充使者来中国进行商品交易。为什么东南沿海的居民这么热衷于海上贸易呢？分布在东南沿海的福建、浙江、江苏等地被以东南丘陵为主的地貌所占据，“三山六海，田居其一”，导致了田少人多的情况，这很像西方商业文明诞生的地中海地区。由于先天的自然环境使得人们不能够自给自足，两地的人们都醉心于寻找农耕之外的谋生手段。而得天独厚的地理区位让东南沿海“近水楼台先得月”，他们放眼海洋，在对外贸易中寻找到一线生机。

16世纪的南洋海路，随着郑和下西洋和大航海时代的开启已经逐渐繁荣。东南亚地区的商业活动日渐频繁，马六甲被誉为“东南亚最繁荣的国际市场”，还有西班牙人控制的菲律宾也成为重要的国际贸易基地。马尼拉成了中国与墨西哥贸易之间的转运站，对于生活在中国东南沿海的人民来说，前往经济繁荣的南洋地区可以说是一条谋生出路，因此有明一朝也掀起了大规模的东南亚移民。在移民的过程中，中国人一度成了东南亚国际贸易的“话事人”。其实早在西班牙人之前，菲律宾一带就已经是华商林立了。初次到达这里的西班牙人看到满街的华人店铺和黄皮肤、黑眼睛的中国人，惊讶地问他们是什么人，得到的回答是“生意人”。西班牙人于是将这些人称为“SANGLEY”，如今这个称谓在菲律宾还大多指有着华裔血统的混血儿。彼时像林凤、林道乾这样势力庞大的华裔集团，在菲律宾当地甚至设有武装据点，俨然国中之国。

郑和下西洋这样的伟大壮举，如果没有强盛的国力支持是无法实现的。据不完全统计，仅仅是前三次下西洋的费用就达六百万两白银，这也从侧面显示出了明朝前期的国力强盛。明廷组织的航海活动要比西方的地理大发现早半个多世纪，在中国历史上也是难得一见。由于郑和下西洋的推动，在成祖一朝共有来华使节318次，实现了成祖“威德遐被，四方宾服”的愿望。在下西洋的过程中，郑和的船队还成功开辟了经由印度南部马尔代夫海域横穿印度洋到达红海以及非洲东海岸的海上新航线，郑和本人也在第四次下西洋的过程中亲自前往伊斯兰教的圣城麦加朝圣，为中国与阿拉伯世界的交往书写了新的篇章。

事物的发展总是存在着两面性，郑和下西洋的活动虽然完成了朱棣的心愿，但是耗费巨大，导致了明朝国力的衰弱，以至于后来不得不叫停。另外，朱棣虽然放松了海禁，但是有碍于“祖宗成法”，并没有废除海禁。郑和下西洋成了单一的“面子工程”，没有持续地促进与东南亚地区的交往和经济贸易，也让中国丧失了与近代世界接轨的好机会。像林凤、林道乾这样大规模的华商团体由于没有政府的支持，后来在大航海时代中逐渐被西班牙人和葡萄牙人赶出了东南亚地区，让本来的“先手优势”消失殆尽。明朝后世皇帝也多把海禁当祖制来遵守，从而严重限制了中外交往，甚至影响到中国历史的进程。到了清朝，清承明制，闭关政策甚至有过之而无不及，严重制约了中国的发展。要知道，15世纪至18世纪，整个世界都是由地理大发现引起的政治变革，世界的面貌正在发生急剧变化，以西班牙、葡萄牙、英国、法国为代表的西欧老牌资本主义国家正是在这几百年间完成了原始积累，大步跨入近代文明。

试想一下，如果明代官方的远航活动不中断，并且在此过程中逐渐发展成一种与民为利的现代资本主义贸易模式，那么现在的东南亚，甚至世界格局又会是怎样的？纵观世界历史，在郑和下西洋的明代，恰巧也是欧洲结束黑暗的中世纪迎来文艺复兴和地理大发现的时代，领先世界千年的中华文明受到了前所未有的挑战，但是大明王朝绝对没有输在起跑线上。在1405年到1433年间，郑和的超级舰队七次下西洋完成了跨越半个地球的伟大航行，在这一阶段里中国的航海技术、武器装备与综合国力绝对处于世界巅峰。我们可以自豪地向世界展示中国的实力与风采，郑和也当之无愧地成为与哥伦布、迪亚士等齐名的伟大航海家。可惜的是，以农耕文明为基础的明朝统治者在对待海洋文化的态度上始终比较保守，这让随着大航海而形成的世界性的地区交流和社会变革发生的时候，中国却掉了队。明初规模庞大的航海行动可以说是奏响了中国迈向海洋的嘹亮序曲，却无比落寞地输在了时代变革的终点。

第六章

# 科举——通往庙堂的独木桥

洪武三十年（公元1397年），南京。

朱元璋看着眼前的“录取名单”，双眉紧锁。就在几天前，他亲自下令针对年初科考舞弊组建了“特别调查小组”。此次丁丑科二月会试所录取的51人皆是凭才学录取，无任何问题，这对于生性多疑的明太祖来说太不寻常了。一场科考，尽是南方人上榜。想到这里，朱元璋调来了此次考试的试卷，一份份地看了起来。几天后，朱元璋钦定以山东人韩克忠为代表的61人上榜，而此次上榜之人全为北方人。与此同时，朱元璋将本次考试的主考官刘三吾等人充军，这就是历史上著名的“南北榜案”。

28年后，洪熙元年（公元1425年），北京。

“南方士人偏于轻浮，长才大器者，俱出于北方。”大殿上的杨士奇向明仁宗朱高炽说道。但现实中，拥有众多“学霸”的南方人总是在科举中占尽先机，即便是在大开杀戒的“南北榜案”之后，录取士子“南多北少”的情况也没有得到太大改观。从洪武三十二年（公元1399年）到永乐十二年（公元1414年）的15年间，总共录取了1938名进士，其中南直隶、浙江、江西、湖广、福建、广东籍的进士竟然多达1621人，占八成以上。面对这个客观现实，仁宗又问杨士奇有何对策？杨回奏：“试卷可密封，标明‘南北’字样，如取士一百，可分南卷六十、北卷四十。”仁宗大喜道：“往年取士北方人少，如照此办理北人能感奋而起。”两年之后，明廷又将会试试卷分为“北、南、中”三组，“南”“北”各取45%，“中”取10%，录取士子南多北少的尴尬问题终于得到解决，最起码是从制度上解决了，给国家人才选拔提供了一条相对公平的起跑线。

会试定额的出现是在短暂的洪熙朝中最为重要的一项制度革新。为什么皇帝这么重视科举？因为历代王朝的盛世都凝聚了文官集团的集体智慧，而不是某一帝王的英明睿智，明朝也是如此。像明初的宁国府知府陈灌创制的户帖制度、刘基创立的卫所制都被洪武帝采用，身为一代雄主的朱元璋深谙此理，仁宗当然也明白。如果政府官僚集团出现明显的地域差异，对国家政权的稳定很不利。从掀起“南北榜案”到洪熙朝定立“南六北四”制度，目的只有一个：吸纳北方士人，争取支持，是为稳定政局而做出的“权力平衡游戏”，而这个游戏的砝码就是科举。其实明朝初年南北科考差异巨大是有客观原因的，北方连年的战争加上黄河决口等灾害让山东、河北、河南等地人口锐减，呈现出人口北少南多的情况。即便是到了洪武十四年，建朝十几年全国人口才六千万，光浙江、江西两省的人口就达到了近两千万。面对如此大的人口优势，科举的“分区定额”无疑是保障公平的重要前提。那么明朝的读书人，从十年寒窗到登上庙堂将走过怎样的进阶之路呢?

正统三年（公元1438年），陕西西安。

贡院门口已经有很多考生在等待入场了。

门口的官员认真地核对着“面貌册”，受技术限制，没有照片，但是又担心有人冒名顶替，所以考生都要在面貌册上留下自己的相貌特点，比如面白无须、面黑有痣等，以备考官核实。虽然这样的描述基本没什么用，但是聊胜于无，起码能震慑到那些心理素质不强的冒名顶替者。

在看完“面相”之后，考生们鱼贯而入地来到第二个“安检口”，在这里大家都要赤裸相见，连束好的头发都要解开，有些内向的考生不禁涨红了脸，有的考生则是一脸的无奈。检查完毕，考生们就被带入自己的考舍，在这里他们将迎来自己人生转折的重要时刻。

明代科举较之前最重要的一个革新是解决了考试范围的问题——只考“四书”，所有的考题都从《大学》《论语》《孟子》《中庸》中来。这是因为考虑到公平，能够接受全面、正统教育的家庭一定是非富即贵，这样一来肯定是富家子弟在科举考试中占优势。为了把大家都拉到同一条起跑线上，因此选择这四本著作，严格来说，《大学》《中庸》都不是单独的著作，只是从《礼记》中摘取的文章。这“四书”加起来总共五万多字，如此简单的教材，最大范围地照顾到了贫寒的读书人，这也给封建社会中底层的读书人提供了一条相对公平的进阶之路。

答题的形式也有严格的要求，必须分为破题、承题、起讲、入题、分股、收结这几部分，其中在分股中要将文章分为八大段，一段话叫“一股”，八股两两相对，形成四组对仗，因此称为“八股文”。每一部分都非常重要，文章开头的破题就是要用自己的话解释考题，如果“破”得不好，你就直接出局了；承题是文章的摘要；起讲是把全文的意思概括一下；入题是过渡段；收结就是文章结尾。

八股文的难度在于，首先要熟读“四书”，因为考题经常会是“四书”中掐头去尾的一段话，而且是硬掐，比如“王速出令反”，这段话出自《孟子》：“王速出令，反其旄倪，止其重器，谋于燕众，置君而后去之，则犹可及止也。”大概意思是：大王赶快发布命令，把被抓的老人孩子遣送回去，停止搬运燕国的宝器，同燕国人商量，选立一个新国君，然后撤离燕国，那么还来得及阻止各国动兵。如果没有熟读《孟子》，就有可能认为考题是“大王令你造反”，按照这个思路答题就不单纯是能不能考上的问题了。另外一个难度在于答题的时候还要像作诗一样对仗工整，这种文字游戏确实考验功力。不过本段叙述的这场考试的考生们不用太担心，因为对形式的严格要求是从成化年间才逐渐形成的。

前面描述的考试场景是明朝时的乡试，一般在八九月举行，也称为“秋闱”。通过乡试的考生被称为“举人”。但是要想参加乡试，首先要通过县试、府试和院试，成为“生员”，也就是秀才。明代不是谁都有资格参加考试的，考试需要有人担保，担保人中必须要有一名秀才，还要交担保费，并认真填写“准考证”，包括年龄、籍贯和户籍。明代早期，如果是匠籍或者商籍，那么连参加考试的资格都没有。要是流程没有问题，顺利地通过了府试，那将获得漫漫功名路中第一个头衔——童生。接下来如果通过了院试，就正式成了生员。

明代的南北经济差异和文化差异导致了两地士子受教育程度的不同，南方士子的文化素质整体比北方好，因此北方有一些地方为了照顾本地考生会“放水”，基本上破题能够完成，整体文章能过得去就行了。南方则不一样，很多江南士族都是书香门第，竞争异常激烈，于是很多人会到北方考试，催生了一波“高考移民”。

再说回乡试。乡试的难度就相对大很多了，因此在乡试考场出现很多“黄发”考生是很正常的现象。我们所熟知的范进就是以五十四岁的高龄通过了这一层级的考试，但就是这样，范进也算是运气好的了，因为很多秀才年近古稀都未能在功名之路上再进一步。乡试不但难考，各布政司举人的名额还有限制。如果在乡试中考得第一名，将获得“解元”的头衔，晋级举人，接下来将参加会试。要是在北方考区，那么考场是北京贡院。这里聚集了来自陕西、山西、河南、山东、辽宁、大宁、万全的考生，甚至还能见到来自朝鲜、日本等地的留学生。会考的难度也不小，我们现在谓之圣人的明代大儒王阳明“复读”了三次才通过。在会试中脱颖而出的人就成了“贡士”。会试结束一个月后，就要进入仕途的终极大考——廷试。

这天，朝廷会派出专用马车，把学子们接到紫禁城内，本次考试只有一场，皇帝亲自出题。考试的前十名是一甲，一甲中前三名为状元、榜眼、探花，一甲三人也称“进士及第”或“三鼎甲”；二甲若干人，称“进士出身”；三甲为赐同进士出身。状元授翰林院修撰，榜眼、探花授编修，二、三甲考取庶吉士的为翰林官，其他人或授给事、御史、主事、中书、行人、评事、太常、国子博士或授府推官、知州、知县等官。举人、贡生会试不及格，改入国子监，也可选做小京官或做府佐和州县官。由此考生们便正式地踏入了帝国的官僚体系。

早在洪武十七年（公元1384年），太祖就颁布了“科举成式”，确立了明代的科举制度。明朝初建，百废待兴，需要大量官吏来维持国家机器的正常运转，科举制无疑成了新帝国的官僚生产线。另外，参加科举的生员们都要通过系统的教育培训，朱元璋还特地建立了国子监和社学，学习的主要内容除了四书五经之外还有一个重点的科目——《大诰》，由洪武帝亲自编撰的“刑事案例”。书中的主要内容就是陈述了各种罪案，包括官员玩忽职守、诽谤皇帝、结党乱政、抗粮抗差、贪赃受贿、科敛害民、侵吞钱粮、逃避粮差等，目的就在于教人民本分，成为王朝的“顺民”。进入洪熙朝，仁宗确定了“南六北四”的录取比例，科举似乎正按着这两代君王的计划运行，然而事情却没有统治者想得那么简单。

首先由考试的体制所决定，选拔上来的官员确实有不少人成了“书呆子”，特别是在明朝中后期八股形制完全确定下来之后。我们来反观设置科举的目的，本来是要选取进入国家机器的官吏，然而选上来的人却是满口“之乎者也”的学究。比如崇祯初期的内阁中，很多大臣都没有实干之才，逼得皇帝走马灯似的给内阁换血。在地方上，很多官员行政能力甚至不如自己的“师爷”，这也是明清两代“绍兴师爷”特别出名的原因。这些不具备行政能力的官员在任期间往往抱着“多一事不如少一事”的心态，导致了“懒政”现象越来越严重。另外，专于对四书五经等文化研究，其实没有像设计者希望的那样让考生们都在一个起跑线上，反而收窄了阶级跃层的门槛。因为不管在哪个时代，书香门第和豪门望族总是可以提供寒门无法企及的教育资源，这些豪门后代一旦登科入仕，又会想尽一切办法“惠泽乡里”。

如果说明朝前期科举中南北差异巨大是人口分布不均造成的，那么在后期，社会经济则对科举起到了重要的影响。有明一朝，浙江、江西、江苏、福建是出进士最多的四个省份。因为这几个省份是瓷器、茶叶、丝绸的主要出产基地，发达的商业经济让这些地方的人赚得盆满钵满，有钱的大户人家反过来就用资金搞精英教育，让他们的子孙赢在起跑线上。

最后，科举制在某种程度上促进了朱元璋最不想看见的事情，就是政局中“朋党”的形成。科举制从唐代诞生之时，由于阅卷录取基本上是主考官一个人说了算，因此博取功名之后，考生们都要感谢一下考官，他们往往谦称自己是考官的“门生”，而同时考中的考生又互称“同年”。虽然宋明之后的考试录取不再是由一个人说了算，但是这个礼仪一直被保留了下来，这就跟殿试的考生们称自己是“天子门生”的道理一样。这对于即将进入官场的考生来说，无疑是天生的政治资源。另外，主考官们也会有意地提拔自己的门生来巩固地位。明代著名的重臣张居正就是徐阶的学生，张居正越级升官也多多少少沾了内阁首辅老师的光，如此一来，朝中朋党也就慢慢形成了。

任何事物都有两面性。在建朝伊始，科举制无疑是相对可实施的公平的选才制度，在平衡南北政治力量和恢复读书人出仕之心方面起到了重要作用。虽然在明代早已没有了宋代“与士大夫共治天下”的政治环境，但是要驾驭庞大的帝国，皇帝必须要借助士大夫的力量。

“绅权固当务之急矣，然他日办一切事舍官莫属也。即今日欲开民智，开绅智，而假手于官力者尚不知凡几也。”这是梁启超在清末维新运动中对绅权的认识，在他的意识中，绅权就是“民权”。

在中国长达几千年的封建社会中，权力大致经过了几个阶段的过渡与交替。在秦始皇扫六合之前，国家权力是贵族专政。我们现在耳熟能详的“战国四公子”以及之前各国的王公亲贵，在国家内享有着相当大的权力，以至于出现了“三家分晋”；战国后期的楚国国君做事也要看屈、景、昭三大家族的脸色。而从秦朝到清朝，中国处于君主独裁模式，应运而生了“皇权”这个词，皇权至高无上。皇权的特点就是唯一性。大权只能由一个人掌握，一旦某人位登九五，那么整个家族都实现了阶级超越。但是在某种程度上，至亲骨肉离权力巅峰最近，也最容易窃取权力，“玄武门之变”“靖难之役”等例子不胜枚举，因此某种程度上皇帝防范至亲骨肉更胜于他人，自古就有“天家无私事”“无情帝王家”一说，从这个角度来看，就不难理解为什么朱棣这么不放心太子了。明朝将君主专制发展到了顶峰，掌权者不可能与亲族共治。那么问题来了，九州万方，如果只有皇帝一个人管事，就是加班狂也要累死，怎么解决这个问题呢？我们先来看一个小故事。宋熙宁四年（公元1071年），皇帝召文彦博议政，文彦博说：“祖宗法制具在，不须更张，以失人心。”上曰：“更张法制，于士大夫诚多不悦，然于百姓何所不便。”彦博曰：“为与士大夫治天下，非与百姓治天下也。”上曰：“士大夫岂尽以更张为非，亦自有以为当更张者。”这个故事给我们透露出几个重要的信息——皇帝在乎的“民心”是士大夫的“民心”。

在如何开启民智上，历代封建王朝的统治者都非常头疼。民智不开，人心不古，社会动荡；民智大开，又对皇权有严重威胁。在两难的情况下，皇帝选择了将开民智的主体转移到士大夫身上。毫无疑问，共治天下，读书人是最好的“合伙人”。士大夫从小接受良好的教育，有行政的能力，十年寒窗为的就是出仕，“一人得道，鸡犬升天”。“士农工商”，自古以来没有听说过文人造反的，从本质上来说，士大夫和皇帝是一个战壕的。士大夫在朝为官是“官僚”，致仕回乡则为“绅”。不管怎样，这群人都与统治阶级有着千丝万缕的联系。

这些人不但在朝时能“呼风唤雨”直达天听，回乡了影响力依然是巨大的。有家底就能够给后辈提供良好的教育，后代大概率也会继续出仕。即便“退休”了，还有自己一手提拔起来的门生故吏或者是同朝好友，一句“我上边有人”就足以让县太爷敬畏三分了。这些人有政治资本，有经济实力，地方的修路、造桥、筑坝、办学堂等一系列的工程，政府都要依靠这些乡绅共同操办，帝国在基层的权力真空正好用乡绅来填充。而在这过程中，乡绅和官员们又可以“雁过拔毛”，所以从根本利益上来说，士大夫是共治的最佳人选。这些人十年寒窗为的就是“衣锦还乡”。

其实明代官员的务实与皇权的专制是分不开的。在千百年的封建王朝的进化中，士大夫由最初的有权、有势慢慢演化为皇权的奴隶。早在汉代，有三公“坐而论道”，贾谊还可以与汉文帝“对坐”。到了宋朝，满朝文武只能站着议政了。直到明、清，跪着奏事已成常例，官员在皇权面前毫无颜面。没有面子，文人们就更注重于做官的“实惠”了。

官员也好、士绅也罢，特权是最重要的，明代士绅最重要的特权就是免役。洪武十年（公元1377年）二月诏令曰：“食禄之家，与庶民贵贱有等。趋事执役以奉上者，庶民之事。若贤人君子，既贵其身而复役其家，则君子野人无所分别，非劝士待贤之道。自今百司见任官员之家，有田土者输租税外，悉免其徭役，著为令。”见任官是做官者本人，见任官的父兄子弟则是乡绅。两年后又规定“自今内外官致仕还乡者，复其家终身无所与”这条法律，连退休官也享有免役权了。嘉靖二十四年（公元1545年）又规定：“京官一品免三十丁，二品二十四丁，九品免六丁，……外官各减一半。”士绅不用服役，不代表着这些徭役免除了，而是转嫁到平民身上了。

此外，明代士绅还有豁免田赋的权利。正德十六年（公元1521年）的优免事例规定，京官三品以上免田四顷，五品以上三顷，七品以上二顷，九品以上一顷。嘉靖二十四年（公元1545年）又改为，京官一品免粮三十石，二品二十四石，到九品免粮六石，外官减半。生员无力完粮，可以奏销豁免。

所以有明一朝，最苦的是平民。如果家族里没有人考取过功名或者为官，那意味着你要分摊士绅豁免的田赋。而且土地兼并的情况越严重，老百姓身上的担子也就越重。

除了实质性的福利之外，士绅在社会地位上也是高人一等。洪武十二年（公元1379年）的诏令规定：“致仕还乡者……其官居乡里，惟于宗族序尊卑如家人礼。若筵宴则设别席，不许坐于无官者之下。如与同致仕官会则序爵，爵同序齿。其与异姓无官者相见，不须答礼。庶民则以官礼谒见，凌侮者论如律。”你要是“退休干部”，去邻居家吃喜宴都要单独给你开一桌，见到普通民众完全可以无视，这无形中给了士绅一种天然的优越感。

不但如此，整个地方的社会秩序也是由官员和士绅共同把持的。俗话说“县官不如现管”，在皇权真空的地带，官员和士绅们往往沆瀣一气，制定“潜规则”。他们把持官府，嘱托词讼，武断乡曲，霸田占地。虽然是饱读诗书的儒生，但与地痞流氓无异。明后期名臣赵南星曾言：“乡官之中多大于守令者，是以乡官往往凌虐平民，肆行吞噬，有司稍稍禁戢，则明辱暗害，无所不至。”官绅相护，横行地方已经是公开的秘密了。很多历史上的名臣，在朝为官，回乡后摇身一变成为地主土豪。嘉靖时的首辅徐阶在官场素有口碑，就是这样的名臣，在家乡兼并的土地也多达几万亩。

官员的无法无天实际上是皇帝对绅权的宽容和放纵。皇帝采用实际的利益作为交换，把士绅阶层和自己紧紧地捆绑在一起。皇帝在乎的是“士人的心”，士大夫图利，对皇权的威胁也最小，才能成为皇权统治的最佳工具。到了明朝中后期，科举制已经成了读书人登上庙堂的唯一途径，读书的“高回报”让天下学子为之痴狂，南北人才源源不断地进入国家机构。所以有明一朝，不论君主再怎么昏庸离谱，国家基本上都能正常运转。

每个制度都有其优劣性，不管怎么说，科举制还是加快了帝国的官僚化进程，让听命于皇权的官僚能够深入社会的每一个角落，让社会的精英阶层确立了以出仕为荣的价值观与社会认同感，仁宗一朝也完成了明廷由“马上天子”转变为“文官理政”的时代。

永乐二十二年八月，一个身材肥硕的人登上了紫禁城的皇帝宝座，他就是大明王朝的第四位君主——明仁宗朱高炽。虽然在皇位上只待了短暂的十个月，但历史对他的评价很高，并开启了仁宣之治的序幕。

性情温和的朱高炽深受儒家思想的影响，对文臣有着一种天生的亲近，最喜好和大臣谈古论今。正是这一点为他争取了最大的“筹码”，仁宗的立储和登基，很大程度上就是得益于以解缙为首的一大批士子的支持。或许是知道治天下需要帝王与臣工勠力同心，也或许是仁宗的宽容大度和身体欠佳更愿意让朝臣参与繁杂的政务，洪熙朝短暂的改革中对政务与官员的整顿尤为显著。朱高炽通过改组内阁，任用了一大批翰林学士和干练的官员充实行政官署，参与新政府的工作。虽然永乐时期内阁已经逐渐形成，但是由于朱棣的性格强势，很多事情还是由皇帝乾纲独断。而在洪熙一朝，朱高炽经常召见臣工，在听取大臣议政之后再做重要决策，内阁的作用被放大，大学士们有了机会亲自参与重要决策，包括还都南京的决策，就是在夏元吉、陈瑄等众大臣上书的情况下做出的。朱高炽还在这一年赐给杨士奇、杨荣、金幼孜、夏原吉每人一颗刻有“绳愆纠缪”字样的银印，命令他们用此印密奏关于皇亲国戚胡作非为的案件。仁宗对文臣的倚重可见一斑。

虽然在位只有短短的十个月，但朱高炽先后监国长达十余年。在此期间，他和蹇义、金忠、黄淮、杨士奇等大臣共议朝政，保证了国家的正常运转。朝臣元老们早已将朱高炽视为了帝国未来的掌舵者，而这位短命的“船长”也为后来的仁宣之治打下了坚实的政治基础。在永乐二十二年余下的几个月中，朱高炽更是把大部分时间用在行政改革上。他削汰冗官，提拔才干，规定官员在70岁必须奉命退隐。同时为了更好地吸纳人才进入权力机构，监察御史被派往全国各地去调查官员的政绩，寻求合适的人选。朱高炽也为读书人跻身庙堂扫清了障碍，从仁宗开始改革的科举制度在日后日渐成熟，成了甄选帝国官僚系统人才最为高效和公平的手段。著名的历史学家钱穆先生曾说过：“中国历史上真正可以称之为科举制度的只有明朝，挤到独木桥上也只有明朝。”

第七章

# 朱瞻基——玩物丧志的艺术家皇帝

在我国台北故宫博物院中，珍藏的一幅画很有意思。

画中的山石树木之间有三只猿猴戏耍，画面左下角的青石之上，蹲着一只怀抱幼猿的母猿，幼猿轻舒长臂向远处的公猿招手乞果，公猿攀缘于树上手持果实下视，与母猿怀中的幼猿遥相呼应，动作神态栩栩如生。猿猴们机警灵动的天性被作者刻画得惟妙惟肖，跃然纸上。

这幅画先后被乾隆、嘉庆、宣统等清代皇帝收藏，并被视为珍品。这幅画的作者就是明代的第五位君主——明宣宗朱瞻基。

朱瞻基从小在健全和睦的家庭中长大——父亲朱高炽生性温和，是一代仁君；母亲张皇后贤淑温柔，是历史上有名的贤后。更重要的是，自幼聪慧果敢的朱瞻基深得祖父朱棣的喜爱，这也成了父亲朱高炽被立为太子的重要因素之一。

据说朱瞻基出生的时候，还是燕王的朱棣梦见自己的父亲朱元璋将一块大圭赐给了他，并言："传世之孙，永世其昌。"当他看到瞻基长得非常像自己后更是高兴地说："此乃大明朝之福也。"等到朱瞻基出阁读书的时候，朱棣特地让自己最为推崇的臣子姚广孝当他的老师。

幼年的朱瞻基也确实机敏过人，有一次和父亲、二叔汉王、三叔赵王一起祭拜孝陵的时候，汉王故意嘲笑行动不便的太子朱高炽："前人蹉跌，后人知警。"这时年幼的朱瞻基马上说道"更有后人知警也"，让汉王大吃一惊。

家庭和睦造就了朱瞻基健全的人格，良好的教育让朱瞻基能够全面发展，父母的贤德为朱瞻基做出了榜样。就是在这样的环境下，朱瞻基成长为明朝历史上少有的贤君，与父亲联手打造了"仁宣之治"。

宣德朝之所以能做到政治清明，得益于十分重视对官僚机构的整顿。宣宗登基后，首先在内阁启用"票拟"制度——部分奏章由阁臣替皇帝拟出批语，用小票墨笔书写，贴在奏章上面，皇帝读完会用朱笔批示，称为"批红"。这样就省去了为一件事召集大臣商讨的环节，同时还能够提高处理重要朝政的效率。另外，朱瞻基从整肃官员和军队的贪墨入手，派出了大批的御史对南直隶征税、军屯、漕运以及项目营建等部门进行督察。

宣宗深知官员队伍臃肿带来的弊病。《明史纪事本末》记载了一件很有趣的事："巡抚大理卿胡概请增设杭、嘉、湖管粮布政司官一员。上曰：'粮税自有常赋，朕方裁抑冗滥。'古语：'省事不如省官。……不许。'"巡抚要求在杭嘉湖地区增设一名专门管理粮政的布政使司官员，朱瞻基认为国家的赋税有常额，不能养冗官，于是驳回了要求。一个地方上小小的管粮官都不愿增设，可见宣宗对官员设置的慎重。据统计，宣德年间大约有超过240名“不达政体”“年老体疾”的官员被降职裁撤，同时掀起了针对军队贪污和兵员调查的“清军”行动。

整肃官员也好，彻查贪腐也罢，这些都是“节流”。宣宗深知财税对国家的重要，因此宣德一朝的财税变革也成了改革的重中之重。

宣德九年（公元1434年），苏州的官员正在征收税粮。与以往不同的是，除了大米，还有众多的棉布和一锭锭的金花银。金花银是一种品质上乘的银子，因为足色而有金花所以被称为“金花银”。用棉布和金花银代替缴纳税粮，是宣德朝名臣周忱提出的办法。财税的改革，已经刻不容缓。

自永乐帝开始，为了维持对北方蒙古的征战以及郑和下西洋、营建北京城等一系列重大事务，政府财政负担沉重，为此永乐帝不惜“竭泽而渔”，将江南地区每年的田赋收入平均提高了约10%，沉重的税赋导致大量人口出逃。苏州府太仓县在永乐年间到宣德七年（公元1432年）时，纳税户竟然减少了近90%，而该县负担的税赋份额则保持不变。在永乐二十年（公元1422年）到宣德三年（公元1428年），松江的欠税每年高达几百万石。令每个封建王朝都无比头疼的土地兼并问题也在宣德朝末期开始初露端倪。

面对危机，阁臣杨士奇和杨荣推荐周忱巡抚江南，总督税粮事宜。后来证明，宣宗和二杨没有看错人。

明朝早期的税粮和其他的赋税大多数都以实物上缴，这样就会存在很大的问题，第一就是物品的品质没有统一标准，第二就是收缴、储存、交易的难度很大。这就为底层官吏提供了很大的“操作空间”，变相地给腐败提供了温床。而周忱提出的用棉布和金花银代替税粮征缴的方式则很好地解决了这一问题。到英宗初年，副都御史周铨建议于南直隶、浙江、湖广、江西不通舟楫处将税粮折收布绢白银解京充俸。“收赋有米麦折银之令，遂减诸纳钞者，而以米银钱当钞，弛用银之禁。朝野率皆用银，其小者乃用钱。”至此，不管是民间交易还是缴纳赋税，白银成为民间和官府的交换媒介和流通手段。这一举措极大地降低了之前缴纳实物时出现的损耗和贪腐，充盈了国库。

除此之外，白银作为一般等价物出现在市场中，为明朝中后期资本主义市场经济的发展提供了货币基础，也为万历时期张居正实行的“一条鞭法”打下了基础。明朝初期，由于金银铜的缺乏，朱元璋于洪武七年（公元1374年）颁布“钞法”，设宝钞提举司，并于次年以南京中书省名义发行明朝的纸币——宝钞，规定“民间不得以金银物货交易，违者罪之”。但是朱元璋发明的这种纸币实在令人不敢恭维。首先就是很不方便，大明宝钞不仅体积大，面额也是大得惊人：壹贯（一贯等于铜钱一千文或白银一两）、五百文、三百文、二百文、一百文。

朱元璋凭自己的想象妄图沿袭元代钞制，但是这个没有搞懂市场经济要义的皇帝根本不知道纸币的发行要与充足的贵金属（黄金、白银）储备挂钩。而明代的宝钞发行数量既无限制，印刷技术又低劣，造成了市面上假币横行，通货膨胀严重，发行不到二十年基本就难以为继了。没有一般等价物，市场经济就很难发展。税收变革后，随着白银地位的逐渐确立则解决了这个“痛点”。

与此同时，周忱还为了消除征税过程中可能出现的贪腐推出了一系列的举措。比如在每个县设立粮仓，防止粮长在自己的私宅内囤积粮食；以县为单位设济农仓，储藏余粮以便在自然灾害或歉收时分发。他还创新性地推出“平米发”，也叫“均征加耗法”。明代的土地分“官田”和“民田”，两者的田租相差很大，造成了耕农的沉重负担，在苏州、松江等府，农民逃亡现象严重。于是宣德八年，周忱规定，各府的官田、民田科（税租）不变，田主不论大小，一律缴纳耗米，在耗米上进行调整，原科较重的就相应减轻，轻的就加重。

经过一系列的改革，极大充实了国库，明朝空虚的国库得到了逐渐恢复。

作为明朝“财税专家”的周忱自己可能也没有想到，除了对国家财政的贡献，他还能够成为封疆大吏。宣德五年（公元1430年）他被委派“巡抚江南，总督税粮事宜”。巡抚的出现，标志着明代地方行政的一次重大变革，甚至影响到了清朝的行政制度。

早在周忱之前，宣宗曾派周干、胡概等人巡抚南直隶，正式以“巡抚”之名巡视地方，《明史》曰“设巡抚自此始”。但实际上此次巡抚的范围仅局限于南直隶一地，且属临时派遣。宣德五年明宣宗派遣于谦、周忱等六位侍郎巡抚各省，督理税粮等地方事务，正式开启了为各省专设巡抚的行政改革。

前边说过，朱元璋将行省改为布政使司，初衷是为了分化过度集中的地方行政权，然而在实际的执行过程中，却又出了地方各行政部门各自为政的局面，不仅工作效率变得低下，还逐渐滋生出腐败现象。针对此种情况，中央开始派遣官员巡视地方。比如宣德五年派出的巡抚就是专门督察粮税的。据《明宣宗实录》记载：“宣德五年九月丙午，先是，上谓行在户部臣曰：各处税粮，多有逋慢。督运之人，少能尽心。奸民猾胥，为弊滋甚。百姓徒费，仓廪未充。宜得重臣往莅之。”在督粮过程中必然会遇到有司作弊、豪户包揽等问题，所以巡抚又被授予了一定的行政权力，“往来巡抚，抚安一方”。

在洪武、嘉靖等朝，大臣见到君王无不心生寒意。而宣德朝的君臣关系则十分融洽，宣宗大胆起用朝臣，文有“三杨”（杨士奇、杨荣、杨溥）、蹇义、夏原吉；武有英国公张辅，地方上又有于谦、周忱这样的巡抚，干练通达的朝臣，促进了政治清明，保障了社会安定。在驭下方面，朱瞻基更是充分放权，河南有一知县在当地发生灾荒时，未经请示将驿站公粮上千石发放给灾民，朱瞻基得知后不但没有处罚，反而对他加以表扬：“如果拘守手续，层层申报，那老百姓早就饿死了。”有一次在和大学士杨溥议事时，宣宗要求他尽力辅佐自己，杨溥叩首回答："臣决不敢忘记报答陛下的恩情。"朱瞻基则说："直接指出我的过错，就是对我的最好报答。"相对于洪武帝的锱铢必较，宣宗能够有这样的态度实属不易。不但对官员一团和气，对于民生也是时刻挂记于心。他深知"水能载舟，亦能覆舟"的道理，因此在统治期间，尽量与民休息，推行垦荒的政策，发展农业生产。"坐皇宫九重，思田里三农"，这位出身贵胄的天子十分关心农业生产。有一次他外出返京看到几个农民正在耕田，便亲自到田间同农民谈话，并接过农民手中的犁把推了三下，感慨地对随从诸臣说道："朕只推了三下犁，就觉得很累。老百姓一年到头劳作不休，那辛苦就更可想而知了！"说完就命人赏赐农民钱钞。作秀也好，实情也罢，一位封建帝王能够做到如此这般已属不易。

朝局肃清，经济发展，国力的恢复让宣德一朝进入艺术大发展的时期。

明宣宗在与父亲打造出"仁宣之治"的同时，还是一位"艺术家"，在书画创作方面有着极高的天赋，甚至引领了一代艺术风潮。

正是因为"仁宣之治"的到来，社会和政府积累了大量财富，政治、经济相对稳定，手工业、商业也有了较大程度的发展，对外贸易相对宽松，从而促进了文化的繁荣。

明代大儒钱谦益评价宣宗："帝游戏翰墨，点染写生，遂与宣和（指宋徽宗）争胜。"在皇帝的带领下，明朝宣德（公元

1426—1435年）、成化（公元1465—1487年）、弘治（公元1488—1505年）年间优秀画家众多，是明代艺术成就较高的一段时期，在中国绘画史上影响巨大。朱瞻基的画风承袭宋元古法，山水、人物、花鸟草虫、动物无所不能，自成一格。他还吸收了当时的很多书画名家入宫，在武英殿、仁智殿等任供奉待诏，形成了后世所说的“宣德画院”。画院会对入选的画家进行日常管理与考核，一大批画家借此机会施展自己的天赋。在宣宗的影响下，明廷对画家的待遇也是十分优渥。像李在、商喜、谢环等著名画家在艺术上都取得了一定的成就，宣宗对他们很器重，不但赏赐金银，商喜、谢环还被分别授予锦衣卫指挥使和千户的官职。在朱瞻基的影响下，宪宗、孝宗对书画亦精通，明代著名的戏曲理论家何良俊说：“我朝列圣，宣庙、宪庙、孝宗皆善画，宸章晖焕，盖皆在能妙之间矣。”

现存著名的《三阳开泰轴》《松下读书图》《戏猿图》都是朱瞻基的书画作品，其中本章开头所讲的《戏猿图》大约创作于公元1427年，前一年宣宗的叔叔汉王朱高煦起兵反叛，次年晋王朱济熿也因勾结朱高煦谋反被废为庶人。面对皇室手足相残的局面，朱瞻基所作的《戏猿图》也暗含着对亲族之间相合相亲的期盼，这也成了典型的明代画作代表。明代的艺术家们想通过画作传递一种超越作品本身的思想，作品气质也更具诗意与哲学化。

不要以为朱瞻基酷爱书画一定是一副文质彬彬的样子，历史上的朱瞻基绝对能够颠覆你对文人形象的理解。

南薰殿旧藏历代帝王肖像展示，明宣宗体态魁梧壮硕，肤黑多髯，是个不折不扣的彪形大汉。朱瞻基自幼受祖父朱棣影响，在喜文的同时也具备英勇尚武的性格，喜爱驰骋骑射，并且多次率领大军北击蒙古，还亲自在阵前射杀敌方大将。当时宫廷画工留下来的几幅宣宗行乐图，大都是表现宣宗射击游猎的活动。

除了书画、弓马骑射，朱瞻基对香炉还有着特殊的喜好。他曾经下令从暹罗国进口风磨铜[1]，责成宫廷御匠吕震和工部侍郎吴邦佐，参照柴窑、汝窑等著名瓷器的款式，研制出一批香炉。朱瞻基亲自参与设计和监制的这批珍贵的香炉共铸造出约三千座，这就是大名鼎鼎的“宣德炉”。普通的铜一般要经过三四次的提炼，而宣德炉采用的铜至少要经过六次的提炼，严苛的提纯工艺让宣德炉的材质呈现出一种独有的韵味：“在宝色内涵，珠光外现，澹澹穆穆，而玉毫金粟隐跃于肤里之间，若以冰消之晨，夜光晶莹映彻，迥非他物可以比方也。”在2010年匡时秋季拍卖会“王世襄藏铜炉”上，20件宣德炉藏品成交额达到9844.8万元，足见宣德炉之珍贵。

大明王朝的繁盛不仅体现在拥有多民族融合的广大疆域和发达的农耕、商业经济上，更体现在多姿多彩的艺术领域。除了前面所说的绘画之外，现代艺术品市场受到热捧的“景泰蓝”、彩绘鸡缸杯都诞生于这个伟大的时代。而结合了描画技法的宣德青花瓷，采用釉下蓝彩、釉上多彩低温烧制的“斗彩”也成了明代

1　精选铜矿的一种方法，采用这种方法提炼出来的铜合金经岁月磨砺会越来越亮。

瓷器巅峰之作的代表。

这位“守成之君”在位期间，明朝政通人和，国力恢复，社会稳定，将明王朝推向了二百七十余年间的极盛时期，但这个时期是短暂的。

平心而论，被历史学家称道的“仁宣之治”，是相比于明朝中后期政局败坏、百姓困苦来讲的，而在“仁宣之治”的太平景象下，其实已经是暗潮涌动。如果用苛责的眼光来看，少年得志的朱瞻基在盛世光环的照耀下，一些坏习惯也慢慢暴露出来。你可能想象不到，身形魁梧的宣宗除了喜欢水墨丹青之外，还有一个特别的爱好——促织，就是我们现在所说的斗蟋蟀，而且对于这项活动达到了痴迷的程度。后来朱瞻基觉得北京的蟋蟀已经不能够满足他的需求了，于是派宦官在全国寻找好的蟋蟀送往皇宫，搅得地方百姓不得安宁。皇帝的一言一行都会对国家产生影响，因为宣宗的喜好，斗蟋蟀这项运动也在全国风行起来，蟋蟀的价格扶摇直上，一只好的蟋蟀竟能卖到数十金，宣宗也被称为“促织天子”。清代蒲松龄先生《聊斋志异》中《促织》一文的原型就是明代的宣德时期。上行下效，君臣陶醉在盛世的表象之下，纲纪也开始不振，出现了“臣僚宴乐，以奢相尚，歌妓满前”的萎靡之象。宣德年间，土地兼并让大量土地流向皇室勋贵和官僚地主手中，土地的流失又导致了流民的出现。宣德三年（公元1428年）“山西饥民流徙至南阳诸郡不下十万余口，有司军卫及巡检司各遣人捕逐，民愈穷困，死亡者多”。宣德五年北直隶易州有逃民1229户，山东潍县有逃民3407户。除了这些盛世之下的隐忧之外，朱瞻基还为明朝宦官登上政治舞台助了一把力，那就是教宦官读书。

宣德四年（公元1429年），北京。

皇城东北司礼监的一间房子内，大学士陈山正在讲授《千字文》。当陈山命令底下的一位学生朗读刚刚教授过的文字时，这位面相清秀的学生发出了尖锐的嗓音，底下有人忍不住笑出了声，但看到陈山严肃的表情后马上忍住了。

作为大学士，陈山教授的这群学生不是皇子，而是一群宦官。这个教学的场所，就是宣宗下令设置的“宦官大学”——内书堂。

宦官在中国封建社会中是一个极为特殊的存在，虽然地位不高，但是他们与皇帝朝夕相处，因而具有攫取权力的便利条件，历史上东汉、晚唐都出现了宦官专权的局面，其权力之大，甚至可以废立君主。而宦官在获取权力之后往往胡作非为，对社会的政治生态和国计民生产生了极为恶劣的影响。

考虑到前车之鉴，明朝立国之初洪武帝一再声明“内臣不得干预政事，预者斩”。据《明史》记载，朱元璋曾规定“内臣不许读书识字”，以图降低宦官对政局的影响。但是靖难之役后，出于巩固政权的考虑，朱棣开始重用宦官，到了宣德朝，随着内书堂的设立，宦官有了在政治舞台大展拳脚的机会。

明代“批红”制度与秉笔太监的出现，要求宦官会识文断字，最起码内官监、司礼监等负责“御前勘合”以及内廷文籍等内容的宦官们要有一定的文化知识。而内书堂就是宦官们的“进修大学”，为明朝输送了大批有文化的内官。这些人分布于司礼监和地方，身居要职。“高素质”的宦官在一定程度上提高了行政水平，巩固了皇权。但是获取了更大的权力之后，很多宦官内心产生了微妙的变化，野心与贪欲也越来越大，这让明朝成了宦官乱政严重的朝代。

作为宦官的“高等学府”，内书堂对学生的选拔、教学以及教师的配备都有着极为严格的规定，学业教育由翰林院负责，有明一朝素有“非进士不入翰林，非翰林不入内阁”一说，由此可见皇帝对内书堂的重视。陆深、钱溥、倪谦等名臣都曾担任过内书堂教习，师资力量配备可见一斑。课程既有基础内容如《百家姓》《千字文》《千家诗》《孝经》等，又有士人所习“四书”，同时还需要研习宦官的专业思想课程，如历朝皇帝对宦官的诫谕《内令》、历代宦官奉公守法的事迹集《忠鉴录》等。最重要的是还有实践课——判仿，就是内侍以后对朝臣奏章进行批答、对阁臣的票拟进行批红的训练。明代进入司礼监的重要内官，基本上都在内书堂“镀过金”。明朝太监刘若愚曾言：“本朝司礼监，只有穆宗时的孟冲，神宗时的张明，和熹宗时的魏忠贤、王朝辅四人不是内书堂出身。”由此可见，内书堂就是宦官进入司礼监的摇篮。

如此重要的进修场所，选拔自然尤为严格。首先是年龄的限制，明穆宗时内书堂教授黄凤翔说，内书堂择生年龄“自弱

（20岁）而下，总角（10岁左右）而上”。一般来说，只有这个年龄可以有资格进入内书堂，因为这个年龄正是学习知识和塑造人格、树立价值观的重要时段。另外，要进入内书堂还需要“推优”，比如深受皇帝喜爱，或者认了宫内有权势的宦官当干爹。选拔完还要进行“入学考试”——主要是背诵和书法，以此考察宦官的文化基础。有资格入学的人还要交学费，一般是一份由手帕、白蜡、龙挂香组成的礼品。如果没钱，还可以借贷，以后加倍偿还。

进入了内书堂也不能掉以轻心，因为每年还要考试，如果够幸运，还能遇到当朝名臣亲自提点，如嘉靖朝的“青词宰相”严嵩，就亲自到内书堂指点过宦官学习。

内书堂每届学员有200人左右，反复淘汰至数十人，剩下的这些人一旦毕业，那么就业去向就很令人期待了。即便不能进入司礼监成为掌印太监（内相），也能进入中书房（专门掌管宫内历代图书典籍、古扇字画）成为图书馆管理员。每天的工作就是喝茶、看书，好不悠闲。

明史专家欧阳琛在《明内府内书堂考略》中统计，明朝首辅有19人当过内书堂教授，占明代首辅的1/4。内书堂培养出大批有知识、有野心的宦官，对明朝宦官政治产生了深远的影响。宣宗一心想要提高宦官的知识水平，岂不知“就怕流氓有文化”，他在位时还能够控制住宦官，没有想到的是，到了他儿子英宗朱祁镇时，宦官权势就已失控，彼时大太监王振专权，间接导致土木堡之变，差点断送了大明江山。当然这些宦官中也不乏一部分对朝局有积极推动作用的人，比如万历时期的宦官冯宝，同时内书堂的设置也为内廷与外廷的沟通建立了一座桥梁。

宣宗一朝，是有时代标志的一朝，是明前期与中期的“分界线”。朱瞻基在位仅仅十年，如果能够再长一点，或许他能够警醒图强，但是历史没有给他这个机会，从他儿子英宗朱祁镇开始，大明王朝无可挽回地走向了颓势。

第八章

# 土木堡之变——帝国走向衰败的转折点

正统十四年九月，土木堡。

向土木堡南走15里，河水已经被染红，河中充斥着明军的尸体。岸上的战斗还在继续，瓦剌的骑兵在四散的明军中左突右刺，就像狩猎一般。纷乱的散兵中一位金甲将军手持铁瓜，怒睁双眼，狠狠地向脚下官员的脑袋砸去，官员顿时毙命。将军朝天怒吼："吾为天下诛此贼！"毙命的官员，就是英宗时代权倾朝野的大太监王振。在距离王振毙命之处不远的高岗上，一位年轻人端坐于此，闭目面南，这就是明英宗朱祁镇，大明王朝的第六位君主。土木堡之战不但改变了英宗的命运，也改变了整个明帝国的轨迹……

让时间回到宣德十年（公元1435年），北京，奉天殿。

一个七岁的小孩身着不太合体的衮服冕旒端坐在华盖殿接受

文武百官朝拜，随后诏书从承天门缓缓降下，昭告天下新皇登基，这个孩童皇帝就是朱祁镇。

明朝从太祖开国到惠帝、成祖、仁宗、宣宗总共五代皇帝，这段时间被历史学家称为明前期。总体来说，这五位帝王各有千秋，而且基本上都很勤政，因此到宣宗为止，明朝至少在表象上处于清平盛世。但是从英宗一代开始，大明王朝就无可奈何地走向了颓势。

进入英宗时代，明朝前期统治集团的活力不在，辅政的“三杨”由于年事已高，行政能力和精力已经大不如前，长居高位的“三杨”考虑更多的是如何维持恩宠，守住权位。在前朝匡正君失的逆鳞行为荡然无存，甚至为了讨主上欢心创作了大量的粉饰太平的文章，被称为“台阁体”。朝局不振，官员萎靡：首辅杨士奇长期纵容其子杨稷横行乡里；杨荣受贿颇多；内阁重臣胡濙任礼部尚书期间，竟然三次丢失礼部大印，英宗一朝，阁臣皆是暮气沉沉。而最致命的土地兼并问题也在英宗时期大规模爆发。

宣德十年，英宗将山西太原县古城田六十顷赐给宁王朱济焕（此前宁王刚获八十顷赐地）；正统三年，驸马都尉赵辉抢取民田三千亩。据统计，洪武二十六年全国十二个布政使司（云南布政使司除外）和应天等十八府州共计有土地8 499 374顷，然而到宣德十年户部公示土地仅剩4 270 172顷，不到半个世纪，国家在册土地竟然失半！而在正统二年（公元1437年）到正统十四年间，中原地区虫灾、旱灾、水灾不断，大批的自耕农和佃农破产，加入了流民的队伍。“千里之堤，毁于蚁穴”，慢慢地，终于出现了英宗最不愿意看到的情况——农民暴乱。

首先是浙江的矿工叶宗留起义，紧接着在正统十三年（公元1448年）福建也爆发了邓茂七农民起义。而影响最大的，则为云南的麓川之役。麓川宣慰使思任发与明廷展开了长达十年的局部战争，令明朝本不强盛的国力透支殆尽，明朝调动了大量人力物力，甚至有“转饷半天下”之说，导致军队疲惫、国库亏空。就是在这种情况之下，面对北方边境告急的局面，英宗还毅然决定发动对瓦剌的大规模反击。这显然是不合时宜的，这个刚二十出头的年轻皇帝久居大内，他还不知道漠北的“蒙古旋风”即将刮向中原大地……

明朝自建国起，来自周边的威胁就没断过。

北遁的蒙古、隔海的日本、东北的女真，就连南方的交趾也一度兴风作浪。明前期主要的威胁来自北方的蒙古政权残余，或者说元朝政权并没有消失，只是退出中原而已。元朝的统治者还以“大元”自居，而明政府还没有找到一个合适的称谓来形容这个政权，反倒是《高丽史》中有“北元辽阳省”的称呼，让这一尴尬的情况得到缓解。此段时间中，“北元”的称呼比较符合当时的状况，也被大家所接受。此时北元左丞相扩廓帖木儿与太尉李思齐统领二十万大军驻扎在山西、甘肃地区；太尉纳哈出拥兵二十万占领辽东；在内陆腹地还有梁王把匝剌瓦尔密盘踞云南。但在这一阶段，面对外敌，明朝基本处于强势出击的阶段。

洪武三年，明军大举北伐，大败元将中书左丞相扩廓帖木儿，元顺帝妥懽帖睦尔在同年病逝。明军攻克元帝行宫所在应昌（今内蒙古克什克腾旗），至此北元彻底退居漠北。其后在洪武一朝，朱元璋先后派遣大将徐达、蓝玉多次征讨漠北蒙古。而蒙古人自己也没闲着，他们不是发展生产、整顿改革，而是一直在起内讧，帝位不断易主，在“黄金家族”（元朝建立后黄金家族狭义上指忽必烈一系后裔）和旁系蒙古贵族中不断换人。直到永乐元年（公元1403年），鬼力赤（月鲁帖木儿，旁系贵族）登上汗位，改国号为鞑靼，“元朝”这个词才彻底消失。

永乐六年，本雅失里（黄金家族系）继承汗位，但是手中却没有实权。与此同时，在面对明朝几十年的进攻中，蒙古内部开始分裂，形成了众多的“兀鲁思”（ulus，意为领地，这里指部落）。本雅失里的部落势力比较弱，根本无力掌控整个漠北蒙古。永乐七年，朱棣挥师五十万一举击溃鞑靼，本雅失里被权臣马哈木杀死，马哈木成了实权的掌控者。在东部，权臣阿鲁台学着马哈木的样子上位，至此蒙古分裂为两部。西部在马哈木之子脱欢成为太师之后，大败东部阿鲁台，再次实现了蒙古的统一，而脱欢的另一个身份就是“瓦剌”（蒙古语oira的音译，意为邻近者）部的首领。

从鞑靼到瓦剌，蒙古再次实现了统一，更重要的是，脱欢死后，瓦剌迎来了一位重要的实权掌控者——也先（脱欢之子）。在也先掌控瓦剌期间，瓦剌的势力得到了前所未有的扩张。东至朝鲜，西达巴尔喀什湖，北至贝加尔湖，南到长城的广袤的中亚领域全部被瓦剌所控制，蒙古人似乎看到了“复兴”的希望，而鹰视狼顾的也先并不满足雄鹰只是盘旋在蒙古的高原之上。

其实觊觎中原既是瓦剌人的野心，也是无奈之举。武力强大的蒙古人生产力低下，根本无手工业可言，大部分的生活物资如棉布、茶叶、香料甚至军事装备都要靠与中原进行贸易来获得。同时，明朝初年全球性的气候变冷，导致漠北完全退出了农耕经济的序列，游牧成了满足社会经济的唯一方式，与大明王朝的马市和贡市成了蒙古人的救命稻草。在与蒙古人的正常交往中，明廷对于蒙古使团始终本着“薄来厚往”的原则，十分慷慨。仅以正统六年（公元1441年）春为例，明朝赐可汗脱脱不花五色彩缎并翁丝蟒龙直领褡擭曳撒比甲贴里一套、红粉皮圈金云肩膝澜通袖衣一、皂麂皮蓝条铜线靴一双、朱红兽面五山屏风坐床一、锦褥九、各样花枕九、销金凉伞一、油绢雨伞一、箜篌火拨思二弦一付，赐太师也先蟒龙缎一、麒麟等兽缎四、五色缎五十、彩绢一百二，其他首领、妃嫔各有所赐。优渥的赏赐极大地刺激了蒙古人的贪欲，得到好处的蒙古人每次朝贡都要组成“千人团”来访。正统六年十月，瓦剌朝贡使团竟然增至2400余人，在大同待了两个多月，光羊就吃了五千多头，搞得山西大同知府栾瑄头疼不已。蒙古使团进入明廷后一路吃喝，还经常骚扰沿途府镇，刺探军情。蒙古使团成员不但走私明朝政府明令禁止的兵器，甚至连火器也偷偷运往漠北，明廷稍加限制，蒙古人便找借口犯边。明朝早已受够了蒙古人的厚颜无耻，而蒙古人也对中原的富足垂涎欲滴，时刻幻想着成吉思汗的辉煌，希望能够再度牧马中原。正统十四年，马市的摩擦成为瓦剌南下的导火线，而得到线报的明廷也开始运转起了庞大的战争机器。只是双方都没有想到，即将到来的战争会朝着意想不到的方向发展。

得到瓦剌准备南下信息后的一天，英宗在午门的五凤楼散步，突然看见了成祖北征御用的长矛，朱祁镇抚摩着长矛，幻想着在塞北戈壁亲率大军追击敌寇的场景，不禁有些热血沸腾。他又回想起小时候坐在父亲朱瞻基的腿上戏耍之时，宣德皇帝突然问道："若有犯上作乱者，敢率六师征讨否？"还是孩童的朱祁镇声音响亮地回答道："敢！"

于是，正统十四年七月十五日，面对来势汹汹的瓦剌大军，朱祁镇做出了一个改变国运的决定——点军五十万，御驾亲征。皇帝头脑发热，大臣还是清醒的。吏部尚书王直和一班重臣劝英宗冷静，两国交兵凶险异常，但奈何英宗根本听不进去，毅然决然地跳进了自己挖的"坑"。

实际上，在英宗提兵出征之时，大同战场上的局势已经恶化，阳和（今山西阳高县）明军已经被瓦剌击溃，塞外城堡尽皆陷没。总督军务的西宁侯宋瑛和总兵武进伯朱冕战死，后来在北京保卫战中起到重要作用的权将石亨拼死得以脱身。

出征后，英宗大军一行先后到达宣府、鸡鸣山、怀安、阳和，并暂时进驻大同，准备北进。一路上凄风苦雨，大臣不断劝诫皇帝英宗停止北伐，但皇帝始终不为所动，脑海中全是曾祖父横刀立马的热血画面。这时，半月前从阳和血战中逃回的镇守太监郭敬提供了一条重要的情报："若行正中虏计！"听到这话的英宗方才清醒了一些，他也思量，在驻地还有大同、宣府两镇互为犄角，一旦深入塞北，就凶险未知了。况且综合之前的情报来看，明军北进到现在都没有发现瓦剌军的任何信息，也先也许就是要诱敌深入，英宗犹豫再三之后终于决定回师。但就是在这次回师至土木堡之时，北伐的明军在瓦剌人突袭之下全军覆没，英宗成了明朝历史上唯一一位被“俘虏”的皇帝。有人把土木堡之变的责任全部归咎于随军出征的宦官王振。

让我们把时间往前推几天，正统十四年七月二十四日，张家口堡外的鸡鸣山大风呼啸，户部尚书王佐、兵部尚书邝埜正跪在大营外的荒草中。日暮时分，两位重臣似乎有点体力不支了，此时，终于传来了让二人起身的命令。就是因为二人力谏英宗回师，被随军的司礼监掌印太监王振勒令罚跪。王振的掌权开启了明代宦官专政之先河，可以说，他的掌权既是偶然也是必然。皇帝年幼，朝臣锐气尽失，让这位曾经失魂落魄的读书人有了机会觊觎权力。由于早年仕途不顺，王振索性进宫当起了宦官，过人的胆识和曾经受过的系统教育，让他在宫内如鱼得水。他善察人意，在宣宗时期就深得皇帝喜爱，因此被指派为太子的伴读。与储君的朝夕相处让他获得了太子的好感与信任，英宗继位后，王振就升任为司礼监掌印太监。英宗一朝，张太皇太后和“三杨”离世的时候，王振慢慢权倾朝野，英宗都要称王振为“先生”，更是有一众的公卿大臣们称他为“翁父”。在跟随英宗北伐的时候，王振依然飞扬跋扈，随意地越权指挥，但是这个阉人对战局的影响到底有多大？为什么装备精良的明军会一触即溃？可能还是要看一下土木堡之战的背景。

明朝建国之初就致力于北方安全的建设，洪武帝费尽心思建立了辽东、宣府、大同、延绥、宁夏、甘肃、蓟州、偏头关、固原等九个镇（嘉靖年后被称为“九边重镇”），构成了明朝的北方防线。宣德五年在宣府地区设立了万全都司，统一管理地区各卫所的军务，宣府成为明廷的“北大门”。皇帝希望通过九边重镇将蒙古人牢牢地圈在北方。实际上，九个军事重镇分布在绵延千里的防线上，根本无法有效地抵御游牧民族的攻击，即便是有北大门之称的宣府，也仅仅是一镇的城防工事堪用。

另外一个问题是，各镇之间缺乏有效的联系和配合。为了传递敌情，明廷在宣府、大同周围修筑了三百多座墩台，就是这样的密度也远远不够，而且在战前，很多烟墩都因为年久失修损坏掉了。这也导致后来英宗北伐时瓦剌大军逐渐接近宣府，而周围的卫所却不能够及时地做出预警，导致皇帝领着大军直接钻进了蒙古人的包围圈。

再说长城。据《宣府镇志》记载：“万全右卫镇口墩起至平夷墩止垣二十五里；膳房堡野狐岭二墩起至野狐西一墩止十八里；新河口水沟墩起至平虏西墩止垣二十六里；洗马林镇安墩起至平虏西墩止四十五里。”这个数据是嘉靖时期的，意味着土木堡之役发生的时候北方的长城至多百余里而已。而且彼时的长城大多数只是简陋的边墙——主体部分是夯土墙，以木板作模，内填黏土或灰石用杵夯实修筑而成，有些地方甚至以木栅栏为墙。

这种工事即便完备，抵御蒙古骑兵的效果估计也好不到哪儿去。

谷应泰《明史纪事本末》中记述英宗出征“官军五十余万人”，京畿部队几乎全部出动。这也是皇帝自信的来源，然而实际出征的部队人数远没有达到这个数字。彼时京师的三大营（五军营、三千营、神机营）缺额严重，实际兵力只有正常时期的一半，约10万人；另外加上班军8万人（宣德年确定的军队编制，每年春秋两季征调京城附近省份军队入京操练，算是预备役），总共人数约为18万人，在土木堡遭遇瓦剌大军之前还调出4.5万人随成国公朱勇前往大同，因此，连同锦衣卫等亲军在内，土木堡之战的明军人数约在15万人。而这15万人久在天子脚下，承平日久，战斗力实在让人不敢恭维。

明军到了正统一朝，武备废弛日益严重，军队贪腐，剥削士兵的现象屡见不鲜，这也是卫军大量逃亡造成军队出现大量空额的重要原因之一。早在正统二年（公元1437年），直隶巡按御史李奎就上奏：“沿海诸卫所官旗，多克减军粮入己，以致军士艰难，或相聚为盗贼，或兴贩私盐。”正统后期，有些地方基层士兵的状况简直可以用惨不忍睹来形容，大同、宣府两镇士兵竟然衣不遮体，如同乞丐。“工欲善其事，必先利其器”，然而明军的装备也令人担忧。正统四年（公元1439年），工部就反映，神机营及总兵官任礼所辖卫所武器“多不如法”，就连如此重要的部队的兵器都不合格，真不知道英宗哪来的御驾亲征的底气。

而对面的瓦剌大军却是来势汹汹。正统十四年正月，锦衣卫吴良便得到重要情报，瓦剌在做全体动员准备大举南下，也就是说，也先提前半年就开始了战争动员，其所率领的南下大军也远远不止两万余人。

清代萨囊彻辰所著《蒙古源流》中记载："本日带领都沁·都尔本二部落行兵于汉地。""都沁·都尔本"在蒙语里是"四十四"的意思，实谓四十四万户，如果按此推算，一户出一兵的话，南侵大军就有四十万人。根据各史料的统计，土木堡之役时，蒙古军队主要由也先与阿剌知院两部组成，南下的部队约有10万~12万人，因此从数量上来说，瓦剌的部队也不在少数，且都是久经战阵的骑兵。在游击战中，骑兵的优势巨大。《太公兵法》中记述，骑兵在平原、山地中可以分别抵御八名到四名的步兵，而在冲锋的攻击作战中，一名骑兵甚至可以击退近百名的步兵。

虽然二十多岁的年轻皇帝挖空心思地要和瓦剌决战，但在得到了郭敬带回的信息和整个部队受到了阳和战败的冲击士气低迷的情况下，英宗总算是开了窍，下了回师的命令，此时，事关明军命运的一个重大选择，那就是回师路线。

回师的路线有两条，一条是由蔚州经紫荆关回京，一条是通过宣府从居庸关回京。英宗选择了后者，《明实录》将选择这条路线的原因归咎于王振，说他担心大军路过蔚州（王振的老家）会损坏自家的田庄。其时已是仲秋，塞外的蔚州按照常理应该结束粮食收割了，这个理由显然比较牵强，有为英宗开脱的意思。英宗在复位之后，专门派人去土木堡战场为王振招魂，太监刘恒上奏说："王振恭勤事上，端瑾持身，左右赞襄，始终一德。"此话得到了英宗的认可，说明当年英宗在很多关键性决策上是自己做的判断。

从战场实际情况来分析，第二条也比较稳妥。因为这条路线本就是英宗北伐的进军路线，大军已经很熟悉了，而走蔚州这条陌生路线的话，一旦被瓦剌骑兵突击，地势相对平坦的蔚州作为战场显然骑兵更占便宜。于是北伐大军走上了一条"不归路"。

八月初部队开拔，八月四日才到达宣府，急得前边在鸡鸣山跪得膝盖生疼的兵部尚书邝埜冒着再次被罚的危险劝英宗尽快入关。英宗依然我行我素，在这里停留了三四天才慢慢开拔。在这期间明军派出了大量"夜不收"（明军侦察兵）刺探瓦剌军动向，朱祁镇还幻想着与也先决战。可惜十二日夜不收带回的消息让皇帝慌了神——瓦剌大军紧随英宗部队，并且形成合围之势。英宗先后派出了恭顺侯吴克忠、都督吴克勤和成国公朱勇、永顺伯薛绶两支部队意欲阻击也先，结果被瓦剌军全部歼灭，明军震恐。

英宗只能硬着头皮往怀来行军，然后到达了一个叫土木堡的地方，此处既无险可守又无水源之地扎营。离怀来县城仅20里，急行军一个时辰就能够赶到，为什么不进县城？史学家又把这笔账算到了王振头上，说这个宦官是在等自己的辎重。实际上依据战场实际情况，辎重大概率已经被也先部队掠获，而此时怀来也大概率被也先的机动部队占领。同时蒙古人还做了一件事，那就是切断了土木堡的水源。

既无险可守又饮食断绝，明军在土木堡理所当然地被蒙古人一举击溃，英宗北伐的愿望是实现了，但也成了俘虏。

正统十四年八月二十三日，左顺门。

代理朝政的郕王朱祁钰（宣宗子，母吴贤妃，朱祁镇异母兄弟）正在接见群臣。“王振已为国家死于土木堡前线，你们还在此啰唆什么！”马顺的话就像往棉花堆里丢了一个火球，瞬间燃爆了大臣们的情绪。给事中王竑大步上前抓住这位锦衣卫指挥使、王振死党的头发，一口就咬下了马顺脸上的一块肉，王竑的举动彻底激发了群臣长期以来心中的怨恨，平时饱读诗书、温文尔雅的文臣们这时就像是一匹匹野兽，对着马顺就是一顿乱拳，瞬间将其打死。众人还不解恨，又要找王振的亲信宦官毛贵、王长随算账。为了平息众怒，太监金英将二人从宫门推出，于是他们瞬间淹没在众臣的“拳海”中，当场毙命。

朱祁钰被吓傻了，而此时于谦跪在郕王身边请求他给此次突发事件定性。在群臣的苦苦哀求下，此事最终被定为“王振一党乱政当死，廷击者无罪”。就这样，权倾一时的王振宦官集团被肃清了。

时间退回到几天前，皇帝被俘的消息传来，京师震动。大家嘴上不说，但所有人脑海中都浮现出了北宋徽、钦二宗被虏，北宋覆亡的一幕。面对来势汹汹的瓦剌大军，郕王朱祁钰召集权臣议政，抛出了一个重大的选择题——迁都。

迁都的事情很快就有了结果。当翰林侍讲徐珵以“天象不利，惟南迁可以纾难”为由建议迁都时，被兵部侍郎于谦一句

“京师天下根本，一动则大事去矣”当场驳回，同时两朝太监，深得英宗信任的“外籍太监”兴安立即说道：“敢言南迁者斩！”不论是在迁都的事情上还是在面对“左顺门廷击”事件上，于谦都展现出大国重器的风采，给六神无主的郕王和众大臣吃了一剂定心丸，面对随时都会大规模南下的蒙古人，保卫北京的重任自然落在了他的头上。于谦很快被提升为兵部尚书，且全权负责提督北京各部军马（明朝兵部尚书是无权调动军队的）。明廷在紧张备战，瓦剌在干什么?

居庸关外，瓦剌大营。

在也先面前的财宝有珍珠六托、黄金二百两、白银四百两，绸缎蟒袍数匹，这是俘获了明英宗后淘到的“第一桶金”。这些财富来自英宗居住的紫禁城，这时的英宗还在幻想瓦剌只不过是想要一些赎金而已。尝到了甜头的也先则有着更长远的打算，他很清楚大明朝的实力犹存，因此将英宗作为自己手中的筹码，想赚取更多的利益。至于怎么样用好手中这张王牌，说实话，也先也没想好，因为他完全没有想到大明天子会成为自己的阶下囚，于是他决定“试试水”。

也先先后挟持英宗前往宣府、大同，想要以英宗威胁入城，但是守城将领表现出了极高的敬业精神，虽然确定城下的确实是英宗，但就是不开城门。副将罗亨信面对瓦剌叫门，大声回道：“臣罗亨信奉命为皇上守门，不敢为敌寇开门。”也先要求与主帅杨洪对话，守城军士却声称“杨洪不在”。而在大同，不但没能进城，还差点丢了自己的“肉票”。守将郭登派出夜不收欲救回在城外营地中的英宗，后因计划太过冒险而取消。除了有限的金银财宝，也先一点好处也没有捞到。

在也先试图利用英宗赚取宣府、大同的同时，也浪费了最重要的一个资源——时间。从正统十四年八月十六日也先拿到赎金算起，也先没有开展新的军事行动，也许是也先一开始就没有太长远的战略规划，只是希望通过劫掠补充因为终止互市和朝贡而损失的必需品，或是能够通过此次行动让明朝恢复互市。不管怎么说，也先浪费了最宝贵的一个月时间，而北京这边，于谦却一刻都没闲着。

英宗出征带走了京畿的精锐部队，此时的北京只剩下不足十万的老弱兵士，军备物资更是奇缺。皇帝被俘的消息传到北京，京畿震动，大量的富商和官员甚至暗中收拾家当准备南迁。面对危局，于谦临危不乱，首先急令两京、河南的预备部队加上山东及沿海专门阻击倭寇的军队和运粮的漕军进京，同时还命令入京路过通州的队伍将通州粮食库的百万石存粮顺路运往京城内，这样一来，兵员和粮草的问题就解决了。另外，急调南京武器库装备北上，同时前往土木堡收集了大量的战略物资。仅从土木堡战场收集物资这件事来看，就反映出也先不能称作一个合格的统帅，于谦从战场上收集到头盔与护甲一万多件、火枪一万多杆、火铳两万多支、火炮八百余门。就这样，时间、物资这两个最重要的因素成就了后来的北京保卫战。

然而就在京师的防卫工作如火如荼进行的时候，一个重要的问题摆在了大家面前，英宗怎么办？国不可一日无君，突来的变故将三个人推向了历史的舞台——皇太子朱见深、襄王朱瞻墡、郕王朱祁钰。

“兹于皇庶子三人之中，选其贤而长者曰见深，正位东宫。仍命郕王为辅、代总国政。”这是孙太后在命郕王监国后发布的第二条诏书。孙太后，这个来自永城县的女人聪慧过人。因为害怕外戚坐大，明朝后宫选妃一般都不在权贵家族中选拔，这也为很多出身一般的女性打开了通往社会顶层的路径，孙皇后就是成功登顶的人之一。发布上述诏令，孙太后还是有自己的“小算盘”的。

如果不立太孙朱见深为帝，那么自己这一脉血缘在帝位上的延续就算是断了，因此朱见深是最好的选择。然而当时的朱见深仅仅两岁，在承平时代主少还好说，在天下即将倾覆的危急关口，这个小孩当皇帝确实不靠谱。大臣们联名上书反对，并且建议郕王继位，左顺门事件让孙太后不得不重视大臣们的意见，于是她又想起了宣宗的弟弟襄王朱瞻墡。在她眼里，丈夫的弟弟继位总比与自己没有任何血缘关系的朱祁钰要好，因此她下令召襄王进京。也许是当惯了逍遥王爷，不愿意卷入权力的纷争，襄王对皇位表现出了前所未有的冷淡，拒绝了孙太后的请求。

八月二十九日，紫禁城内，孙太后看着奏章上“国有长君，社稷之福”几个字，发出了一声叹息，这时她眼前又出现了瓦剌兵临城下的景象。确实，两岁的孩子如何面对这惊天巨变？于是，孙太后传下了“命郕王继位”的懿旨。

九月六日，朱祁钰登基，这就是明代宗，大明王朝的第七位君主。

江山有主，大大提升了明军抵御外敌的士气。十月初，也先率领蒙古大军兵临北京城下，内有新君，严阵以待的明军与蒙古人展开了殊死搏斗，因为大家都知道这一战决定着王朝的生死。于谦令京中22万大军全部列于京师九门之外，作为文臣的他也亲自披挂上阵与石亨同守德胜门。从十月十一日到十五日，明军与蒙古军队进行了多次战斗，战况异常惨烈。也先原本以为明军已是强弩之末，但是战斗中明军展现出的强悍战斗力完全出乎他的意料，蒙古人在战斗中也没有捞到半点便宜，反倒是损兵折将。无奈的也先只得在十五日后北撤，并在十一月初全部退回塞北，北京保卫战取得了胜利，大明王朝浴火重生。

土木堡一战影响重大，英宗时代结束，代宗登基，明帝国也开始走向了衰落。土木堡之战后，明朝的军力大受影响，仅存的一批能征善战的老将在战争中伤亡殆尽，好在以于谦、石亨、王骥等为代表的新生力量支起了大明江山。除了大受损耗的国力，明朝同建州、海西女真、朝鲜之间的关系发生了微妙的变化，明廷“天朝上国”的形象大打折扣，朝鲜和女真都对明朝表现出轻视的姿态，对北方蒙古的防御也从前期的主动出击进入到全线防御的态势。有人说土木堡之变是仁宗、宣宗未能延续永乐时期的铁腕政策，对蒙古长期怀柔所造成的。实际上，进入宣德、正统时代，明朝的国力已经大不如前，再加上国内的动荡，要想发动大规模对蒙古的打击行动实在是困难。而土木堡之战的失败也意味着卫所制度红利的耗尽，直接促进了明朝军事募兵制的兴起。

蒙古方面，机关算尽的也先久攻北京未果，反倒促成了明廷另立新君。没有捞到好处的蒙古人几年之后又掀起了内战，也先兵败被杀，和他一起逝去的还有那雄鹰飞入中原的南柯一梦。

第九章

# 夺门之变——统治阶级内部的斗争

景泰八年（公元1457年），紫禁城，一片肃杀之气。

朝会上，鉴于代宗朱祁钰的健康状况，于谦同群臣商议，意欲上奏请代宗复立此时已经被降为沂王的英宗之子朱见深为太子。大臣们依次在奏疏上签字，纠结于细节的都察院左都御史萧维桢把奏疏中“早建元良”的“建”字改成“择”字后，呈给了朱祁钰。次日代宗下旨知会群臣，定于十七日朝会议事，并说“择”字用得不好。

历史总是在一些不经意的小细节中被改变，如果这份奏疏没有改这个字，代宗是否会同意复立沂王？如果真是这样，也许大明帝国会出现一波平稳的权力过渡，而一代名臣于谦也不致引来杀身之祸。然而，历史没有假设。

正月十六日夜，一队军士全副武装地行进在城内，突然间乌云密布，月不见影。这队人立刻慌乱起来，此时，队中重臣徐有贞厉声喝道："大事必济！"众人情绪稍稳，他们的目的地是南宫的崇质殿。这支军队的指挥官阵容豪华——因战功被封爵的文臣王骥、北京保卫战的功臣石亨、文臣徐有贞以及宦官曹吉祥，他们想要救出被幽禁的太上皇朱祁镇并拥立其重新登基。一路上巡夜的士兵看到如此豪华阵容的武装部队也未敢多问，"解救小队"很顺利就到了南宫，众人指挥军士砸开了院墙。崇质殿内的朱祁镇毫不知情，惊恐无比，他以为是弟弟代宗派人前来加害自己，谁知人马冲进院内见到朱祁镇纷纷伏地高呼万岁。就这样，朱祁镇在石亨等人的拥戴下重新登上了皇帝宝座，史称"夺门之变"。

时间回到景泰元年（公元1450年），瓦剌的首领也先原本指望俘虏了英宗可以要挟明廷，进可南下，退可给互市争取更大的筹码。谁知这一举动不但让本来已经趋向崩盘的明廷重新团结一致，而且还拥立了新皇帝。

瓦剌大军在南下过程中不论是在宣府、大同还是在北京城下皆无建树，与明廷的交恶也导致双方朝贡贸易中断。作为正统的游牧民族，在生产和生活上根本无法自给自足的蒙古部落受到了严重的影响，部族内怨声载道。而大明又拥立了新君，英宗失去了战略价值。也先绝对不是单纯的蒙古力士，颇有政治头脑的他这时做出了一个决定——放英宗南归，一则一解之前的"误会"，与明廷修好重开互市；二则是觉得英宗离国时间不长，还有政治根基在，一个旧皇帝，一个新皇帝，看看大臣们怎么选，若明廷内乱，自己又可以趁火打劫。不得不佩服也先的头脑，明廷真的“内讧”了。

紫禁城内，对于瓦剌伸出的橄榄枝，代宗朱祁钰心中是一万个不愿意。兄长回来了，自己这个皇帝还怎么做？于是代宗在瓦剌送归英宗的真实性等方面向群臣质疑，好在这个时候朱祁镇投来书信，表示自己鲁莽出师，有损国威，归国后也无颜居于帝位。话说到这里，即便心中再怎么不乐意，于情于理都没办法拒绝。于是，这年的八月十五日，朱祁镇与朱祁钰在北京的东安门相见了。兄弟相见，物是人非，在朝臣的安排下两人仿照唐朝天宝年间玄宗、肃宗的禅让之礼进行了权力交接，而后朱祁镇被尊为太上皇，并被送往了南宫的崇质殿，只是他不知道，这一待就是七年。

对于经历了九死一生的朱祁镇来说，能够活着回来如同梦境一般。虽然在塞北期间也先对待英宗的规格远远超越一般的俘虏——两天献羊，七天供牛，平日牛乳、马乳不断。但这一切的优待只是也先单方面认为的，单从饮食上来说，游牧民族的饮食结构实在是不对皇帝的胃口，朱祁镇就连吃口大米都成了奢望。如今回到了朝思暮想的紫禁城，还和家人团聚了，朱祁镇真的别无所求，最起码这个阶段是这样的。然而他的弟弟朱祁钰却不这么想，继承了朱家多疑的基因，代宗从哥哥回归的第一天起，就从来没有放松过自己紧绷的神经。

朱祁钰虽然自己登基为帝，但是储君还是兄长朱祁镇的长子朱见深。这就意味着不管自己怎么努力，都是在“为他人作嫁衣裳”，百年之后帝位又回到了朱祁镇一支。可是在封建王朝，改立皇储不亚于改朝换代，于是代宗决定先测测民意。

一天他突然对自己身边历侍了三朝的大太监金英说：“二月二十日，是东宫的生日。”朱祁钰将自己的独子朱见济的生日说了出来，谁知金英淡定地叩首之后回道：“东宫生日是十一月初二日（朱见深的生日）。”朱祁钰听了之后沉默不语，十分郁闷。在一筹莫展的时候，司礼监太监王诚、舒良揣摩到了皇帝的意思，竟然给皇帝提了一个主意，他们建议代宗搞定内阁学士和朝中的重臣，这样阻力会小很多。那怎么搞定内阁学士和大臣们呢？代宗决定“贿选太子”。左都御史王文、杨善，户部尚书兼文渊阁大学士陈循、工部尚书兼东阁大学士高穀、吏部左侍郎兼翰林院学士江渊等一众大臣们都收到了皇帝的“糖衣炮弹”，其中王文、杨善还被加从一品太子太保衔。可笑的是堂堂大明天子用于贿赂大臣们的钱只有每人白银五十两到一百两而已。随后有大臣适时地提出了易储的奏疏，于是皇帝下令众大臣廷议。虽然有不少人收了皇帝的好处，但是这么大的事情还是没有人敢带头决议。在场的司礼监太监兴安十分反感大臣们鼠首两端的做法，厉声喝道：“此事今不可已，不肯者不用签名，尚何迟疑之有？”于是在场的大臣们纷纷在事先准备好的奏疏上签字，就这样，朱祁钰将自己的儿子朱见济立为了太子。

而对于哥哥朱祁镇的防范，代宗也是一刻都没有放松过。早在景泰元年，就有大臣提醒皇帝在十一月要为太上皇贺寿，对于这个提议，代宗没有丝毫响应，神经敏感的他不能容忍哥哥还有一丝的政治影响力。此后代宗还刻意减少了南宫的日常供应，太上皇的日子过得越来越紧，甚至不得不靠妻子钱皇后做一些针线活来补贴日常的开销。不仅如此，世态炎凉在皇城之内也被无限放大，宫女、太监也开始轻视太上皇。为了安全，朱祁钰还下令将南宫的围墙增高，同时砍掉南宫周围所有树木，命人锁死南宫大门，只开一个小口供应日常饭食与物资。目睹弟弟的所作所为，太上皇朱祁镇如履薄冰，甚至深感自己即将大祸临头，代宗也以为皇权永固在自己这一支了。然而，命运却给这对兄弟开了个大玩笑。

人算不如天算，处心积虑地将自己的孩子变成储君，但是朱见济却无福消受。朱见济于景泰四年（公元1453年）不幸夭折，年仅五岁，谥号“怀献太子”。面对独子的去世，代宗赶紧开始了“造人计划”，或许是压力太大，不但没有取得效果，反而在频繁的房事中搞垮了自己的身体。景泰七年（公元1456年）十二月，代宗一病不起。次年正月，病入膏肓的代宗将重臣石亨召至病榻前叙事，朱祁钰看着面前的这位屡破瓦剌的猛将陪在自己身边，似乎有了安全感。殊不知看着病势严重的代宗，石亨心里已经有了微妙的变化。

眼见代宗重病缠身，以于谦为首的群臣商议立储的时候，石亨有了新的想法，他找到侄子石彪、宦官曹吉祥、大臣徐有贞等人拥立朱祁镇复位。朱祁镇成功复辟后，石亨、徐有贞等“功臣”都被擢升重用，而真正的明廷功臣于谦却以谋逆的罪名被处死。

景泰年间，北京，万岁山。

朱祁钰和一众太监正在万岁山的竹林中行走。

“停下，就在这里取。”代宗一声令下，有几个小太监急忙跑向了代宗手指的几棵竹子，开始忙碌起来。没过太长时间，便从这几棵竹子中取出了一些竹沥，很快这些竹沥便送到了于谦的面前。由于日日为国事操劳，于谦得了急性支气管炎，发起病来十分严重。代宗专门派司礼监太监兴安和太医董宿为他看病，当得知此病需要“竹沥和药”之后，竟然亲幸万岁山伐竹取沥。

于谦和代宗朱祁钰可以说是景泰年间的绝佳组合。土木堡之变后，于谦力促代宗登基，坚决守卫北京，在他的领导下取得了北京保卫战的胜利，他也成为支撑明廷运转的核心人物。代宗也深知于谦的杰出才能，对于于谦的奏论和主张大多数情况下完全允准。代宗曾派内使到真定、河间等府采野菜，就是这么一件小事，于谦却认为很扰民，劝代宗停止，代宗欣然作罢。

在朱祁钰登基的初期，诸事繁杂，千头万绪，于谦经常是在值房通宵，连家也顾不上回。代宗知道后亲自给于谦“点外卖”，还命令宫内给予于谦一切日常供应。代宗对于谦也是十分信任，一次朝臣王伟密奏于谦的误失，代宗竟然直接将奏疏转交给于谦。于谦叩头称罪，代宗却说：“朕了解卿，何谢之有？”

景泰年间，于谦史无前例地以兵部尚书和总督军务的身份管理国事。皇帝的荣宠与信任，让于谦可以专心一志地为国效力。

而正是因为太过专注，为于谦日后的遭难埋下了伏笔。于谦曾经为自己的画像作《赞》："眼虽明不能见己，腹虽大不能容人；貌不足以出众，德不足以润身。其性虽僻，其情则真。所宝者名节，所重者君亲。居弗求安逸，衣弗择故新。不清不浊，无屈无伸。遭时明盛，滥厕缙绅，上无以黼黻皇猷，下无以润泽生民。噫！若斯人者，所谓生无益于时死无闻于后，又何必假粉墨以写其神邪？"——真性情，是于谦对自己的评价，他也确实是这样的人。

于谦性格刚直，一心为公，用人行事不避嫌怨。他不管是主持行政还是治军，都十分严格。一旦有违反制度、损害国家利益的行为，毫不偏袒，立即上奏，请示惩戒。代宗深知他忧国忘身，全身心投入到中兴明朝的事业，所以也是丝毫不疑，每用一人，代宗必秘密征求于谦的意见，于谦也是据实以对，无所隐瞒。逐渐有很多官员因为于谦的苛察而受到责罚，心生怨恨，包括很多一手被于谦提拔起来的人，夺门之变的主要策划者石亨就是其中之一。

石亨在正统时期的阳和口之战中战败，单骑逃回，朝廷将其论罪，降官。在如此重要的战役中失败，理论上他的政治生涯已经结束了。于谦爱惜其才干，请宥其罪，并推荐他为五军大营总兵官。在后来的京师保卫战中，于谦与石亨同守德胜门重挫也先。为了报答知遇之恩，战后石亨还向朝廷举荐于谦的儿子，但是被于谦以儿子不堪大任为由拒绝。因此，石亨深感没有面子，开始嫉恨于谦。对于当时军队各营将军们私役、卖放军士的不法行为，于谦也是大力整顿。景泰三年（公元1452年），于谦规定各营管军头目自总兵官至管队官军定额从六十人到一人不等，这一做法，又得罪了一大批武将。

夺门之变的另一个主谋徐有贞，也同样受恩于于谦。

徐有贞，原名徐珵，颇有才能，精通天文、水利、阴阳方术。但是在土木堡之变之后提议迁都南方，遭到了于谦等主战派的力驳，在仕途上久不得志。于谦觉得他颇有才气，便推荐给代宗。代宗单独召于谦在文华殿内商议，觉得徐有贞“人品有问题”。徐有贞不知道于谦曾举荐过自己，得知此事后反而以为于谦在皇帝面前说了自己的坏话，于是便怀恨在心。

于谦的刚正不阿，让当朝的很多大臣都不适应，这确实是对明朝政治形态的极大讽刺。景泰一朝，于谦主持朝纲，风头正劲。现在代宗病重，如果在于谦的主持之下新皇储得到确立，那么新的一朝，于谦将继续作为朝中的“话事人”，这是石亨、徐有贞等朝臣不愿意看到的，于是他们便有了拥立太上皇朱祁镇复出的想法。

据明代杨瑄的《复辟录》中记载，石亨、徐有贞复辟得手后，鼓钟鸣，群臣百官入贺。代宗闻钟鼓声，问左右云：“于谦耶？”左右对曰：“太上皇帝。”代宗曰：“哥哥做，好！”之后便回到床上睡下，一个月后，代宗去世，被以亲王礼节下葬在北京西山的景泰陵。朱祁钰也成了明朝迁都北京之后，第一个没有被葬于明十三陵的皇帝。代宗的身份在死后的一段时间内极为尴尬，直到明宪宗即位后，才恢复朱祁钰皇帝之位，谥号“恭仁康定景皇帝”。南明时期，明安宗朱由崧加谥符天建道恭仁康定隆文布武显德崇孝景皇帝，庙号代宗，但这一庙号未被清代官方所承认。

大明帝国的一代柱石于谦，在权力斗争的旋涡中也未能幸免。有人说如果于谦稍微有些政治头脑，也不致含冤九泉。其实这和头脑关系不大，宦海多年，于谦怎能不知官场的潜规则？可能“性格决定命运”用在于谦的身上更为合适。

本来于谦还有一线生机，英宗在是否要处死于谦这个问题上曾经犹豫过，毕竟在大明王朝生死存亡的关键一刻是于谦力挽狂澜。这时徐有贞上奏英宗：“不杀于谦，此举为无名。”于是英宗才下了决心。于谦死后被抄家时，除了皇帝所赏赐的蟒袍等物之外，别无余财。宪宗继位时，给于谦彻底平反，洗刷了冤屈。谕祭文公布，得到了天下传诵。

英宗与代宗兄弟俩，成了明朝历史上绝无仅有的“一代三帝”，而兄弟俩在位的三朝也是插曲不断——宦官乱政、土木堡之变、夺门之变等。在英宗与代宗在位的三十余年里，大明王朝由“仁宣之治”走向了下坡路。平心而论，这三朝也不是完全没有可圈可点之处，而这一时期的动荡也不能完全归咎于他们。

明朝从永乐帝起不断被放大的宦官权力，慢慢形成了一股宦官参政的氛围。成祖、宣宗都属于英武之主，在位时尚且能够掌控宦官，英宗继位之时年幼，又遇到了王振，宦官专权成为必然。至于土木堡之变，英宗的初衷是好的，仰慕祖宗的伟业，想建立不世之功，本无可厚非，然而仓促的准备、混乱的指挥，导致了土木堡之战的失败。从某种程度上来说，这也是宣德后期到英宗执政前期各种矛盾的总爆发。没有土木堡之变，也会有其他的事件，只是时间问题而已。

如果说英宗昏聩，那么应该是在土木堡之变前的执政时段。有史学家认为，夺门之变和滥杀于谦等贤臣也是英宗一生中的污点，我们来客观地看一下。首先，夺门之变很大程度上是石亨、徐有贞的投机行为；其次，在对于谦的处置上，英宗起初是很有顾虑的，后来在徐有贞的怂恿下才做出了杀于谦的决定。可以换位思考一下，在已被软禁多年的情况下，朱祁镇的心理肯定是受到了不小的刺激，对于政敌更是心存戒心，可以说杀于谦是英宗受到心理创伤后的应激反应。某种程度上说，于谦之死是官僚政治集团间派系斗争的结果，因为于谦不死，石亨、徐有贞便无法把持朝政。如果说能给英宗一段缓冲期，那么于谦的命运很有可能会是另一种结果。虽然“夺门”之后，石亨等一众大臣受到奖赏，但复位后的日子，朱祁镇也很快看出了这帮政客的小人之相，并且对杀于谦很是懊悔。不久之后徐有贞便被踢出权力核心圈，石氏叔侄也被英宗除掉，企图发动政变的曹吉祥也被诛杀。

如果说土木堡之变还没有引起朱祁镇作为帝国最高统治者的反思的话，那么夺门之变之后的一段时间内，英宗已对自己前半生有了比较深刻的反思。复位后，经过了一段时间的政治清洗和权奸乱政，国家机器的运转慢慢趋于正常，主要原因就在于英宗的勤政和李贤等大臣的尽心辅弼。在权力的最高峰，能够从低谷中走出来并且纠正自己的错误，这对于封建帝王来说是很不容易的。天顺年间的朱祁镇经常是五鼓而起斋戒拜天，随后就开始早朝，退朝后至文华殿与大臣商议裁决政事。事毕进膳，旋又批阅奏章，午休后又听内政。每一天基本都是操心国事，衣着饮食从不挑剔。在用人方面也能够不计前嫌，天顺初被除名的王竑，起复为军中参赞，旋又总督漕运兼抚淮扬。

英宗在位期间还开释了囚系数十年的“建庶人”[1]，废除了宫妃殉死的野蛮制度。对于流民的处理，也是英宗执政的一大亮点，英宗在位期间始终以“抚”为主，并没有像成化年间那样采取强硬的押解勒令返籍的对策，缓和了社会矛盾。《明史》称其“前后在位二十四年，无甚稗政”。

至于朱祁钰，抛开软禁哥哥和更易皇储之外，其执政期间的所作所为也是可圈可点。帝国刚刚遭受土木堡之变，元气大伤，内地又水患频发，朱祁钰虽然只有二十岁，又是仓促登基，但不乏明主之相。他广开言路，重用于谦等贤臣，让朝局为之一新；厉行节俭，减免宫廷开支，又下诏促进各省农桑事务，发展经济；对受灾严重的山东、河南、山西等地区，给予了不同程度的赋税减免，并且安抚流民，最值得一提的是，他起用了在正统十四年主张南迁的徐有贞治理水患。

从正统十三年开始，黄河决口淤塞了济宁至清口之间的运河

1　明惠帝朱允炆次子朱文圭，明成祖夺得皇位后，将朱文圭囚禁。

河道，不但漕运不通，而且让此地常遭水患。徐有贞经过勘察，上疏朝廷《言沙湾治河三策疏》，制定了造水门、开分河、挑深运河的三步走的治河策略，将黄河水引入运河，并且建造水闸来调节运河水量。在此基础上设立九堰，巩固堤防。这一做法既解决了黄河溃决问题，也解决了运河漕运水量不足的问题。徐有贞的治河策略让山东地区形成了一个新的灌溉体系，使山东北部百万亩的土地得到灌溉水源。

由于朱祁钰本人和于谦等一批大臣励精图治，元气大伤的大明王朝逐渐挽回了颓势，大臣们看到了中兴之兆，朝鲜、越南、暹罗、琉球等国纷纷来北京向明朝进贡。

明英宗复位后，朱祁钰被软禁在永安宫，仅仅一个多月后就去世了。死后的代宗被废去帝号，以亲王规制下葬，朱祁镇赐给这个弟弟一个谥号为“戾”，称“郕戾王”。这是一个恶谥，表示朱祁钰终身为恶，也反映出了英宗对弟弟的憎恨与不满。等到朱祁钰恢复帝号，已经是成化年间的事了。

夺门之变中，代宗也是政客们的牺牲品。代宗治国数年，颇有政绩。对哥哥虽然防范甚严，但还是存有手足之情的。景泰五年（公元1454年），刑科给事中徐正向他进言：“上皇临御岁久，威德在人，沂王尝位储副，天下臣民仰戴，宜迁置所封之地以绝人望，别选亲王子育之宫中。”徐正以为此话正中代宗下怀，谁料代宗听后勃然大怒，指着徐正连说：“当死！当死！”将他呵斥出宫，最后将其充军于辽东铁岭卫。英宗虽然在南宫没有人身自由，但是代宗并没有阻止哥哥与后妃儿女们在一起享受天伦之乐。在被软禁期间，英宗还得了三个儿子，可见朱祁钰对哥哥还是有感情的。

“一入宫门深似海”，生在帝王之家就注定了要先国后家，如果没有这次政变，也许大明王朝能够在朱祁钰的治理下渐渐中兴，朱祁镇也可能有另一种人生轨迹。

第十章

# 朱见深——被忽视的仁君

成化三年（公元1467年），广宁（今辽宁省北镇市），总兵府。

一位异装打扮的猛汉被总兵府的兵士牢牢按住，他不停地大声呼喊，咒骂声中不时夹杂着听不懂的语言。离总兵府不远的驿馆，一百多位异装兵士冲向大街，但还没走多远就被街巷中埋伏的明军团团围住，一场厮杀在市井之中顿时展开。刀光剑影之后，异装士兵中有二十六人被当场斩杀。这些人是来自辽东的建州女真人，而被擒的猛汉是建州女真首领之一——爱新觉罗·董山（充善）。

董山被擒后不久，一支装备精良的明军就出现在了辽东的白山黑水之间。这支部队以左都御史李秉为提督、武靖伯赵辅为总兵官从抚顺出关，在东北牡丹江、绥芬河的广大区域之间对建州女真进行了一个月的“地毯式”围剿，配合参战的还有朝鲜军近万人。

此次军事行动中，建州女真老营被明朝联军完全摧毁，明军攻破女真佛阿拉、戴咬纳、嘹哈、朗家等寨。朝鲜军队更绝，主将康纯、大将鱼有诏分别扑向建州卫所在地婆猪江两岸与吾尔府等处，攻破李满住（建州女真首领之一，清朝皇室先祖之一）父子据守的山寨后，大肆斩杀女真人，李满住与其子李古纳哈死于乱战之中。意犹未尽的鱼有诏令军士在寨中大树上刻写“朝鲜主将康纯、大将鱼有诏等灭建州卫兀弥府诸寨，捣落屯落而还”，随后押解俘获的建州卫人畜而返。经过此战，建州女真被明廷剿灭殆尽，山寨尽毁，牛羊全无。剩余的部族成员遁匿于东北的白山黑水之间，而被俘获的女真人则被谪戍福建等省份。

这就是“成化犁庭”事件，也称“丁亥之役”。此次军事行动之后，明军主将赵辅在其《平夷赋》中描述道：“强壮就戮，老稚尽俘，若土崩而火灭，犹瓦解而冰消，空其藏而潴其宅，杜其穴而空其巢，旬日之内，虏境以之萧条。”此次战役让建州女真遭到了毁灭性的打击，为东北地区争取了半个世纪的稳定状态。而这场军事行动的最高指挥者就是明帝国的第八位君主——明宪宗朱见深。这位继位没几年的皇帝，对建州女真在东北地区的劫掠行为忍无可忍，做出了“犁庭扫穴，绝其种类”的指示。然而，清朝入主中原后在组织撰修《明史》的时候将此事刻意地淡化了，所以这场战役不为大多数人所知。

成化三年的犁庭军事行动结束不久，董山就被明廷处决了，而董山还有一个身份——清太祖努尔哈赤的五世祖。《明史》

是清廷组织编修的，对于这种祖先被灭的丑事，怎么能大肆宣扬呢？于是宪宗成了清廷眼中的灭族仇人，清朝谷应泰（清代文苑第一人）在《明史纪事本末》中对明宪宗的评价极为负面："宪宗躬法桓灵，养奸甫节。卿贰大臣，直皆收问；局司近侍，直得更张。槛车逮治，南署空曹；缇骑行边，北门不守。明世中人，多窃宠灵，亦未有显挈利器，授人断割如宪宗者昔。"谷应泰专挑宪宗被人诟病的地方，说宪宗照着历史上著名的昏君汉桓帝、汉灵帝学样子。封建帝王，即便是唐宗宋祖般的一代雄主，也有很多被后世诟病的缺点。我们现在品读的历史，很多的资料都经过了作者的主观加工，评价一个帝王是否伟大，应该尊重客观事实，看其在位期间社会及国家的发展程度。

宪宗在位二十三年，但是名气却不大，以至于大家熟知宪宗之父英宗，了解宪宗之子孝宗，唯独遗忘了宪宗，但这个皇帝也绝对没有谷应泰说的那么昏庸。

天顺元年（公元1457年），北京。

这一年，景泰三年被废皇太子身份改封为沂王的朱见深，迎来了人生中的第二次转机，在夺门之变中复位的英宗恢复了朱见深的皇太子身份。然而，就在恢复身份的这个节骨眼儿上，大家发现册立诏书上写的名字居然是"朱见濡"，有的人甚至猜这家伙是不是英宗的私生子，最后才搞明白是起草诏书时把皇太子的名字给写错了。

朱见深被复立为皇太子时已经十岁了，但到天顺二年（公元1458年）才出阁读书。他作为明朝的第八位君主，正好在明朝十六帝中间，而成化年也确实起到了承上启下的作用。大明王朝经历了土木堡之变、夺门之变之后，可以说是内忧外患——大藤峡起义、荆襄流民暴乱，就连天府之国四川也是动荡不安；边境土木堡的影响迟迟未消，蒙古不断犯边，女真也在东北蠢蠢欲动。十七岁的朱见深初登大宝，就遇到这一系列棘手的事，但是这位年轻的帝王却交出了一份令人满意的答卷，成化犁庭就是成功案例之一。

明朝的疆域，在中外史学界一直存在争议。虽然在盛世的势力范围最大时东北抵日本海、外兴安岭，北达阴山，西至新疆哈密，西南达缅甸和暹罗北境，明廷还在青藏地区设有羁縻卫所，甚至一度击败安南，设交趾布政使司，但由于恶劣的自然条件和复杂的民族关系，中央政府在西藏、辽东等边疆地区大多采用的是羁縻统治的方式，给予地区民族很大的自治权。

东北地区，虽然早在洪武时期就设置了兀良三卫，但蒙古旧部——鞑靼、瓦剌在此地区拥有着实际操控权；而明朝建国之初在东北设立的奴儿干都司，虽然范围囊括了今日亚洲远东地区的外兴安岭，直达鄂霍次克海，但是同样也是以册封女真部落首领世袭的间接统治为主。王朝强盛的时候以上地区还能臣服，土木堡之变之后这些部落就开始蠢蠢欲动，东北的女真人就是这样。

东北广袤的白山黑水之间，繁衍生息的女真人主要分为三大部：建州女真（主要分布在牡丹江、绥芬河及长白山地区）、海西女真（主要分布在松花江流域）和野人女真（散布于黑龙江沿岸与库页岛等地）。

永乐二年，明廷设立建州卫管理女真，后来又在永乐十四年（公元1416年）设建州左卫，委任猛哥帖木儿专管建州左卫事宜。这里的猛哥帖木儿就是清朝肇祖原皇帝爱新觉罗·孟特穆，猛哥帖木儿死后其弟凡察被明廷封为都督佥事。到了正统三年，建州卫迁到今天的赫图阿拉为中心住牧，随后建州左卫也迁移到不远的居佛阿拉城（今辽宁新宾永陵镇）。正统七年（公元1442年），明廷又设建州右卫，凡察掌右卫，委猛哥帖木儿之子董山掌左卫，以马尔墩岭为界，至此建州三卫形成，但是辽东地区却没有像明政府期望的那样风平浪静。因为建州女真接受汉化程度比较深，整体实力远大于其他两部，他们开始表达出对明廷朝贡体系的不满，要求提高入贡的关东货物和朝见使者的数量。同时建州女真频繁侵扰边境，掠夺边民的粮食财物，就连明廷的"小兄弟"朝鲜都不放过。

成化二年（公元1466年），辽东总兵官郑宏奏报董山带领部众从开原庆云堡以西深入大肆抢掠，庆云堡以东的见刺、榆埚等哨所也连升烟火告急。这一地区的矛盾本质在于女真族的逐渐崛起与明廷势力的冲突，让人不由得联想起几百年前女真人在完颜阿骨打的统领下席卷中国北方，打得辽和北宋无还手之力的景象。虽然这时候女真还没有强大到那个地步，但是前车之鉴历历在目，于是便有了本章开头一幕的"成化犁庭"。

实际上宪宗在位时期针对女真的成化犁庭军事行动一共进行

了两次，第二次是成化十五年的建州之役。此次战役由抚宁侯朱永为总兵官，太监汪直监军，右副都御史陈钺参赞军务。经历过第一次犁庭事件的建州女真纠合海西、毛怜等部及蒙古兀良哈卫进犯开原、铁岭、广宁，并因朝鲜曾出兵帮助明朝攻建州卫而越境进行扰掠。虽然前期明廷进行了一系列的招抚举动，但是女真族还是咽不下这口气。据《明宪宗实录》记载："成化十五年夏四月辛卯。治辽东守臣太监叶达、都督同知欧信、都指挥韩斌、崔胜、陈雄、叶广、罗雄、文宁、常凯、白祥、李宗，定辽等卫指挥夏时、王鉴、张宏、田俊、刘旺、石俊、萧凯、傅斌罪。各降级、罚俸有差，而右都御史陈钺、太监韦朗、都指挥周俊。……虏贼屡入辽阳、开原、叆阳堡等处掳掠杀伤官军，达等不能御，为监察御史所劾。"就连前期负责招抚的官员马文升也被朱见深撤职下狱，而后宪宗命朱永、太监汪直和陈钺进军辽东，征讨建州女真。此次军事行动的战果用朱永的话讲就是："贼大败，擒斩六百九十五级，俘获四百八十六人，破四百五十余寨，获牛马千余，盔甲军器无算。"战后，抚宁侯朱永进爵为保国公。

此战过后，建州女真"流离四散，其余存者无几"，东北迎来了安定局面。成化犁庭对抗外族袭扰的铁血军事行动对维护国家安定具有重大意义。东北稍定，朱见深又将目光转向了西北。

"西有奢延水，西北有黑水，经卫（指榆林卫，今陕西榆林）南，为三岔川流入焉。又北有大河（指黄河），自宁夏卫

（今宁夏银川）东北流经此，西经旧丰州西，折而东，经三受降城南，折而南，经旧东胜卫（今内蒙古呼和浩特托克托县），又东入山西平虏卫（今山西朔州平鲁区）界，地可二千里。大河三面环之，所谓河套也。”这是《明史》对河套地区的描述，也是历史上第一次给这片东起贺兰，西至吕梁，南连长城，北依阴山的广袤又肥沃的土地一个统一的称呼。黄河在此集聚回流成一个巨大的“几”字，犹如一个巨大的套索，将这方圆两千里的肥美土地套住，故名“河套”，它还有个蒙古语名字——鄂尔多斯。

河套地区水草丰美，自古就是名马的产地，战国时期赵武灵王击败中山与林胡，设立云中郡（今内蒙古），命代相赵固专管胡地，为赵国提供优良战马。河套马高近两米，耐力惊人，速度奇快。赵武灵王也凭借着这块风水宝地建立了自己的骑兵队伍，从此赵国傲视群雄。就在黄河画出的“几”字的另一端，甘肃、青海、四川三省交界处的青海省河南县则是另一种名马河曲马的产地，明廷专门设立朵甘都指挥使司，加强对当地的管理。通过茶叶换马匹的方法，明廷获得了大量的河曲马。洪武年间，一匹上等马最多可以换茶叶120斤，“茶马古道”也因此逐渐兴盛。

河套地区拥有得天独厚的地理优势，外加秦渠、汉渠等人工灌溉系统的普及，整个地区非常适合农牧业发展，民间也有“黄河百害，唯富一套”的说法。其军事上的战略地位也十分重要，它像一个楔子插在大同、延绥与宁夏之间，清初地理学家顾祖禹在《读史方舆纪要序》中说：“河套南望关中，控天下之头项，得河套者行天下，失河套者失天下，河套安，天下安，河套乱，天下乱。”因此河套是历来兵家必争之地。

北方的蒙古一直是明朝的噩梦，其就像一块牛皮癣一样，死死地粘在大明的肌肤上，怎么也摆脱不掉，让历代明君头疼不已。成化年居住在辽河、西辽河、老哈河流域（今吉林、辽宁西部及内蒙古东部）的兀良哈三部已归附明廷，但是居住在鄂嫩河、克鲁伦河流域及贝加尔湖一带的鞑靼部与分布在科布多河、额尔齐斯河流域（今我国准噶尔盆地和蒙古国西部一带）的瓦剌一直是北方边患。两部交替坐大，但是不论谁坐庄，都总是骚扰明廷。到了成化一朝，鞑靼部成了北方的新霸主。

作为游牧民族，本来居无定所。天顺五年（公元1461年），长期骚扰北方边界的鞑靼孛来部被凉州都督毛忠大败，蒙古人遣使臣求和，要求“由陕西兰县入关（今甘肃兰州附近）”。之前的蒙古朝贡，都是由大同入关，大同是明朝的边防重镇，防守森严，入关后就只能老老实实地按照明廷的规划行贡。而兰县兵力薄弱，而且是通往河套地区的必经之路。每次入关鞑靼都在此地捎带着“打家劫舍”，同时河套地区水草丰美，鞑靼阿罗出部、孛来部、毛里孩部相继进驻河套地区，并长期驻扎，明政府给这种现象起了一个名字叫“套虏”。

鞑靼驻扎河套，明廷的北方防线完全暴露在了蒙古人面前。蒙古人的到来，也令当地的“土达”们十分兴奋。元朝对明朝的影响十分巨大，特别是军事上，明军中的精锐骑兵，很多都是降服明廷的蒙古人，像朱棣时期的朵颜三卫。彼时汉人称蒙古人为“达子”，而那些归附后在明廷定居但实行内部自治的蒙古人被称为“土达”。明朝政府给土达的待遇十分优厚，他们不用服徭役，也无须缴纳捐税，还可以在领地内放牧射猎。但即使如此，蒙古还是经常反叛。

成化四年（公元1468年），九边重镇之一固原地区，平凉卫正千户、当地蒙古首领满四发动反叛，“杀一伯三都指挥，官军死者数千人”。明廷调集数万大军，耗时近一年才将其平定。

客观地讲，土达叛乱有多方面的原因。一方面由于套虏对定居地的侵扰，严重影响了土达们的生活。比如公元1460年，孛来和毛里孩率领蒙古骑兵侵入固原，土达牲畜被掠者十之八九，生计陷入困境。另一方面，明朝驻军与官员对土达的巧取豪夺更是让他们的生活雪上加霜，于是他们产生了回归蒙古的想法。不管怎么说，套虏让明廷北方边境吃紧，倍感压力，稍有不当很有可能上演“土木堡之变”的惨剧。

成化九年（公元1473年），套虏的好日子到头了。

九月的一天，红盐池（今内蒙古伊金霍洛旗南境之红碱淖）蒙古人的营地一片宁静，有的人在喂马，有的人在蒙古包内休息，有些精力旺盛的年轻人在大帐外边组织摔跤。突然，从身后营帐外传出震耳欲聋的呼啸声，不计其数的骑兵开始冲击营地，蒙古人顿时陷入混乱，在骑兵的马刀与箭矢下抱头鼠窜，有的人还没看清敌人的面容就被斩于马下。在一片绝望的呼号中，幸存的蒙古人纷纷逃跑，被他们视为财富的牛羊、马匹、弓箭、皮袄充斥在山野湖边，这支军队就是由首任三边总制[1]的王越带领的明军骑兵。半个月后，王越领兵与各路明军在韦州城会合，苦战大败南下劫掠的蒙古主力孛罗忽与满都鲁、乩加思兰部，此次河套内外的战争最终以明朝的胜利画上句号，史称“红盐池之战”。

从天顺八年（公元1464年）起，延绥西路的左参将都指挥同知房能提出“搜套”（将套虏驱出河套）方案起，朱见深一直密切关注河套地区的局势，敕令兵部详细谋划，中间历经换将，终于在红盐池之战将蒙古人驱逐出河套地区。据《明通鉴》记载：“自是稍徙北去，不敢久踞套中，亦不敢恃险深入。于是延绥得息肩者数年。”

三边总制王越也是个有故事的人，他是景泰二年（公元1451年）的进士。据说廷试当天一阵大风将他的试卷卷走，当年秋天朝鲜进贡竟然带来了王越的那张尚未写完的试卷，说是朝鲜国王正在视朝的时候，此卷从天而降，于是让使者带到了北京。王越是成化时期西北著名的军事统帅，曾三次出塞，收取河套地区，两次远袭鞑靼，是成化年间对北方边境守卫极为重要的将领。成化十六年（公元1480年），王越选京营及大同、宣府两镇精兵两万余人，出孤店关（今山西大同东北），分数道进，顶风冒雪，潜行至威宁海子（今内蒙古察哈尔右翼前旗东北之黄旗海），大败进犯的瓦剌亦思马因部，缴获牛羊牲畜六千余头，

1　原先明廷陕西北部延绥、宁夏和甘肃三边各镇遇战事相互无协防职责，隐患巨大，随着蒙古的不断进犯，为有效巩固西北边防，设立“总督陕西三边军务一员”，简称“三边总督”，总揽其权。

盔甲皮袄上万件。这次胜利还有一个特殊的历史意义。当年土木堡之变英宗朱祁镇被蒙古俘虏期间，就被关押在威宁海子。得知王越在威宁海子大胜，宪宗异常欣喜，破格把王越加封为“威宁伯”，王越也因此成为明朝开国以来第二位因为战功封爵的文臣。

在王越驰骋河套的数年里，另外一个人也在用自己的方式巩固着北方的边防，这个人就是余子俊。成化六年（公元1470年），余子俊巡抚延绥，在他的一再坚持下，明廷开启了从清水营（宁夏灵武市东北）到花马池（陕西定边县附近）连绵一千七百多里的“边墙”工程。工程凿崖筑墙，设置濠沟，每隔二三里还建有瞭望台、崖栅以便巡视警戒，有效地阻止了蒙古骑兵的快速进击。余子俊与王越二人相辅相成，构成了成化朝的西北边防的铜墙铁壁。

宪宗掌国有个特点，那就是除了经筵日讲及常朝，很少和大臣见面，更不喜欢当面议政。凡有官吏军民等上疏，一并发给有司衙门讨论，拿出方案，然后再由内阁代拟对有关部门意见的处理供自己参考，最后让司礼监代为批红，因此往往造成了文移往复频繁。但这样做也有很大的好处，第一，效率很高，宪宗可以把更多的精力用在分析大臣们的方案上；第二，能够让各个部门各司其职地运作起来；第三，解放了自己，相比起朱元璋事无巨细的亲力亲为，宪宗有了更多的时间，这也是其在书画上颇有建树的重要原因。

作为帝国的皇帝，确实不需要每件事情都操心，而是要高屋建瓴地站在全局去考虑问题，至于细节和执行，内阁、六部的众多官员完全可以胜任。而朱见深开创的“垂衣拱手”的执政模式，也成了之后明朝帝王的标准操作流程——皇帝作为帝国的最高统治者，除了必要的上下朝和参加重要的仪式之外，不必参与到细碎而又复杂的朝务处理之中，各部朝臣商议之后提出意见，大事廷议，小事内阁票拟，司礼监批红后签发六部。宪宗的这一做法将皇帝从繁杂的政务工作中解脱了出来，这也是嘉靖、万历等皇帝不上朝而国家机构运转自如的重要原因。

此外，朱见深格局大，心地仁厚。他即位后先为于谦平反，承认其“安社稷之功”，之后又为景泰帝正名。据《明史》记载：“成化三年十二月，左庶子黎淳追论景泰废立事，帝曰：‘景泰事已往，朕不介意，且非臣下所当言。’”一句“朕不介意”，为他收获了人心和赞誉。能容人也使得宪宗会用人，放手让臣下去做事情。宪宗在位期间，重用李贤、彭时、商辂等一批贤臣，朝局逐步趋于稳定。成化时代风气清明，朝廷多名贤。

朱见深登基之后合理任用大臣，平定叛乱，合理应对自然灾害，通过赈灾、免征赋税、减省刑罚等方式，妥善处理大灾大害之后的饥荒和流民问题，社会经济渐渐复苏。《明史》评价宪宗“恢恢有人君之度”，“仁宣之治于斯复见”。大明王朝在明宪宗的治理之下逐渐“回血”。如果成化朝的历史继续走下去，明朝真可能实现仁宣之治的光景了。但是西厂的出现，让宪宗背上了恶评。

成化十二年（公元1476年），大祀殿。

宪宗正在进行祭祀大典，突然乌云遮日，狂风骤起，祭坛上的灯烛全被大风吹灭。四下寒气逼人，竟然有几位举旗的力士和乐工当场被冻死。当年七月，京城又盛传有黑色怪兽在城内作乱，另有妖道李子龙潜入内廷意欲行刺。这些事情发生之后不久，一日上朝时，文班大臣中竟然传出兵器碰撞之声，宪宗惊慌离座，事后追查却没有任何头绪，于是众人传言是“鼓妖”作怪。种种异象搅得朱见深心神不宁，而锦衣卫和东厂竟然查不出一点头绪。正在心烦之间，宪宗突然想起一个人，随后这个人乔装便衣和两个随从匆匆出宫。几个月的时间内，宪宗派出的“便衣队”带回了大量的信息，令他十分欣喜，对自己选定的这个便衣随从也是大加欣赏。成化十三年（公元1477年），在位于皇城之西的灵济宫灰厂，成立了一个新的机构——西厂，这个机构的第一任掌事太监就是前边说的那个便衣随从，成化朝著名的大太监——汪直。

西厂的设置是由多种因素促成的。首先是在解决成化十二年一系列怪力乱神事件上，宪宗对锦衣卫和东厂的效率低下颇有微词，才思量起用汪直；其次是希望可以更好地让内廷派系平衡，所以让汪直另起炉灶。

汪直上任后，经常根据主观判断肆意抓捕官员，严刑逼供，拼命构置大案，其办案数量之多、速度之快、牵扯人员之众都远远超过了东厂和锦衣卫，造成了社会动荡与朝野的恐慌。据《明通鉴》记载：“（汪直）气焰熏灼，凡西厂逮捕朝臣，初不俟奏请。”另一方面，天顺八年，朱见深没收宦官曹吉祥在顺义的田地，设为“皇庄”，开启了土地兼并的先河，大权在握的宦官们纷纷占田霸地。其实对于这种行为的纵容，宪宗是有自己的小算盘的。因为宦官不能生育，死后财产一般都“充公”了，所以他们搜刮得再多，也只不过是给皇帝攒钱，只要不做得太过分，宪宗经常是睁一只眼闭一只眼。西厂的嚣张跋扈，不但激起了大臣们的反对，就连“同行”司礼监都看不下去了，后来在商辂等大臣和司礼监太监怀恩等人的共同努力下，西厂被废。即使这样，西厂还是给皇帝带来不小的作用，在之后又被复立，直至在正德朝后永久被废。

而作为历史上著名的太监，汪直也有两面性。除了在西厂的所作所为，汪直在战场上也是颇有建树，针对建州女真的第二次成化犁庭行动，汪直便是主导者之一，另外他还参加过王越主导的威宁海子战役。汪直在成化朝还被任命总督精锐的十二团营，开启了明代禁军专掌于内臣的先河。

汪直并不是一个睚眦必报的人。不论文官武将，真正刚直不阿、有才有德之人，他还是从心底敬佩并尊重的。首先他对王越敬佩至极，两人合作守边之时对王越言听计从。另外对于刚正不阿的右佥都御史秦纮的评价也很高。汪直有一次路过河南，所经之地的官员殷勤万分，只有秦纮不卑不亢。一次宪宗问起汪直地方之官谁为善，汪直竟推秦纮为第一。兵科给事中孙博曾经抨击西厂，得罪了汪直。随后孙博和汪直同征蒙古，汪直以为孙博一介书生不堪大用，坐等看他笑话。不料孙博每战都挽弓拍马往来军中毫无惧色，还常常参与军事规划，汪直逐渐对孙博肃然起敬。

有人说明朝亡于厂卫，但不要忘记了，也有人说明亡于党争。宦官中固然有奸佞之辈，但是文官集团在明朝中后期以个人利益为上，朋党之争危害也不小。明武宗曾说过：“天下事岂专是内官坏了？文官十人中仅有三四好人耳，坏事者十常六七。”虽然武宗名声也欠佳，但是这段话确实耐人寻味。

“人非圣贤，孰能无过？”宪宗的缺点也很明显，如设西厂，宠爱万贵妃，在后期迷恋僧道，设立传奉官开启卖官鬻爵，等等。垂衣拱手的行政模式让在位二十三年的朱见深颇似黄老的无为而治，但从另一方面来说也把大明王朝从前朝政局的血雨腥风中带了出来，让人们感到了一丝的仁义。幼年曾被废太子之位的朱见深，在比自己大十七岁的万贵妃处得到了爱，这样的成长环境不但让朱见深具有了恋母情结，失势时尝尽冷暖的亲身体验更让他知道宽容、仁政的重要性。正是因为宪宗的宽厚和无为，为明代商品经济和社会文化发展松了绑，也为儿子弘治中兴打下了基础。《明宪宗实录》称：“上以守成之君，值重熙之运，垂衣拱手，不动声色，而天下大治。”

第十一章

# 朱祐樘——励精图治的明君

成化十一年（公元1475年）五月，紫禁城。

清晨，宪宗朱见深坐在镜子前看着自己的白发呆呆地发愣，突然感慨地说了一句："老将至而无子。"在一旁伺候的太监张敏等这句话已经足足等了六年，他毫不犹豫地伏地而跪说道："死罪，万岁已有子也！"朱见深听到这句话连下巴都快惊掉了，急忙询问在哪里。一旁的太监怀恩也说："敏言是。皇子潜养西内，今已六岁矣，匿不敢闻。"于是宪宗遣人将这个孩子抱来一看，果然很像自己，喜极而泣，并且很快就颁诏将这个孩子册立为皇太子。这个六岁的小孩就是本章的主角，日后大明王朝的第九位皇帝——明孝宗朱祐樘。

不要以为皇子都是天潢贵胄，生下来就有人百般呵护，锦衣玉食。明朝的储君，很多人的处境可以用如履薄冰来形容，孝宗朱祐樘就是其中之一。身为宫女的孝宗生母纪氏一次偶然的机会被宪宗“临幸”，也许是命中注定，就是这次意外的“临幸”让纪氏怀孕。而宪宗是出了名的“熟女控”，自己心爱的女人万贵妃比自己整整大了十七岁。从宪宗两岁起，万贵妃就陪在宪宗身边，身在大内的她可以说将所有心思都花在了这个小皇帝身上，特别是在朱见深被废掉太子之位的时候，恶劣的环境让万贵妃成了朱见深唯一的情感寄托。由于得到皇帝的宠爱，万贵妃在宪宗继位之后独霸后宫，出于对万贵妃的忌惮，纪氏生下小皇子后悄悄抚养了起来。也许是上天眷顾，后宫的许多人都对这对可怜的母子施以援手，其中就包括太监张敏和怀恩，就这样，朱祐樘一直长到六岁，等到了父子相认的那天。

但并不代表朱祐樘的苦日子结束了，相反，万贵妃开始天天在宪宗耳边吹“枕边风”，妄图除掉这个未来的皇帝的接班人，宪宗对朱祐樘的态度也开始从最初的欣喜万分慢慢转变为冷漠，甚至是厌恶。从小寄人篱下的朱祐樘却展现出了与他年龄极为不符的成熟，每当父皇训斥自己的时候，他都毫无怨言。由于父亲的偏见，朱祐樘虽然被立为皇太子，但是直到十四岁才让他出阁读书。这个时候万贵妃又发动亲信以“学习态度不端正”等理由攻击太子，将信将疑的宪宗决定突击检查太子的学业，然而太子学习的场景却让皇帝震撼不已。在授课的一个时辰里，朱祐樘不但完全按照父亲的要求全程站立听课，而且面对老师的提问对答如流，太子对师傅们也是毕恭毕敬，朱祐樘就这样以自己的方式化解了无中生有的攻击。

成化二十一年（公元1485年），朱祐樘迎来了成为太子后最为凶险的时刻。此时宪宗子嗣渐多，皇帝终于动了废太子的念头。然而，就在这年的四月，泰山发生了地震。钦天监很快给出了结果：“应在东宫。”朱祐樘太子的地位算是稳了，废太子的事就这样不了了之。不知道是巧合还是“天道轮回，报应不爽”，地震之后万贵妃身染重病，到了成化二十三年（公元1487年）春，万贵妃病死。不管万氏有什么不对，毕竟是自己的患难夫妻，悲伤过度的宪宗也于八月去世。皇太子朱祐樘继位，庞大帝国的治理重担落在了这位18岁的少年身上，而这位少年天子也没有让人失望。

明孝宗朱祐樘在公元1487年继位，1505年驾崩，在位的18年刚好处于明朝276年中间的一段时间，《明史》对他的评价是：“明有天下，传世十六，太祖、成祖而外，可称者仁宗、宣宗、孝宗而已。……孝宗独能恭俭有制，勤政爱民，兢兢于保泰持盈之道，用使朝序清宁，民物康阜。《易》曰：‘无平不陂，无往不复，艰贞无咎。’知此道者，其惟孝宗乎！”《明史》认为孝宗是明代除了太祖、成祖、仁宗、宣宗以外唯一能够评为“仁君”的帝王。

朱祐樘登基后任用贤臣，励精图治，使得国家政治清明、经济转好，人民有了一段时期的安居乐业。史学家将孝宗执政的这段时期称之为“弘治中兴”。不过，这个“中兴”也存在着一定的争议，有部分史学家指出孝宗偏袒外戚宗亲，沉迷佛道、宫廷娱乐等行为对朝局和后世造成了一定的影响。那么怎么评价一个封建时代是否为“盛世”？通行的标准就是看这一阶段的疆域、税收与人口的体量发展。

弘治一朝，田赋每年总收入达到了26 799 341石，这意味着国家在历经了土木堡之变等重大的变故后经济逐步恢复到了仁宣之治时期的规模。再来看人口，户数从弘治元年（公元1488年）的9 113 630户增长到弘治十七年（公元1504年）的10 508 935户，口数则由50 207 934口增至60 105 835口，短短十几年中增长了将近一千万人！这在医疗水平低下、饮食水平不高的封建社会绝对是个奇迹。要知道在以农耕为主的封建社会，人口红利是国家最重要的一项指标，人口不仅仅意味着生产力，更意味着国家可以发动和推行造福社会的各项大型工程，这充分体现出了孝宗的执政水平。

在领土疆域的控制上，这个时期不但没有出现诸如前朝麓川、大藤峡之类的大规模的内地民变，就在对外军事行动上也是屡屡取胜。孝宗时期击败吐鲁番，收复嘉峪关以西土地，经营哈密；修缮长城，抵御蒙古。但“冰冻三尺，非一日之寒”，孝宗接手的大明帝国依旧是问题多多。

以农耕为主的封建社会，农业经济最大的靠山就是“老天爷”，而在弘治朝，老天爷偏不给面子，黄河与江南水系轮流发生水灾。弘治元年，江苏水灾；弘治二年五月，开封及荆隆口（今河南封丘县）决堤，水灾一直持续到八月，以至于有官员提出将开封迁城以避水患；弘治三年，浙江水灾；弘治五年，苏松河水灾；弘治六年，黄河决口，苏北变成一片泽国。在明代，黄河、运河与苏、松水水系分布的地区尤为重要，因为这些水系不仅组成了南粮北调的运输线，更是财赋重地。朱祐樘虽然年轻，但是对于水利工程的建设还是很重视的，弘治一朝能够在连年的天灾中保持税收与人口的稳定增长，就有赖于朱祐樘对水患的治理。而在治河的过程中，弘治一朝的名臣也被不断地挖掘出来，白昂就是其中之一。

弘治二年（公元1489年）五月，黄河在开封及荆隆口（即金龙口，在今河南封丘县西南）决堤，山东南部以及河南大部分地区皆成汪洋，明朝政府先后投入五万多人救灾。孝宗意识到如果放任黄河水患，南粮北调将受到严重影响，那样将直接威胁到首都的稳定。九月，朱祐樘下旨，命户部侍郎白昂修治黄河。一时间，从山东、河南、北直隶调集的民夫浩浩荡荡地向黄河进发，总数多达二十五万。

白昂，字廷仪，谥“康敏”。江苏人，天顺元年进士。翻看白昂的履历就能发现其不简单，不但能做“工程监理”——在凤阳督造皇陵，还能指挥作战——在江苏沿海剿灭倭寇，是典型的“复合型人才”。而孝宗选他治河还真没选错，因为二十年前白昂科场登第时坐师正是徐有贞，白昂深得坐师徐有贞这位“水利老前辈”的真传。徐有贞曾做过一个经典的实验：将两个容量相等的水箱一个箱子底部开一个大洞，另一个箱子底部开若干面积总和与第一个箱子大洞相同的小窟窿，然后两个箱子同时放水，结果开若干小窟窿的水箱里的水先放完。这就是著名的水箱放水实验，四百多年后美国物理学家史密斯曾尝试过，巴拿马运河正是以此为理论基础开凿成功的。当然徐有贞和白昂肯定不知道史密斯和巴拿马运河，但是白昂知道治理黄河的关键在于如何让河水以最平稳的线路入海。白昂提出的方案是“北堵南疏”——在黄河以北的沿线地区修筑堤坝，在黄河南岸地区广挖运河，分流洪峰压力，把黄河水平安地导入大海。经过白昂周密的考察，治水的关键工程点选在了河南阳武（今河南原阳）宿州古汴河。于是修河大军在白昂的指挥下沿河南阳武修筑长堤，同时疏通宿州古汴河，引黄河水入汴河，再由人工开掘线路将汴河与淮河连接起来，使黄河经由淮河入海。弘治三年，治黄的水利工程竣工，饱受黄河侵扰的河南等地迎来了长达半个多世纪的安宁。由于白昂的巨大贡献，孝宗亲笔为他题写了“宏裕之量，明达之才”八个大字，立于今天江苏常州白氏宗族祠堂内。而白昂在河南阳武修筑的长堤，也被当地百姓命名为“白堤”，以此来纪念他。

北方的水患解决了，南方的洪灾又开始泛滥。弘治五年，江南苏松河河道淤塞造成洪水泛滥波及松江、常州、苏州、镇江等重镇，俗语讲“苏湖熟，天下足”，这一场洪水给南方的粮食基地造成了巨大的创伤。于是朱祐樘点名工部侍郎徐贯前往苏松河治水，等徐贯到达南方调研后才发现，水患很简单，复杂的是人啊！

原来造成南方水患的主要原因是当地豪门长期在河道上建坝开田，造成了水道泄洪能力下降。于是徐贯开始拆除河道的违章建筑，同时开挖数条能够控制水量的运河，经过三年的治理，南方重现了鱼米之乡的盛景。

南北水患一扫而空，剩下的问题就是怎么把钱收上来了。

收钱不是简单的活，税收是经济调节的杠杆，收对了可以促进经济发展，反之就是经济崩溃、社会动荡的导火线，就像明末征收的“三饷”。而在弘治一朝，朱祐樘幸运地得到了一位“经济学家”的辅佐。

成化二十三年，孝宗收到了一份特殊的奏折。这份奏折足有一百六十卷，孝宗不但看完了，还下令将这份奏折结集成书在全国发行，这本书后来成了对明朝经济、政治工作有重要参考和指导意义的名著，甚至在万历朝神宗亲自为该书作序，这本书就是《大学衍义补》，作者是时任礼部侍郎丘濬。“理财为天下之要道，财用为立国之本”就出自这本书，而这句话一语道破了经济改革的重心，那就是——税改。

田赋是明代最基础的税收，执行的是“两税法”——其征额依照“地力”来执行。夏粮以麦为主，在每年的阴历八月之前征收完毕；秋粮以米为主，在次年二月之前征收完成。由于土地兼并日益严重，国家能够收上来的税越来越少。前边我们说过了，看似好像“税收大户”的地主们往往享有各种各样的特权，各地的豪强们不是免税就是可以延迟缴税，而小民百姓的税却一点都不能少交。另一方面，由于交税的很大一部分是税米，在运输过程中不可避免会出现损耗和层层盘剥，于是出现了这种状况——老百姓越来越穷，乡绅土豪和官员们越养越肥，国家税收一年比一年少，这些情况都被丘濬记录在了《大学衍义补》中。深知其理的朱祐樘开始对经济进行表里兼治，他首先下旨清理土地，并且将各类罪臣没收的土地发给百姓耕种，进而在湖广、四川一带进一步开放无人区，招募流民耕种；另一方面实行“计划经济”——弘治二年十二月，孝宗下旨规定每年八月初各地秋粮的征收必须要做出预算，然后按照计划征粮，百姓交税也都凭国家统一下发的通知单缴纳，一定程度上杜绝了土豪们偷税漏税和克扣百姓税粮的情况。在交税方面也变通地推出了折纳银钱的政策，如果粮食交不够，就将缺交的部分用钱补上，交的税粮称为“本色”，缴纳的银钱称为“折色”。国家还制定了银钱与粮食换算的价目表，防止有人从中投机倒把。赋税的折色还有一个重要的影响，那就是客观上促进了商品经济的发展。而对于商业，丘濬更是有着石破天惊的见解。

在清朝末年，一位商人对梁启超大谈重商主义学说，梁启超笑而不语，等对方说完之后拿出了一本书说：“你的见解四百年前我们的前辈就知道了。”没错，这本书就是《大学衍义补》。有明一朝，虽然资本主义市场经济在封建王朝的体制下得到了发展，但是从立国之初，贫农出身的洪武帝就对商业有着一种天生的厌恶。在他看来，以物易物的商人不劳动却能够锦衣玉食，简直就是社会的寄生虫，于是立朝之初从政府层面就重农抑商，不准商人参加科举，甚至规定商人连绸缎都不能穿，在明代的社会等级中，商人排在“士农工商”的最后一位。就是在这种大背景下，丘濬将自己对商业的看法明确地写在了书中，那就是“食货者，生民之本也”，商业是国民经济的根本。不仅如此，丘濬还提出了打破政府的垄断性贸易、政府应在市场经济中进行宏观调控、鼓励自由商业竞争、开放海禁、大力发展民间海外贸易、调整税收政策等一系列切实可行的商业指导性意见。在他看来，从商没有什么可耻的，反倒商业是国家经济重要的组成部分，难怪列宁称丘濬为中国15世纪经济思想的杰出代表人物。

嘉靖六年（公元1527年），吴承恩结婚了。大家通过《西游记》知道了吴承恩，殊不知他夫人的祖上出过一位官员，这位名不见经传的官员甚至为大明王朝起到了“续命”的作用，他就是弘治一朝的户部尚书叶淇，在弘治朝干了一件大事——盐政改革。

盐是个好东西。在封建王朝，盐就像金子一样宝贵，于是长期以来食盐的流通被国家垄断。谁要跟盐沾上了边，那离富甲天下就不远了。在明清两代很多名门望族都是盐商。关于食盐的贸易，明朝实行的是“开中法”——以盐为中介物，政府招募商人输粮换取盐引，凭引领盐运销于指定地区，称为“纳粮中盐”。

明朝直接负责食盐管理的机构主要是六个都转运盐使司（运司）和七个盐课提举司（提举司），这两个机构下面还有百余个盐课司（明代盐政基本行政单位）。明朝对于盐采用了一种特殊的单位——“引”，大引400斤，小引200斤。明朝中后期官方食盐产量每年约两百余万引（小引），其中两淮都转运盐使司（即两淮运司）负责七十余万引的生产任务，约占总产量的三分之一，这也是两淮运司在明朝盐政中地位重要的原因。其实政府一开始的想法很好，利用民间资本，让商人把粮食运到北方边塞重镇，但是在执行过程中出现了问题。

原来先前执行的纳粮中盐，政府规定上纳的粮食数并不多，一般是一引食盐需要上纳粮食大约二斗五升。而明朝前期边镇的粮价又很低，低到一石（十斗）才卖二钱（0.2两）银子，这么一算等于一引食盐明廷规定的价格才五分（0.05两）白银，而这一引食盐市价卖到五两白银也很平常，如此一来政府感觉自己亏了；另外一方面前期纳粮中盐主要市场是北方边镇，于是让近水楼台的晋商坐大，而食盐的重要产地南方却没有得到多少好处。弘治五年，户部尚书叶淇上奏朱祐樘提出了新的盐政解决办法——商人直接向国家交钱，然后凭国家凭证换取食盐贩卖。改“纳粮中盐”为“纳银中盐”，商人上纳的地点也从原先的边镇改为运司驻地。比如购买两淮运司食盐的商人现在直接到位于扬州的运司衙门交钱就能去盐场支盐，渠道简化带来的是成本降低，国家也募集了大量资金。这就是弘治一朝的“叶淇变法”。

盐政改革让两淮盐商和皖北徽商势力迅速崛起，随着经济实力日益增强，他们的社会地位也日益提高，到了万历时期明廷更是在科举中设立“商籍”，鼓励商人阶层出身的士大夫步入政坛。不论明朝的开国皇帝怎样抑制商业，社会发展的洪流始终是无法阻挡，在明朝中后期，传统的重农抑商体系已经被打破，商旅集中的长江流域更成为经济活跃带，叶淇也被谈迁等明朝大儒称为“中兴贤儒”。

弘治一朝能够专心地致力于水利工程的建设和经济改革，与相对稳定的国家局势密不可分，而孝宗对军队的改革是保障国家安全的重要举措。

大明王朝进入孝宗时代，以卫所为基础的常备军事体系已经是千疮百孔，部队战斗力低下，军备废弛。弘治元年，鞑靼小王子（孛儿只斤·巴图孟克）犯边，孝宗召兵部尚书余子俊询问对策时，这位深知国家军队现状的国防部长竟然说：“战必败，和必辱。”虽然后来明廷采用军事威慑和通贡双管齐下的策略化解了这次危机，但是这件事极大地刺激朱祐樘对军队进行改革的决心。

随着土地兼并的日益严重，大量的军队屯田也未能幸免，这直接导致了士兵的逃亡，而在册的军士很多沦为了高级军官的家奴。不要说基层部队了，就连中央的“近卫军”团营的缺额也在一半。另一方面，由于户籍制度的影响，各级军官中充斥着大量的“军二代”，这些人很多都是纨绔子弟，平日里锦衣玉食，一听国家边疆告急，很多人的反应不是厉兵秣马奋勇向前，而是托关系尽量别让自己调往前线。在万分重要的边防一线，明初建立起来的大小堡垒和防御工事，很多已经年久失修，有的堡垒甚至长年都没有兵士驻守。即便是有人驻守的堡垒城池，当蒙古人进犯时，大多数时候竟然是在将领的带领下在城内“隔岸观火”毫不作为。因此，遴选出一批不怕牺牲、有真才实干的将领成了此时整军的首要任务。弘治六年（公元1493年），孝宗颁发了《武举格》，至此确立了选拔将才的制度——武举，为高级军事人才的甄选建立了相对规范的通道。明朝中后期，很多将星都是在这个制度下得以被发掘出来，如戚继光、俞大猷、沈有容等。解决了“领头羊”的问题，弘治一朝又开始整顿军屯和军纪问题，清查土地，整肃军队风气，在军队实行优胜劣汰，从根本上保障军队的战斗力。同时进行了一项重大的举措——募兵制与卫所制相结合。弘治七年（公元1494年），孝宗颁布了《佥民壮法》，规定了各地都要选拔精壮男丁作为“预备役”，并将这一项工作列为地方官考核的重要项目。平时地方负责训练，战时则成为正式士兵，费用由国家负责。

针对“兵不识将，将不认兵”的现象，朱祐樘实行了“总兵配印制”。在明朝前期，总兵是在战事发生之时才出现的职位，中央临时将兵权授予领兵打仗的将领，战事平息后总兵则交还印玺。这就会导致统帅临危受命，对自己的部队很不熟悉。在弘治一朝，孝宗则将总兵设为常备职位。将领与部队的磨合解决了，那么武将拥兵自重又该怎么办？没关系，在总兵上面还有元帅节制，而出任元帅的多以文人为主。文臣管军早在宣德年间就出现了，比如提督和总督职务的设置，就可以兼管军务政务，但元帅的设置将权力大大扩大，可以节制关系范围内的一切军政要务，与此同时，孝宗还派出宦官监军。这就形成了元帅、总兵、监军三位一体的统兵制度，也促进了明朝文官尚武的发展趋势。

弘治朝对军务的改革十分重要，一定程度上提高了军队的战斗力，让这一段时期内国家可以在相对安定的环境中逐渐恢复国力。

成化七年（公元1471年），紫禁城。

大学士彭时、商辂和万安三人在司礼监的宦官的带领下，准备觐见宪宗朱见深。在路上，宦官提醒几位大臣："初见，情未洽，勿多言，姑俟他日。"意思就是尽量少说话，点到为止。彭时和商辂刚给皇帝汇报完一件事，一旁的万安突然叩头高呼万岁。按照礼节，这时彭时、商辂见状也只得尴尬地趴下高呼万岁退下，好不容易见皇帝一面，精心安排的议政会议就这么草草结束了。此后万安有了一个新名字——万岁阁老。为了得到外戚的青睐，万安献殷勤自称是万贵妃的子侄，这正中没有门阀背景的万贵妃下怀，万安因此也在成化一朝火速晋升：成化九年进礼部尚书，成化十三年（公元1477年）加太子少保，任文渊阁大学士。不仅如此，万安十分热衷于钻营，孝宗刚一继位，他为了讨好新皇帝竟然不顾自己首辅的身份，向皇帝进献了自己研究的"房中术"，令孝宗大为震惊。朱祐樘深知一朝能够实现大治，与文官集团的努力是分不开的。于是他大刀阔斧地裁撤了一大批不合格的官员，提拔重用了一批能臣干吏，其时刘健、李东阳、谢迁在内阁，包括前边说到的白昂、叶淇、刘大夏等人都得到重用，一时间正人满朝，政通人和，甚至被誉为"比隆三代"。

孝宗在明朝称得上是比较勤政的皇帝。不论刮风下雨，他都坚持上朝与文臣议政。有一天清宁宫失火，朱祐樘侍奉祖母一晚上都没有休息好，第二天实在是困得不行了。就是在这样的情况下，他还询问了一下阁臣们的意见，在得到了李东阳、谢迁的认可后，才免朝休息了一天。孝宗的宽仁待下也是有明一朝很少见的。官员夜返家中时，必派铺军执灯传送。在皇权威严的明朝，能如此曲体臣下十分罕见。朱祐樘还广开言路，虚心纳谏。除了每天的早晚朝之外，还每天两次在平台召见有关大臣议事，形成了“平台召见”的朝参新方式，这一方式也在后朝中被采用。因为对臣下宽厚平和，任人唯贤，形成了“弘治朝中多君子”的政治气氛。

朱祐樘深谙“依法治国”的重要性，对刑罚运用十分慎重，弘治十三年（公元1500年），明廷主导制定《问刑条例》，弘治十五年，编成《大明会典》，删除了原《大明律》中多项残酷的法令。鉴于前朝宦官专权乱政的教训，孝宗对宦官严加管束，东厂、锦衣卫在弘治一朝用刑宽松，这是明中后期罕见的现象。

弘治一朝多灾多难，能够在客观因素不利的情况下实现国家的安定与社会的发展实属不易。实际上弘治朝的发展主要得益于社会的相对安定，除河套、哈密等地区与少数民族有小规模军事冲突，全国大部分地区没有大的动乱。此外，就是孝宗对水利设施的重视。从弘治二年（公元1489年）至弘治八年（公元1495年），以治黄为主及苏、松水利，先后征发民工近六十万人，历时六七年。这样大规模的水利工程修缮工程不但将以往的中原水患地区治理得井井有条，促进了农业及市场经济的发展，也在一定程度上解决了灾区人民的失业与流民问题，有利于社会安定。

大明王朝在孝宗一代，呈现出了生机勃勃的景象，国家慢慢地富强起来。朱祐樘也被称为“中兴之主”。但是弘治十八年的政绩绝对不是皇帝一人的功劳，而是整个文官集团的努力，是上个时代与下个时代的接力。可惜的是，孝宗的继任者没能拿住这个“接力棒”。

第十二章

# 王阳明——传奇的圣人

正德十四年（公元1519年）七月二十六日，南昌。

在位于南昌东北部的水面之上，大大小小的战船被铁锁牢牢连在了一起，组成了一道“战舰长城”。在这座“长城”之上，兵马往来如履平地，战舰的箭楼上兵士盔明甲亮，这支部队就是宁王朱宸濠的叛军。就在朱宸濠以为胜券在握的时候，突然从远处的江面上冲出一艘艘“火船”，这些小船借着风势，就像脱缰的野马一般扎向宁王的战舰，顿时木质的战舰被吞噬在熊熊烈火之中。火海里，战马的嘶吼与兵士的惨叫混合在一起，有的人受不了大火的炙烤纷纷跳入水中，在水面上形成的一道道火墙映红了整个江面。此战宁王大败，叛军焚溺而死者达3万余人，朱宸濠及世子被擒。从六月十四日起兵到七月二十六日被擒，宁王叛乱仅仅持续了四十二天，而擒获宁王的人就是著名的心学大师——王阳明。

明宪宗成化八年（公元1472年）的一天，浙江人王华心神不宁，因为他的妻子已经怀孕十四个月了还没有分娩。这天晚上王华的母亲岑老夫人梦见神仙从云中吹奏着乐曲飘逸而来，微笑着将一个孩子送到她手中，老太太从梦中笑醒，而此时王华怀胎十四个月的孩子正好降生，于是王华的父亲王伦便为孙子取名为“云”，以应天意。小王云虽然健康机灵，但是到五岁时还不会说话，真是“贵人语迟”。有一天，王云在家门外戏耍时碰到了一位僧人，游僧看见他十分惊奇，停下脚步忍不住摸着他的头自言自语道：“好个孩儿，可惜道破！”祖父王伦知道后暗忖良久后忽然想到：“云（雲）”上有“雨（语）”，云一直被雨（语）压着，故孩子始终不能言。王伦便根据《论语·卫灵公》中“知及之，仁不能守之，虽得之，必失之”，将孙子的名字改为“王守仁”，他就是后来著名的心学大师王阳明（阳明是王守仁的号，因为他曾在会稽山阳明洞修炼，所以世称阳明先生）。不知是巧合还是真的参透了天机，改名后不久王阳明就开口说话了。

王阳明是琅玡王氏后裔，我国古代先贤不管是诞生还是成长中都会伴随着超自然的传奇故事，不管王阳明的出生是否真有过神奇的经历，他确实成了一个时代的圣人。其不仅仅是我国历史上的心学大师、思想家，他的学说更是影响到了朝鲜、日本等东亚邻邦。

王阳明的一生充满了神奇的色彩，经世治国、文武双全在他身上得到了完美体现。作为文人，除了在心学方面的巨大成就，诗词文赋也是无所不通，其文章多篇收入《古文观止》，晚年的《居越诗》十六首更是佳作。王阳明深知文治国、武定边的道理，弓马骑射样样精通，充满豪侠之气。年仅十五岁的他有一次到关外游历的时候碰见了两个越边的鞑靼人，王阳明拈弓搭箭便射，两人双双中箭惊惧而逃，少年英气可见一斑。

王阳明三十四岁时，因为反对当朝宦官刘瑾弄权而被贬到贵州龙场驿。这里蛇蝎横行，瘴气弥漫，驿站也是破败不堪，他只得前往驿站不远处的山洞寄宿。恰恰是在龙场驿“居夷处困”，让他有了足够的时间顿悟心学，在这里独处时，王阳明逐渐形成了自己的哲学体系。他认为，“圣人之道，吾性自足，向之求理于事物者误也”，他领悟到天下事物的对错本是存于人心中的。一次在和朋友出游的时候，友人不太赞同王阳明的观点，于是指着山间岩石中开花的树质疑道：“这株花树在山间自开自落，这和我们的内心有什么关系？”王阳明说道：“你未见花时，它黯然无色；当你深入山间欣赏到这一美景时，花朵便鲜艳无比。怎么能说和我们的内心没有关系呢？”“心外无理，心无外物”——王阳明认为天地万物的主宰就是自己的“信念”，每个人的心中都存在着良知，存在着智慧，每个人都能通过自己的磨砺达到圣人的境界，这就是著名的“龙场悟道”。

除了在心学领域的成就，王阳明非凡的军事才能更是让他超出了心学大师的范畴。我们前面提到他曾经平定宁王朱宸濠的叛乱，也因为此次战功被封为新建伯。除此之外，嘉靖年间，王阳明还平复了思州和断藤峡的叛乱，展现出惊人的军事才能。思州和断藤峡的叛乱平复速度之快，付出代价之小，甚至一度让嘉靖皇帝觉得王阳明是在虚报战功。据《明史》记载："终明之世，文臣用兵制胜，未有如守仁者也。"意思是说有明一代，文人善于用兵的，没有人超过王阳明。

有明一朝，文人尚武是一个明显的社会现象，很多文臣都成了文武双全的治世之才，撰写的兵书都成了后世传诵的经典之作，这与明朝的政治环境是密不可分的。

著名历史学家顾颉刚曾说过："明代一困于也先，再困于满洲，三困于倭，四困于流寇，士大夫皆有用兵之心，故就古籍论兵及纪兵事者加以讨究，遂成巨帙。"明朝国家边防始终处于动荡之态，蒙古、倭寇、女真等外敌无时无刻不在觊觎明廷，北疆不宁，海防动荡，几乎每朝都有边患战争。另一方面，由于孝宗的军备改革，文臣统率兵马的机会大大增加。武以定国，文以治国。文武二途"不可偏废"成了明朝中后期士人的共识。这种共识不仅仅体现在出现了诸如王阳明、王越这样的"文臣元帅"，民间的基层士子之中对于尚武情怀也是达成了高度一致。如安徽徽州人吴子钦早在中生员之前，就喜欢"习技击"，考取功名之后出门仍旧是身穿窄衫，袖中藏双铁尺，俨然一副大侠打扮；徽州生员王寅，曾经上少林寺习武，后转投胡宗宪幕府；崇祯时期复社成员诗人孙临谈兵法、习武功、穿胡服、骑战马，作战时经常是"跃马深入，为诸军先"，自号"飞将军"。由此便不难理解，在这种政治环境中，王阳明理所当然地成了士人心中的榜样。

梁启超曾经说中国历史上有"两个半圣人"，两个圣人指的是孔子、王阳明，半个圣人指的是曾国藩，出发的论点是：立德、立功、立言——品德高尚，世人皆认同；立下不朽之功；创立经得起论证的学术理论。如果从这个角度来看，王阳明当之无愧。王阳明最后在绍兴居住的时候，很多学生从四面八方赶来研学，他们“裹粮而来”，王阳明住所一时成了“打卡胜地”，学生们“更相就枕席，歌声彻昏旦”。比起战功，王阳明的心学更是被传习百年，堪称经典。阳明心学在知与行的关系上，强调“知行合一”——要知，更要行，这与我们常说的“读万卷书、行万里路”有着异曲同工之妙。另一方面，王阳明反对程颐、朱熹对事物追求“至理”，他认为事物的发展是无穷无尽，随时变化的，“理”只有从自己内心中去寻找，故提倡“致良知”。我们现在常说“不忘初心”，在这物欲横流的社会中，很多人都在生活中蝇营狗苟，既忘记了自己的初心，也丢掉了道德的底线。良知既可以是人格中的道德底线，也可以是“大智慧”，只有去探寻事物发展的本质规律，才能真正领悟到为人处世的真谛。在阳明心学中，还提出了不论是圣人还是普通人本质都是相同的观念，这一观念在等级森严的封建社会是思想的超越与进步，阳明心学也被学术界称为中国封建社会后期出现的最早的启蒙哲学。

不但如此，阳明心学还漂洋过海成为朝鲜、日本等国学者研究的对象。以知行合一、致良知等为主的理论与实践的统一的实用学说在日本引起了巨大的轰动，一度被誉为“显学”。

由于阳明心学强调以心为本，可以说是体验式哲学，这与认知式的西洋科学和朱子理学相比，更适合注重实用主义的日本人的思维习惯。大多数学者认为，阳明心学在日本的开创者是中江藤树（1608—1648），他早年学习朱子理学，后来接触到了《王龙溪语录》，逐渐开始研究《阳明全书》。读了《阳明全书》，竟然令他“心似回春”，并赋诗曰：“致知格物学虽新，十有八年意未真。天佑夏阳令至泰，今朝心地似回春。”他力求像王龙溪那样把阳明心学普及到庶人中去，并断言“心学为由凡夫至圣人之道”。于是在近江设馆令其徒皆攻读《阳明全书》，中江藤树被奉为“近江圣人”，也被称为日本阳明学派的开山鼻祖。他主张处事要以实践为主，以变化的角度看待和思考问题，提倡经世、事功，形成了日本阳明学派的思想。日本幕府时期的文教政策对官学以外的学派比较宽容，阳明学说也正是在这个文化相对宽松的环境中得到了快速传播，18世纪以后，阳明哲学普遍受到了日本庶民阶层的青睐。佐藤一斋（1772—1859）对阳明心学在日本的传播起到了重要的作用，他在日本社会上层朱子学独尊的形势下，大力传播心学。他从事教育70年，听其讲学者常满堂盈庭，开创了幕末王学的先河。他在《言志四录》等著作中大力宣扬王阳明的“知行合一”论，如“就心曰知，知即行之知；就身曰行，行即知之行”等，在广大民众中有广泛的影响。特别是他培养的大批学生中有很多人成为明治维新的骨干，安积艮斋、渡边华山、佐久间象山等都出于其门下。佐久间象山还提出了“东洋道德，西洋艺术”的口号，为开港倒幕作了思想准备。另一位阳明心学的忠实拥趸——吉田松阴（1830—1859）认为王阳明的《传习录》“皆言会当心”，他主办了松下学塾，也培养了一大批倒幕维新志士，其中就包括日本近代著名的政治家——伊藤博文。

日本幕府末期到明治维新时期，因为国家面临着巨变和动荡，这一时期的学者普遍表现出强烈的社会责任感。这些有识之士认为，确立以深刻的自我体验为本的心学才是维系国家社会之纲纪的根本，唯有如此才能使国家社会开始实现真正的安宁与和平。在日本明治维新的过程中，很多重要人物都研究过阳明心学，他们十分看重阳明心学中强调人的精神力量、意志，强调实践的说法，要求以实际行动变革社会。而王阳明的思想也被当时日本“开国”“求维新”和“独立主权”者用以反对“锁国”，为他们提供了有力的思想武器和理论基础。幕末时期的著名政治家和军事家高杉晋作曾作诗盛赞阳明心学：“王学振兴圣学新，古今杂说遂沉湮。唯能信得‘良知’字，即是羲皇以上人。”

王阳明虽然出身于官宦之家，但从未有过安于享乐、不思进取的时候，反而从小就立志要堪比圣贤，而自强不息也正是中华传统文化的重要核心之一。在社会主流价值观沦丧的环境中，他为了实现自己心中的理想与目标，执着地与困难作斗争，并且始终保持着独立的思想与人格，这才是其在后世被海内外所传颂与敬仰的重要原因。正德时期是大明历史上最为荒诞不羁的时期之一，相对于出在民间的圣人王阳明，正德皇帝朱厚照不但没有仁君之相，反而更像是个历史的“玩笑”。

正德九年（公元1514年）正月十六日，紫禁城。

因为过年，宫内一片张灯结彩，充满了喜庆祥和的气氛。这年春节，宁王还特地进献了许多样式新奇、造型别致的花灯，配上宫内御制的宫灯，紫禁城顿时变成了“不夜城”。这天夜里，为了烘托节日的气氛，宦官们在城内燃放了烟火，谁知不幸引燃了储存的火药，顿时大火在宫内蔓延开来，就连乾清宫也着起了大火。这场大火来势凶猛，火光在黑夜中数十里可见，就在宫人奋力救火的时候，远在西华门的一个人凭栏观望着火势，似乎一点也不着急。看了一会儿，他竟然嬉笑着对左右的人说：“是一棚大烟火也。”这个人，就是明朝第十位皇帝——明武宗朱厚照，而武宗所在的正德朝，就是这么的荒诞不羁，既不“正”，也无“德”。

弘治四年（公元1491年），紫禁城内诞生的一位皇子引起了众人的注目。因为这个孩子的出生日期“弘治四年九月二十四日申时（辛亥年甲戌月丁酉日申时）”所对应的“八字”太好了，刚好是“申、酉、戌、亥”，这在封建社会看来是“贯如连珠”的大贵命相，和太祖朱元璋颇为相似。朝臣们似乎看到了大明雄起的希望。更为特殊的是，他是明朝立国到弘治朝为止，真正有希望成为皇帝的第一位血统纯正的嫡长子。我们前边说过，在我国封建社会，皇位的继承讲究的是“嫡长子”继承制，而从明朝开国到弘治一朝，只有洪武时期立的太子朱标勉强算得上是嫡长子（朱标出生时朱元璋还不是皇帝）。这个血统纯正的男孩被寄予了厚望，并且取名“厚照”，这个来自《周易》和《尚书》的名字意为“光被四方”。

朱厚照确实是大富大贵之相。他在五个多月大时就被册立为太子，这比起世宗时代太子之位悬而未决长达几十年来说简直是光速。他出生的时候，父亲打造的“弘治中兴”让大明王朝从英宗时代土木堡之变的阴霾中走了出来，明朝的国力得到了一定的恢复。比起明朝其他太子多是在兢兢战战中度过储君的时光，朱厚照可以说是从蜜罐里长大的。他不到八岁就出阁读书，父亲孝宗深知教育的重要性，为了让这个孩子日后大有出息，精心挑选了一班鸿学大儒组成太子的讲师团，课程也是安排得满满当当——早朝后，皇太子出阁升座，先读“四书”，则侍读官向前伴读十余遍，次读经书或史书，则侍读官也向前伴读十余遍，务要字音正当，句读分明，读毕散班。至巳时，皇太子复升座，先讲早所读“四书”，则侍讲官向前进讲一遍，次讲所读经史之书，则侍讲官亦向前进讲一遍，务要直言解说，明白易晓，讲毕散班。其他如练字、骑射也是一样不落。

太子也是很争气，日常对学业是勤学苦练，寒暑不辍，对孝宗及其他朝臣也是举止得体，礼仪到位。如果照这样发展下去，明朝很有可能会迎来一位复兴之主。但是慢慢地，孝宗发现太子“学坏了”。经过调查，孝宗终于发现症结所在——在正德朝有名的大太监刘瑾等人的陪伴下，太子渐渐养成了喜好游乐骑射、放鹰逐犬的顽劣性格。选了好老师，却忘了“近朱者赤，近墨者黑”的道理，孝宗忽视了朝夕相伴的人才是影响最大的，这给朱厚照的成长造成了不可逆的影响。朝官杨廉曾经上疏建议选择年少、品学兼优者每日与太子伴处，可惜孝宗未能接纳。在朱祐樘看来，猎鹰骑射也没有坏处，成祖、宣宗都是文武兼备的一代英主。尚武是没有错，但是朱厚照的骑射不过是纯粹的玩乐，正所谓“患生所忽，事起细微”，就是这个不经意的习惯，让朱厚照与英主失之交臂。孝宗在晚年弥留之际曾经反思过自己的这个过失，谓太子“年幼好逸乐”，然而悔之晚矣。

朱厚照这个年纪正是一个人价值观养成的重要阶段。虽然七岁就出阁读书，但是在刘瑾等人的影响下，朱厚照的学业可以说是一塌糊涂。到武宗登基，他前后一共学习了七年的时间，前期的学习成绩尚可，可是登基之后，武宗逐渐将包括日讲在内的所有学业都停了下来，前后七年所接受的教育仅仅是未读完的《尚书》与《论语》，这在以科举取才闻名于世的明朝简直就是个“半文盲”。继位之后，朱厚照年幼时期养成的顽劣性格也毫无保留地表露出来。仅仅四个月后，武宗就开始微服出宫游玩，并且在刘瑾的引导下“越玩越大”。

他在宫中模仿建立市井，其中充斥商户甚至是妓院，自己则模仿富商易市。不久之后更是搬出了大内，居住在西华门的豹房之内，日夜作乐，甚至连朝会都停止了，开启了“君王不早朝”的先例。从种种荒诞的表现来看，朱厚照完全没有做好执掌帝国的准备，就是一个还未脱离青春期的“懵懂少年”。在他的眼里，九州万方、军国大事都只不过是游戏罢了。但就是这样一位少年，却也有过人之处，那就是对军事的天生爱好，并且有幸在短暂的一生中展示了自己的军事天赋。

正德十二年（公元1517年）十月，鞑靼小王子叩关来袭，朱厚照以“大将军朱寿”的名义统兵出战。此战中，武宗展现出超常的军事天赋，整个战役期间调兵遣将，运筹帷幄，临危不乱，最终指挥明军在山西应州击退蒙古军队，使得明帝国北方边境取得了难得的安定。

正德十四年（公元1519年）六月十四日，江西宁王朱宸濠起兵作乱，朱厚照再次御驾亲征。但就是在如此紧要的时刻，朱厚照还不忘记在行军路上寻花问柳，以至于还未赶到战场王阳明就已经将叛乱平定下来。任性的朱厚照甚至想要将宁王放走自己再亲自捉拿过过瘾，他怎么也想不到这次南征断送了自己的性命。在大军经过清江浦时，朱厚照玩性大发，自驾小船捕鱼玩耍，结果跌落水中，不懂水性的武宗虽被人救起但是却患上了肺炎，一病不起。正德十六年三月，武宗自知大限已到，良心发现留下了“前事皆由朕误，非汝曹所能预也”，驾崩于豹房，年仅三十一岁。

武宗一朝，先后有两位藩王反叛起事，可见朝政废弛到何种地步。更危险的是第二次宁王造反，朝中居然还有些大臣持观望态度。作为一个皇帝，朱厚照的顽劣成性和荒诞不羁让刚缓过劲的大明帝国又遭受到了重创，本来逐步趋向政治清明的朝局又逐渐被宦官把持，权奸跋扈盛极一时，而首推代表者就是正德朝的著名太监——刘瑾。

正德三年（公元1508年）六月，刘瑾成了明代宦官二十四衙门中权力最大的司礼监的掌印太监，开启了自己的“立皇帝”生涯（由于权势滔天，人们将刘瑾形容为“立皇帝”）。在怎样擅权方面，刘瑾可谓做足了功课。他总是趁皇帝寻欢作乐时才上奏本，每次武宗玩得高兴，一看有工作要烦自己，就对刘瑾说："我用你干什么？"于是，很多事情刘瑾便自作主张定下来。

当时臣工要给皇帝上书，要先用红色帖子誊抄送给刘瑾，称为"红本"，奏疏中对刘瑾只准称"刘太监"。一次都察院在奏疏中不小心写上了"刘瑾传奉"的字样，刘瑾看到后恼羞成怒，骂得都御史屠滽带领下属下跪道歉才算了事。有些大臣拜见刘瑾时为了巴结他竟称他为"顶上"，或自称"门下小厮"，毫无文人风骨。对于敢跟自己作对的大臣，刘瑾则全方位地打击报复，甚至滥杀无辜。御史王时中，郎中刘绎、张纬，参议吴廷举等因曾上疏揭发刘瑾、两厂总镇太监潘忠劣迹或其他一些小过失，被施以戴枷的刑罚，这些大臣被枷得奄奄一息后又被流放充军，顺天府丞周玺以及五官监候杨源因为触怒阉党竟然被廷杖致死。刘瑾一时间权倾朝野，不要说文武大臣了，就连王公贵族见他时都要叩头、作揖。

正德一朝，宦官乱权尤为严重，武宗在东、西厂之外又设内行厂，由刘瑾指挥，东、西二厂也要受他监视。两厂派出的特务在民间横行，以至于乡间有人见到鲜衣怒马、操京师口音的人就吓得四散躲避。刘瑾在掌权的同时也大肆搜刮民财，他向武宗建议更换镇守太监需要新人上贡费用一万到二万两银子不等，又奏请设立皇庄三十多处敛财，供武宗挥霍并从中贪墨，这些皇庄共占地三万七千五百九十五顷。他还插手盐务和官员的考核任免，在这些事务中中饱私囊。

明朝中后期很大一部分士人读书做官就是为了“衣锦还乡”，而还乡的重要工作之一就是整修祖坟，以乞求先祖保佑，太监也不例外。刘瑾在自己的家乡大兴土木，为父母兴建了祠堂、坟茔，令地方官每年祭拜。这还不够，他又在京师朝阳门外霸占了几百顷地用来盖玄明宫，供奉玄天上帝，其规模极为宏大壮丽，用材奢华考究，彼时人称为了这个工程“千人力尽万牛死”，工程完毕后“南国楩樟尽，西峰土石穷”。不久之后，刘瑾又奏请在朝阳门外猫竹厂地以供香火，拆毁了官民房屋一千九百余间，发掘了民坟两千五百余家，以至于白骨累累暴露于野，冤号之声沸于郭外。

刘瑾的倒行逆施激起了民变。一次刘瑾下令把在京师谋生的外地佣工全部轰走，寡妇一律嫁人，未葬的尸体都要火化。如此离谱的命令引得京师骚动，酒保、磨工、卖水者等千余名“京城务工者”相聚于城外，声言拼死要刺杀刘瑾。此次民变虽然被平息下去了，但是更大的事件马上又发生了，那就是正德朝的另一起藩王叛乱——安化王叛乱，这一事件直接导致了刘瑾的败亡。

正德五年（公元1510年）四月，安化王朱寘鐇以诛刘瑾为名起兵造反，明廷派遣都御史杨一清、太监张永为总督前往讨伐。张永、马永成、高凤、罗祥、魏彬、丘聚、谷大用等几个曾侍候过太子的宦官和刘瑾一起组成了正德朝的权宦集团，称之为“八虎”。而张永和刘瑾虽然同是宦官，但是两人却有嫌隙。

杨一清乘机煽动张永，二人遂决心除掉刘瑾。在平定叛乱后武宗设宴慰劳张永，等刘瑾离席之后张永拿出安化王的讨伐檄文给武宗看，朱照厚看完之后沉默不语，突然低着头说了一句：“刘瑾辜负了我。”于是下令连夜缉捕刘瑾，之后在抄家的时候从刘瑾家中搜出私刻的皇帝印以及盔甲、弓箭、龙袍、玉带等各种禁品，还发现刘瑾经常拿着的扇子里竟然藏有两把锋利的匕首，与此同时，抄没出金二十四万锭又五万七千八百两、银元宝五百锭又一百五十八万三千六百两、宝石两斗等巨额财产。武宗勃然大怒，下令把刘瑾千刀万剐，凌迟三日。行刑当天，被刘瑾迫害的人家纷纷以一钱买下从他身上切下的一小片肉，祭祀被冤死者，甚至有人生吃刘瑾的肉以泄愤。一代阉首就这样退出了历史舞台。

正德时代，是颇有争议的一朝。很多学者认为武宗荒淫暴戾，荒诞不经，一生所建实无；但也有学者认为明武宗天资聪颖，思路清晰，大事上一点不糊涂，应州大捷就是佐证。另外武宗在语言方面颇有天赋，甚至于梵文、阿拉伯文都是一学就会。历史就是这么讽刺。正德一代如果非要说有和年号匹配的事情发生的话，可能就是阳明心学的发扬光大吧。

第十三章

# 朱厚熜——从此君王不早朝

嘉靖二十一年（公元1542年），紫禁城，翊坤宫。

夜已过半，在宫内床帐之中，有数十个身影晃动。

只见几个宫女拼尽全力死死地压住床榻之上一个男人的手脚，另外几个宫女用一条绳子合力勒住男人的脖颈。虽然男人拼命地挣扎，无奈宫女的人数实在太多，只能任由宫女摆布。这时还有几个宫女拿出头簪，歇斯底里地往男人的身体上乱扎。男人的眼球慢慢凸出，脸上青筋暴起，他似乎已经绝望地看到了死神的模样。

这是嘉靖年间发生在紫禁城内令人惊心动魄的一幕，而床上的这个男人，就是紫禁城的主人，大明王朝的第十一位皇帝——明世宗朱厚熜。

在朱厚熜命悬一线之时，方皇后及时赶到，救下了朱厚熜。参与谋杀皇帝的16名宫女全部被处死，这就是历史上著名的“壬寅宫变”。

朱厚熜是明朝一位比较有个性的皇帝，“世宗性卞”是对他比较中肯的一个定语，“卞”是急躁、狂躁的意思。什么样的人有这样的特征？那就是精神不稳定或者有性格缺陷的人，纵观朱厚熜的一生，也比较符合这个特点。这位十五岁登基的皇帝在位长达四十六年，嘉靖朝的前二十年，朱厚熜凭借自己幼年时受到的良好教育以及聪慧的天资，牢牢地把朝政掌控在自己手中，通过“大礼议”等一系列事件，严以驭官、整顿朝纲，出现了“嘉靖新政”较为清明的政局。然而在执政的后半段，世宗皇帝分裂型的人格就表露无遗，他不再像之前那样勤政，而是迷恋方术，宠信奸臣，长期罢朝，让曾经好转的政局再次陷入混乱，所有也有人称“明亡，始亡于嘉靖”。

由于荒诞的武宗没有子嗣，唯一的弟弟朱厚炜幼年夭折，明廷不得不在武宗的前辈人中寻找继承人，经过复杂的筛选，宪宗的四子兴王朱祐杬的第二个儿子（长子已死）被确立为皇位继承人，这个人就是朱厚熜。

正德十六年四月，朱厚熜抵达京师，却止于郊外。这个十五岁的小皇帝表示：“遗诏以我嗣皇帝位，非皇子也。”就是说，我是来继承皇位的，而不是皇太子。这是原则性的问题，朱厚熜不糊涂。世宗的继位是明朝历史上第二次“小宗入大宗”的交替（第一次是靖难之役后燕王朱棣登基）。什么是“小宗入大宗”？我们先来看看西周以来宗法制继承制度，就是我们常说的嫡长子继承制。

西周时，周天子自称是上天的长子，在宗法上是家族的“大宗”，王位由嫡长子世袭，嫡长子的这一脉世世保持大宗的地位。而嫡长子之诸弟受封为诸侯，是小宗。大宗比小宗尊贵，嫡长子要比其他诸子尊贵。那么问题来了，如果君王无后嗣怎么办？于是形成了前边说的“兄终弟及”的继承制度。但问题就出在武宗既没有后嗣，又是“独苗”。于是辅臣杨廷和等按照宗法制往上推到宪宗一代（武宗的祖父），宪宗的长子、次子已亡，三子就是孝宗（武宗的父亲），而孝宗兄弟、宪宗的四子就是朱厚熜的父亲兴王朱祐杬。因为武宗的情况比较特殊，杨廷和等众臣就按照礼法拟朱厚熜以兴王长子，宪宗“嫡长孙”的身份继承皇位，但实际上朱祐杬这一脉是“小宗”。西周的宗法制度为历代统治者所继承，朱元璋还特地在《皇明祖训》中规定：“凡朝廷无皇子，必兄终弟及，须立嫡母所生者，庶母所生虽长不得立。”

少年老成且极有主见，或者说是固执的嘉靖帝坚持称弘治帝为皇伯父，并想把自己的父亲兴献王追封为皇帝，然而以杨廷和为首的阁臣却以违反祖制为由坚决反对。大臣们希望在名义上让嘉靖帝过继给正德帝的父亲弘治帝为子，称弘治帝为父，称自己的父亲为叔父。其实现在看来，嘉靖皇帝不愿意是情有可原的，反倒是大臣们的做法不近人情，但是在纲纪森严的封建社会中，君君、臣臣、父父、子子的儒家礼仪道德是划定一切行为的标准，是决不可侵犯的。就在双方僵持不下的时候，新科进士张璁上疏提出了解决方案，他认为朱厚熜所继承的大统一脉实际上是太祖之统，来自祖父明宪宗。嘉靖帝看到奏疏眼前一亮，高兴地说道："此论一出，我们父子就可以保全了。"

在大臣们看来，张璁不过是政治的"投机分子"罢了，朝臣们很快分成了两派，在世宗继位初期，以杨廷和为首的元老派占据上风，阁臣们每每提到"大礼议"事件都以辞职威逼，世宗皇帝由于新登大宝，权力未稳，几乎是以哀求的口气来劝解大臣们理解自己。正德十六年，明世宗曾对杨廷和等大臣说："你们所说的意思我都明白，但是，我的哀哀之情不能自已，罔极之思亦无方。可承朕命以表衷肠，慎无再拒，勉顺施行。"这几乎就是在请求大臣们勉强地接受皇帝的意思。但是大臣们丝毫不为所动，支持皇帝的张璁、霍韬等人都被元老派打压到外地做官。

朱厚熜虽然从小没有生长在权力中心，但是丝毫不影响他成长为一个善于掌控帝王心术的政治家，纵观嘉靖在位的近半个世纪，基本上都是将朝臣玩弄于股掌之间，十分懂得政治平衡和恩威并施。后期虽然沉迷于方术，但是整个帝国依旧牢牢地掌控在自己手中。在早期与元老派的"大礼议"斗争中，经过了初步的试探之后，嘉靖皇帝开始一步步地反击，从最初要求称自己的父亲为"兴献帝"加码到称自己的父亲为"兴献皇帝"，称兴献太后为"兴国皇太后"，这种"违反祖训"的做法激起了元老派的激烈反应，礼部尚书毛澄愤然辞职。其实"大礼议"事件发展的过程，也是阁权与皇权斗争的过程。这件事似乎走到了一个死胡同，大臣们也期盼着自己坚守底线能够换来皇帝对礼法的认可，同时也是对文官集团的尊重，但是他们错了。

嘉靖三年七月，北京，左顺门。

大臣们的号哭之声响遍四周，一时“声震阙庭”，翰林学士丰熙等人已经被锦衣卫投入诏狱。众臣持续地在左顺门“大呼太祖高皇帝、孝宗皇帝”示威，这一做法彻底激怒了朱厚熜，此时的他一改之前的温婉，以雷霆手段下令将员外郎马理等五品以下官员一百三十四人逮入诏狱拷讯。锦衣卫从四面八方赶来拖走重臣，顿时“请愿现场”乱成一片，践踏、扭伤者无数，受伤在所难免，左顺门前血迹斑斑。此次事件中，四品以上的官员被夺俸，五品以下受杖者一百八十多人，其中十七人被打死，杨慎（杨廷和之子）、张原等示威活动的组织者被廷杖。张原当时即被杖死，杨慎被削职为民。

通过左顺门事件，世宗皇帝向群臣传达出了一个明确的信息——大明是朕的天下。短短三年时间，年轻的世宗皇帝就完成了从懵懂少年到权术帝王的转变，这个少年似乎对权力有着天生的迷恋。不过，他在继位前期曾经也有过一段励精图治的时期。

鉴于正德时期宦官乱政，从宫外继承皇位的朱厚熜对内臣的行权特别敏感。他撤废镇守太监，严肃监察制度，严分厂卫与法司职权。一上台就诛杀了刘瑾的亲信锦衣卫指挥使钱宁和江彬，将武宗时期内苑的珍禽异兽全部释放，并下令之后不得进献。对外戚势力也做出了严格的控制，制定条例规定已经封爵的贵戚只令其一人终身，其子孙不得再承袭爵位。今后皇亲、驸马，都不得再请求册封爵位，此制度一直执行到明亡。

同时世宗还与民休息，下令正德十五年（公元1520年）以前未交的赋税尽数豁免，并且罢大理银矿。面对日益严重的土地兼并问题，世宗下令勘查皇庄和勋戚庄园，还田于民。特别是在嘉靖九年（公元1530年），重臣桂萼进呈《任民考》疏，建议将税粮与徭役各审定交银若干，统一征收，以求均平的赋役改革方法，并在地方试推行，成了“一条鞭法”的雏形，也为之后张居正的改革打下了基础。嘉靖前期的种种举措，为明廷短暂的复兴“回了血”，因此也有学者将嘉靖到万历时期看作是明朝改革的一个阶段，称为“隆万大改革”或者“嘉隆万改革”。

嘉靖前十几年的革新，让被正德皇帝折腾得够呛的大明王朝迎来了一丝喘息之机，改革也在一定程度上促进了社会经济与文化的发展，出现了“天下翕然称之”的景象。在明朝中期，白银逐渐成为主要的流通货币。而嘉靖时期推行的赋役改革更是让白银成了一般等价物，让更多的农产品能够进入市场，农村与城市，地区与地区之间的交流也变得更为频繁，促使自然经济进一步瓦解，促进了工商业的发展。在明初徐一夔所作文章《织工对》中便记载了苏杭存在着大量的纺织工坊，这里边的协作模式已经具备了完整的现代化手工工厂的协作模式：资方——工厂老板负责出场地、机器、采购原料，而劳方——工人负责出劳动力。工厂按日计给工人报酬，不仅如此，工厂里熟练的纺织工人还可以得到更高的报酬。这些人中有很大一部分人来自农村，这让千百年来传统的农耕社会的人们有了一种新的选择——进城打工。

另一方面，随着明廷首都的北迁，为了确保京师粮食供给而整修的大运河不但保证了南粮北调，也促进了商品的流通，更催生了苏州、太仓等一系列商业城市的蓬勃兴起。伴随着城市的兴起，在地主和农民间也形成了一个新的阶层——市民，他们由城市务工者和商人组成。此时的社会物质较前朝有了极大的丰富，物质条件的丰富也促使人们的思想、审美、生活方式和价值观的转变，从商这种之前被人们嗤之以鼻的职业慢慢得到社会各阶层的认可和青睐。在江南和沿海地区，很多商贾始终向往着陆地之外的大海。官僚阶级的主流意识也发生了改变，在朝廷上以朱纨为代表的海禁派竟然失利，很多朝廷的官员也“下海从商”，首辅徐阶“家中多蓄织妇，岁计所织，与市为贾”。在中国传统的儒家思想中，商人被认为是不劳而获的寄生虫，但是在明朝中后期，官员不但参与经商，连武将甚至是皇帝都抢着做买卖，很多官员退休以后利用自己从政时期的资源经商，摇身一变成为商贾巨富。嘉靖之后为官，士人们更愿意到经济富足的地方去任职。如果被分到了穷乡僻壤，整个家族都会唉声叹气。到了朝廷考核政绩的时候，官员们都要给考核部门送上书册，后边附上金银，曰“书帕”。

“越中清馋，无过余者，喜啖方物。北京则苹婆果、黄鼠、马牙松；山东则羊肚菜、秋白梨、文官果、甜子；福建则福橘、福橘饼、牛皮糖、红腐乳；江西则青根、丰城脯；山西则天花菜；苏州则带骨鲍螺、山查丁、山查糕、松子糖、白圆、橄榄脯；嘉兴则马交鱼脯、陶庄黄雀；南京则套樱桃、桃门枣、地栗团、窝笋团、山查糖；杭州则西瓜、鸡豆子、花下藕、韭芽、玄笋、塘栖蜜橘；萧山则杨梅、莼菜、鸠鸟、青鲫、方柿；诸暨则香狸、樱桃、虎栗；嵊则蕨粉、细榧、龙游糖；临海则枕头瓜；台州则瓦楞蚶、江瑶柱；浦江则火肉；东阳则南枣；山阴则破塘笋、谢橘、独山菱、河蟹、三江屯蛏、白蛤、江鱼、鲥鱼、里河鰦。远则岁致之，近则月致之、日致之。”这段对吃食的描写出自出生在万历年间的“浙东四大史家”之一的张岱的《陶庵梦忆》。以上的美食，张岱老先生在四百多年前不仅都吃过，而且很多都是“日致之”——天天吃。这就是明朝中后期的生活，精彩得你想都想不到。

嘉靖以后，随着商品经济的日渐发达，奢靡之风日甚一日；而白银作为流通货币地位的逐渐确立和资本主义萌芽的发展，也刺激了商品经济的发展；生产力的提高和各地交流的频繁为奢靡的生活提供了物质基础，官员们为了满足私欲而贪污纳贿，破坏了嘉靖以前较为淳厚的政治风气，导致贪污成风，而贪黩之风又带坏了社会风气，使其更趋奢靡。嘉靖之后的明朝主流生活可以说是“纸醉金迷”“骄奢淫逸”。

纵观明朝中后期官场风气，儒家正统思想中为官的“上罄其诚以报其主，下竭其力以惠其民”的“事君”与“惠民”的为官正道已经荡然无存。士子中有一大部分人将做官看成一门生意，不再以忧国忧民为己任，而是竭尽全力地试图通过入仕来实现阶级跃迁，谋取更大的实际利益。

嘉靖中后期，严嵩、严世蕃父子权倾朝野，敞开了卖官鬻爵的大门。其时有吏部稽勋缺主事一名，刑部主事项治元出价白银一万三千两通过严家竞得此官，由于此价与往朝富商沈万三买官价格一样，所以项治元被人戏称“沈官”。

严嵩父子的生活更是极尽奢靡。不仅睡觉的幕帐用金丝制成，而且就连痰盂都是用金子或者象牙制成的。严家后来被抄家的时候抄出了白银二百多万两，金器、珠宝无以计数，还有王羲之、颜真卿等书法大家的真迹与无数的珍贵画作。官员作为士大夫中的精英，集体沦陷，在卖官鬻爵的同时享受着奢靡的生活，将整个社会的风气也带向了物质与浮躁。

明代士族富商的生活骄奢淫逸，就连普通百姓也每每与这些土豪阶级看齐，希望能够够上“时尚”的前沿。在大城市和经济发达地区尤为如此。当时的首都京师，充斥在生活中的佛事、营丧、服食、倡优、赌博等事，各个奢靡无比。万历时首辅张居正牙盘上食味逾百品，就是这样他还觉得没有什么可口的饭食可吃。饭桌成了人们攀比的项目，普通的饮食已经不能标新立异，于是有人发明出生吃羊肉、铁笼烤活鹅，这种极为残忍的餐饮方式竟然被当时的商贾巨富争相效仿。不但是有钱人，普通市民也讲究排场，请客吃饭都变成了八碗、十碗，即便是没钱的穷人，借钱也要讲排场。

“人靠衣装马靠鞍”，在这种奢靡的风气之下，穿衣成了“炫富”最直接的表现形式。明朝中后期，绸绢成了主流的服饰材质，不仅仅是富人，家贫者也以穿绸绢为荣。

帝国最繁华的江南地区更是成了“时尚中心”。以苏州、松江、常州、镇江、应天、杭州、嘉兴、湖州等为商业中心的府宛如天上人间，风物闲美，无论是衣帽、器物，江南都是独领风骚。当时流行的谚语是："苏州样，广州匠。"彼时无论是文房摆件，还是房屋陈设、床几家具，都以"苏样"为临摹对象。苏州工匠喜用紫檀、花梨木仿古制器，苏州园林更是名扬天下。

正德之前明式庭院大多矮小，朴素无华。从嘉靖开始，上到士大夫下到普通百姓，争相盖楼，甚至有百姓家中盖三间客厅就花费数千金。房屋大多金碧辉煌，重檐挑阁，勾廊画柱，更是兴起了盖园的风气。光是南京一处就有园林上百所，其他的名园更是不计其数。园中多凿水叠假山，园亭建筑盛极一时，此时明廷的建筑风格还影响到了西方，西洋教士将东方建筑特色带回欧洲，影响了十七八世纪的欧洲园亭建筑。

物质的富庶和价值观的转变极大影响了文化领域。嘉靖年之后，文人、官员嫖妓成了官宦阶层的时尚，很多文人甚至为了博取红颜一笑为妓女们写诗作赋，赌博也在官宦阶层盛行。如此畸形的主流意识竟然成为帝国精英的共识，从某种程度上也反映了此时的明廷已经病入膏肓了。

嘉靖二十八年（公元1549年），精于算计的世宗皇帝看着户部提交的财政报告双眉紧锁。"近岁来，除进用（宫中）、修边、给赏、赈灾诸项外，每年各边加募军银五十九万余两，防秋、摆边、设伏客兵银一百一十余万两，补岁用不敷盐银二十四万余两，马料银一十八万余两，商铺料价银二十余万两，仓场粮草银五万余两，年大约所出三百四十七万，视之岁入常多一百四十七万。及今不为之所，年复一年，将至不可措手矣。”简而言之，就是钱不够用了。

嘉靖刚登基时推行的新政虽然取得了一定效果，但是这些改革仅仅存在于朱厚熜继位的前期，而且仅是在局部范围内，还是“数行数止”，因此新政的成效十分有限，再加上嘉靖皇帝在执政后期的怠政、信教和大兴土木，让“原本不富裕的家庭又雪上加霜”。

逐渐步入中年的朱厚熜对道教达到了痴迷的程度。为了表达对神灵的崇敬和对父母的孝心，嘉靖一朝在皇宫内大兴土木。据《明史》记载，整个世宗一代“营建最繁，（嘉靖）十五年以前，名为汰省，而经费已六七百万。其后增十数倍，斋宫、秘殿并时而兴。工场二三十处，役匠数万人，军称之，岁费二三百万。其时宗庙、万寿宫灾，帝不之省，营缮益急。经费不敷，乃令臣民献助；献助不已，复行开纳。劳民耗财，视武宗过之”。其工程频繁程度比武宗时期还要大。而且在嘉靖时期，紫禁城的建筑屡屡遭受火灾，嘉靖四十年（公元1561年）朱厚熜为了博得妃子一笑，在貂帐内点烟火，结果引燃大火。

在封建社会，除了战争之外，兴建土木则是另一大劳民伤财的事情。唐代诗人杜牧的《阿房宫赋》中描述了封建帝王的建筑工程给自然和社会造成的严重影响——“蜀山兀，阿房出”。这不仅仅是因为在封建社会科技与生产力低下，营建大的工程会极大地消耗民脂民膏，更重要的是如此巨大的工程，更是层层官员贪墨的绝佳机会。每当有营建工程，所需木料必要前往湖广、四川、贵州等地采伐，这些材料经过长途跋涉运至北京，中间除去损耗，还要被层层官员经手盘剥，往往抵达京中后成本增长了数倍乃至数十倍。除了宫内的建筑，朱厚熜还进行了一项巨大的工程——京师外城的建设。

嘉靖二十九年（公元1550年）八月，怀柔。

蒙古的骑兵组成了一望无际的人海，他们在怀柔的村落中左冲右突，老人、孩子惊恐万分。有些壮汉拿起锄头、犁耙抵抗，但瞬间便倒在了蒙古人的弯刀之下。不久，蒙古人的骑兵便抵达京师城下，而此时勤王的部队只有包括星夜赶来的大同总兵仇鸾在内的五万人。久疏战阵的京营兵士们站在城墙上，看着眼前的敌人就已经吓破了胆，此时距离土木堡之变刚好一百年，他们仿佛又感受到蒙古人的恐怖。这次入侵是在蒙古土默特部首领俺答汗的率领下进行的，蒙古人的目的其实很简单，就是要开通与明朝的“贡市”。后来在陆续赶到的明军威慑下，蒙古人在京师周边大肆劫掠后扬长而去，明廷几乎连一次有效的追击都没有能够组织起来，此次蒙古入侵京师的事件史称“庚戌之变”。

具有讽刺意味的是，本来俺答汗这次入侵的对象是蓟镇，但是守将仇鸾竟然以重金贿赂俺答汗，使之不要进攻自己的防区。而他能够率先抵达北京城下勤王也是因为害怕蒙古人说漏了嘴，让嘉靖帝知道了自己和敌人的交易，如果是那样，后果将不堪设想。不明就里的世宗皇帝还感其忠勇，晋封仇鸾为平虏大将军。

庚戌之变使得明朝政府勉强答应“通贡互市”，对于这种实际上的“城下之盟”，爱面子的世宗皇帝是绝对忍受不了的，于是在次年仅仅开放了大同的马市。虽然没有全面开放贸易，但是与蒙古的经济交流已经有了好的开端，更重要的是在嘉靖中后期，随着贡市的带动，掀起了我国历史上著名的大规模的人口迁移和民族大融合——走西口。横贯山西北部的黄土高原土地贫瘠，恶劣的生存环境迫使晋北很多人到口外谋生。他们从山西省朔州市右玉县经杀虎口出关进入内蒙古草原或者向东过大同，经张家口出关进入内蒙古。其中“杀虎口”还是今天通往蒙古恰克图和俄罗斯等地经商的重要商道，这条商道的兴衰史也反映了晋商发展兴衰的历史。

蒙古人的兵临城下让朱厚熜心有余悸，于是在大臣们的建议之下开始了规模庞大的北京外城的营建工程。嘉靖三十二年（公元1553年）十月，整个南城全部竣工，北京城的格局也由“回”字形变成了“凸”字形。南城五门分别被命名为“永定门”“左安门”“右安门”“广渠门”和“广宁门”。在嘉靖四十三年世宗又下令加深护城河，如此巨大的工程耗费的国力可想而知，不过这也算是为后世做了一件好事，增建的北京外城在明末抵御女真进犯时确实起到了一定的作用。

可惜城墙只能防住北方的游牧民族，对于东南沿海的倭寇却收效甚微，而嘉靖一朝却饱受“北虏南倭”的骚扰。嘉靖二年（公元1523年）东南沿海爆发了“争贡之役”[1]，鉴于此，明廷废除福建、浙江市舶司，仅留广东市舶司一处。本想着断绝了与倭寇

1　日本大名细川氏和大内氏对明朝贸易使团来华发生冲突，在浙江宁波爆发了武力杀戮事件，对当地居民造成很大损害。

的往来，可以保证沿海的安定，谁知事与愿违。人民的需求是无法压制的，日本国内对明朝贸易的渴望让大量的倭寇转到宁波近海的双屿或是舟山群岛等地进行走私贸易，巨额利润让东南沿海的豪族、商人甚至官员与这些日本人相互勾结，逐渐形成了规模庞大的走私集团，其中不乏中国人，因此演变成后来的东南倭患。

事物总是存在着两面性，在东南持续了二十多年的倭患过程中，嘉靖一朝也形成了以抵御外敌为主的将帅集团，其中催生了戚继光、俞大猷等一批千古名将，更难能可贵的这一时期的“文人尚武”思潮也催生出了谭纶、任环等血气方刚的文人统帅，他们不仅仅将杀敌报国停留于纸面，更是真真正正地冲在一线杀敌。谭纶在台州任知府时，一改文弱书生之气，练兵千人，每有战役便亲临一线杀敌，“刃血渍腕，累沃乃脱”。由此声名大振，被当时人称为“谭、戚”。

经历了壬寅宫变的嘉靖皇帝，开始了长期的隐居生活，嘉靖二十一年到嘉靖四十五年（公元1566年）长达二十四年的时间里，只有三次朝见群臣的记录，除此而外就再也没有上过朝了。经筵亦被废止，皇帝将自己“隔离”了起来，“从此君王不早朝”。

皇帝不上朝，并不代表不管事。相反，嘉靖皇帝对政局和朝臣的驾驭绝不亚于明朝的任何一任皇帝，特别是宦官得到了空前的限制，这展示了皇帝驭人之术的高明，也表明了朱厚熜的聪慧与自信。宦官作为皇帝制衡大臣的“一极”在前朝几近失控，但在世宗一朝，宦官始终不敢越雷池一步。对于内阁，在左顺门事件之后，大臣们一改之前风格，完全成了皇帝的“提线木偶”。嘉靖皇帝是个十分聪明且极要面子的人，他既需要同样聪明的人来帮助自己治理天下，敛财的时候又需要有人来替自己背骂名，以使刀笔之吏不会将自己描述成一位贪婪、自私的皇帝。他也确实找到了这个人，那就是严嵩。这位权奸除了写得一手好青词，还深知皇帝脾性，在皇帝的纵容下大贪特贪，然而无尽的财富在倒台之后全部收到了皇帝囊中。

明世宗中后期，帝国边防费用日益增加，加上世宗大兴土木、迷信祷祀，导致皇帑日益削减。社会各个行业凋敝衰落，政府甚至变卖寺田，收赎军罪，尚且不能满足国家的财政需要。嘉靖前期短暂的新政红利已经耗尽，整个帝国财政经济到了崩溃的边缘。皇帝的健康也如同病态的帝国一样，从嘉靖三十九年（公元1560年）开始，朱厚熜就开始患上了严重的失眠症，而且情绪开始失控，时而暴躁时而抑郁，甚至出现了幻觉。这都是因为晚年长期服用“仙丹”（铅汞等矿物质）造成的。嘉靖四十五年，朱厚熜从长期居住的西苑回到了紫禁城，就在这年的十二月十四日（公元1567年1月23日），明世宗去世于乾清宫，终于完成了他羽化成仙的愿望。

## 第十四章

# 张居正——帝国经济的续命师

隆庆六年（公元1572年），墨西哥。

一艘华丽的西班牙人的盖伦舰在墨西哥港口内准备起航，它的舰楼绘制着绚丽的色彩，甚至连边缘都镶嵌上了金丝，舰楼内部更是被绘满《圣经》人物的壁画。

这艘船上载有包括经验丰富的高级船员（officers）、领航员（piloto mayor）、掌银官（maestre de plata）、押运官（fiadores）、代表国王利益的监督官（veedor），以及记录所有登船货物的书记官（escribano）和士兵在内的近百人。

盖伦帆船（英语：Galleon，西班牙语：Galeón）结合了卡拉维尔型与克拉克型帆船的优点，将龙骨到吃水线的深度增加，降低了重心，从而获得更大的长宽比，提高了速度和灵活性。为了适应长期的海上航行，这种远洋帆船还将船尾改为窄长的方平船尾，不但增加了船速，而且可以支撑更大的艉楼，让随船军官们的船舱变得更加舒适。帆船下层的甲板是贯通的，这样重型火炮能够安放于下层甲板上，能远洋、可载货、有武装。16—18世纪的地理大发现时代，大西洋与太平洋的贸易航线遍布盖伦船的身影。虽然西班牙人宣称盖伦船是他们的专利，但是欧洲各国都装备了富有本国特色的盖伦舰，西班牙人用它装货物，英格兰人用它来抢劫。

从墨西哥启航的这艘盖伦舰，目的地是远在大洋彼岸的菲律宾的马尼拉，船上装载的货品很单一，只有白银，都将被用于购买来自中国的瓷器、丝绸和茶叶。而此时此刻的中国澳门，葡萄牙人在往自己的船上装运中国的生丝，这些生丝将北上运往日本，在那里用于交换白银。因为日本岛根县大田市的石见银矿的发现，当时世界上三分之一的白银由日本产出，而这个岛国也被西方人形象地称为“银岛”，人们则给完成贸易从日本返航的葡萄牙帆船起名为“银船”。不管是西班牙人从墨西哥运来的白银，还是葡萄牙人从日本换取的银子，最终的归属地只有一个地方，那就是中国。

隆庆元年（公元1567年），紫禁城。

登基不到一个月的穆宗，大明王朝的第十二位皇帝朱载垕正在阅览福建巡抚都御史涂泽民的奏章，当他看到“请开市舶，易私贩为公贩”的内容时，露出了一丝不易察觉的笑容，涂泽民的奏章很快被批准了。从这年开始，大明王朝宣布解除海禁，允许民间私人远贩东、西二洋，史称“隆庆开关”。民间私人的海外贸易获得了合法的地位，东南沿海各地的民间海外贸易进入了一个新时期。

时间往前倒流二百年，洪武四年（公元1371年），龙椅还没坐稳的朱元璋就急不可待地下了道圣旨，海民不得私自出海。从此大明历朝历代实行海禁，但屡禁不绝。

长期以来，中国作为一个以农耕为主的封建王朝，重农抑商的思想严重。我们知道，经济决定政治，政治又反作用于经济，所有出现的社会问题都是封建专制制度已经不能够适应社会生产力发展所导致的结果。比如说倭寇问题，甚至北方的边患也是违背经济规律所产生的现象，前朝嘉靖的“庚戌之变”就是最好的例子。

有人说中国的故步自封是从明朝开始，其实不尽然，虽然政府层面的海禁始于明朝，但实际上，地理大发现时代中，从某种角度上来说中国不但没有失去与世界的联系，反而成了这一时代的最大赢家。

15—17世纪的航海技术和航海设备远远不及现代这么发达，但是当时中国民间与世界其他国家和地区的国际贸易却繁荣到无法想象的地步。不管是葡萄牙、西班牙、荷兰，还是明朝一直严密封锁的日本人，都从来没有真正和明廷断绝交往，各国在与中国人的交往中赚得是盆满钵满，与此同时也把中国的瓷器和丝绸带往了世界各地，掀起了世界对神秘中国的崇拜。这一阶段，客观上也促进了中国大规模的人口外流，中国人随着贸易航线来到了东南亚、日本，在这里生根发芽。大明王朝也在这几百年的贸易流动中疯狂“吸金”，催生了发达的资本主义萌芽，促生了江南的繁华人间。中国几乎一刻都没有停歇与世界的对话，不管是主动的，还是被动的。

正德十六年，屯门。

在强烈南风中的葡萄牙人似乎没有觉察到什么异常，这些绕了半个地球来到中国的海员们早已习惯了狂风巨浪，比起风暴角（好望角）的飓风，这一天的风已经司空见惯了。

突然，远处的海面亮起了一堆堆的火光，值班的水手开始还好奇地向远处张望，有些水手甚至开玩笑地和同伴打起了赌。可是不一会儿他们就笑不起来了，这些火光越来越大，越来越多，并且飞速地向舰队冲来。停泊在港内的新式帆船根本来不及躲避，很快燃烧了起来，葡萄牙人慌了，很多人下意识地跳海逃命。更令他们绝望的是，不知道哪来的中国人也潜入海中，当然他们不是来救葡萄牙人的，而是来凿船的。经过一阵火攻与厮杀，葡萄牙人引以为豪的远洋战舰纷纷沉入水中，只有三艘漏网之鱼仓皇逃跑。

此战后，中国收回被葡人盘踞的屯门岛。这座葡萄牙人起名的小岛具体位置现在已经无从考证，大概是今东莞或者深圳周围海域的某个岛屿，不过这并不重要，重要的是葡萄牙人来这里想要干什么？

让我们绕过半个地球再回到欧亚大陆最西端的葡萄牙。1499年7月10日，达伽马的船队在这天回到了里斯本，同时从神秘的东方带回了价值1200万法郎的货物，葡萄牙人热血沸腾。1508年，葡萄牙国王发出了一条指令："要努力弄清中国的情况！"并接连发出了"中国人什么性格？有没有武器大炮？船队规模如何？"等一系列问题。机会总是给有准备的人的。1515年，药贩子出身的托梅·皮雷斯（Tome Pires）在到达马六甲之后，利用自己葡属印度总督下辖商馆秘书、会计师兼药材管理官的身份，历时三年写成了一本名为《东方诸国记》的书，呈给了葡萄牙国王。书中写道："中国不以掠夺他国为荣，看来中国无疑是一个重要的、乐善不倦且又十分富饶的国家。中国输出的大宗商品为本色湖丝，数量甚巨；大量散装的彩色丝绸，各种颜色的缎子……除了胡椒，他们似乎对别的商品都不感兴趣。"如此详尽的调查，让托梅·皮雷斯成了葡萄牙第一任出使中国的使节。相对于葡萄牙人对中国的调查所带的强烈的目的性来说，中国人对葡萄牙可以说是一无所知，甚至在地理大发现时代将努力探索中国的葡萄牙人、西班牙人统称为"佛郎机国"。嘉靖时刑部尚书顾应祥曾云："佛郎机，国名也。"这样叫大概是因为葡萄牙和西班牙最先到达的是南部地区，彼时在此居住的伊斯兰教居民将欧洲人统称为佛郎机人。而来自"佛郎机"的托梅·皮雷斯，到中国的目的只有一个——贸易。

正德十五年，皮雷斯获得了进京的机会，但是由于此前葡萄牙人殖民果阿和马六甲的黑历史传到了北京，结果皮雷斯被遣送回了广州。正德十六年登基的明世宗对"佛郎机"没有好感，下令驱逐，于是就爆发了本章开头屯门海战的一幕。

屯门海战失败，葡萄牙人并没有灰心，还没有搞清楚状况的他们一直幻想着寻找新的机会打开与明廷交往的窗口。大明王朝可不惯他这毛病，屯门海战结束后，明廷下令水师见到葡萄牙船只就将其击毁。一边是处心积虑地想接触，一边是毫不顾忌地打击。于是，在广东西草湾又爆发了战斗，葡萄牙人再次战败。因为中国有着万里海疆，被赶出屯门岛的葡萄牙人便想“如果明着来不了，那我们就暗着来”，于是起锚扬帆，前往福建与浙江。

一道禁令如果就能实现海禁，那所有的事情就都可以通过行政公文来解决了，但实际情况往往比在深宫中皇帝的想法要复杂得多。福建和浙江以丘陵为主，可耕作的农田比中原地区少得多，这一地方的自然环境与孕育欧洲文明的古希腊地区颇为相似。物资的匮乏，导致这一带的居民长年靠海为生，捕鱼是重要的营生手段。但是由于早期的渔网主要材质是麻纤维，长时间的海水浸泡会导致渔网损坏，所以隔几天必须将渔网进行晾晒保养，这就是“三天打鱼两天晒网”的由来，不过这个词现在被引申为形容做事不能坚持。那么，晒网的时候干什么呢？就是做生意。从宋朝起，东南沿海的贸易行为就已经成了当地人们血液中的一部分，比起内陆的农耕文化，这里就是海洋文化。即便政府一再下令海禁，还是有成千上万的人组团出海贸易，这是政府通过行政命令无法改变的。如果政府不同意贸易，海民们就走私。

据《明实录》记载，正统九年（公元1444年），“广东潮州府民频海者，纠诱旁郡无赖五十五人下海”。这些广东人去爪哇做生意，居然还有22人留在了当地，成了“华侨”。此外，在巨大的经济利益面前，官员们也参与其中。成化十七年（公元1481年），行人司右司副张瑾出使占城，“多挟私活，以图市利”，后来又把生意做到了满剌加，放到现在就是典型的国际贸易商。除了官员参与走私，甚至有人冒充中国使臣前往东南亚走私，在如此巨利面前，豪绅巨贾自然也不会落后。成化年间的广东番禺巨富王凯，不但参与走私，还自告奋勇地当起了民间走私集团和政府之间的“话事人”，如果有合作关系的走私集团“翻船”了，王凯就在官府上层“打点”。

当葡萄牙人来到福建、浙江了解到情况之后，他们有一种“幸福来得太突然”的感觉。

嘉靖二十二年（公元1543年），宁波，双屿岛。

数千栋房屋矗立在这座小小的海岛上，充满西方特色的教堂、医院在房屋中尤为显眼。岛外的海港一片忙碌，葡萄牙人、中国人、暹罗人、婆罗洲人在这里讨价还价，不时地爆发出一阵争吵。没错，这里就是被日本学者藤田丰八称为“16世纪之上海”的双屿港，是当时亚洲最大的海上走私贸易基地。

许栋、王直等“著名”海盗就是在这里与葡萄牙人进行走私贸易的，他们每年的交易额在三百万葡元以上，而中国人只收银锭。巨盗王直的到来，将葡萄牙人引向了日本，开创了中、日、葡三角贸易的新模式。除了双屿岛，贼心不死的葡萄牙人一直尝试打通和明朝政府交易的渠道，并在嘉靖八年（公元1529年）

破天荒地有了历史性突破。迫于现实的经济压力，广东巡抚林富向朝廷上书请求重开海禁，对“佛郎机”十分反感的世宗居然准奏，于是广东香山澳变成了此时的“经济特区”。据《明史》记载：“自是，佛郎机得入香山澳为市。”

由于香山澳的地理位置不是太理想，葡萄牙人更愿意把贸易活动选在珠江口的濠镜澳进行，而濠镜澳还有个名字叫“澳门”。

毕竟是走私，“小上海”双屿岛的繁荣随着嘉靖二十六年（公元1547年）朱纨巡抚闽浙在消除倭患的行动中被摧毁。不过没关系，因为二十年后中国开关了。听到“隆庆开关”消息的葡萄牙人异常兴奋，虽然此前葡萄牙与中国的贸易也没中断，但这次终于可以名正言顺地进行大规模的贸易活动了。葡萄牙逐渐开始以澳门为中心大力扩张与中国的贸易，并将澳门打造成东方第一口岸。明穆宗隆庆六年，葡萄牙人终于获得明朝政府准许，以租地的形式在澳门居留，澳门成为他们在中国的首个落脚点。

嘉靖元年（公元1522年），明廷关闭了广州以外的市舶司，这让仅距广州一百多公里的澳门成为最佳的贸易中转地。在那个时代，以澳门为中心形成了遍布世界的贸易线，源源不断地将白银运往中国。

明帝国中期在张居正大面积地推行“一条鞭法”的刺激下，市场和商品经济的发展速度又上了一个新台阶，对白银的渴求愈发迫切；欧洲对中国的瓷器、丝绸、茶叶，对东方的香料、肉桂是望眼欲穿；日本因为发现储量丰富的白银而被称作“银岛”；

美洲也成了西班牙人的“银矿”。地理大发现的先驱葡萄牙人和西班牙人成为串起这几方的“连接器”。彼时在欧亚甚至是美洲大陆之间存在着几条繁忙的贸易航线——葡萄牙人在澳门将中国的砂糖、瓷器、生丝、茶叶装上自己的商船，然后航行至马六甲补给，继续驶向自己控制的印度果阿，之后沿着非洲东海岸向南绕过好望角，最终抵达里斯本，整个航线将近两万公里。在那个时代，远航是一件风险极高的事，风暴、败血症等各种不确定因素可能会导致返航率不到50%，但这一切都是值得的。仅以生丝为例，万历二十八年（公元1600年）每担生丝（价值白银80两）运到果阿价格高达200两，利润超过100%！在另一条航线上，葡萄牙人向东到达日本后交易生丝的利润同样在100%以上。此外，在日本还有一个更大的生意，那就是兑换白银。当时日本黄金与白银的兑换比率是1:12至1:13，也就是说一两黄金可以兑换12～13两白银，而此时印度的兑换比率是1:5至1:7，中国则是1:9，这就意味着葡萄牙人只需在这三地之间进行黄金与白银的金属贸易，就可以轻松地获取一倍的利润。难怪就连顾炎武也说：“日本无货，只有金银。”再往东走，葡萄牙人的手甚至伸到了太平洋的东帝汶，这里的檀香木在中国和欧洲出售时利润达到了五倍以上。如果葡萄牙人不是一门心思地急着挣钱，澳大利亚可能就不属于大英帝国了。

在公元1580年葡、西两国共侍一主后，亚洲繁忙的贸易商线上又插进了西班牙人。公元1571年，西班牙人占领吕宋岛，马尼拉成了美洲与亚洲的贸易中转站，来自美洲的白银在这里中转之后也流向中国。在16世纪70年代到80年代，西班牙甚至一度抢了葡萄牙人的“风头”，让整个西方都无比眼红。到了17世纪早期，西班牙人一年要往中国输入57 500～86 250公斤的白银！巨大的财富让英国人急红了眼。以佛朗西斯·德雷克、汤姆斯·卡文迪什为代表的大海盗在英王的授权下，堂而皇之地打劫西班牙人的大帆船，坐收渔翁之利，为英国掠取了无数财富。公元1579年，德雷克在厄瓜多尔海面截获了一艘西班牙小帆船，英国人收获了1300条白银（每条约重70磅）、14箱银币和大量的中国瓷器；公元1587年，卡文迪什更是截获了一条“大鱼”——西班牙大帆船“圣大安纳号”，这艘船满载着中国的瓷器、丝绸、白银与黄金，货品价值超过6万公斤白银！如此一本万利的生意，难怪英国人会干上瘾。不管英国人怎样肆无忌惮地抢劫，这一时段最大的白银输入国仍然是中国。

不管是美洲、亚洲还是欧洲，随着葡萄牙人和西班牙人的贸易，这些白银都从澳门或是通过其他私人口岸源源不断地流进了明廷。从万历十三年（公元1585年）到万历十九年，仅仅从果阿流进澳门的白银每年就有二十万两。因此有学者感慨：“里斯本输往果阿的白银，最后全到澳门了。”中国学者王裕巽经过分析认为，从公元1567年到公元1644年这段时间，海外流入明朝的白银总数大约为3.3亿两，相当于当时全世界生产白银总量的三分之一甚至接近二分之一，还有西方学者将这一时期的中国称之为“吸泵”。虽然中国成了这一阶段最大的“吸金兽”，但是这一阶段的世界贸易让东、西方都能从中受益，欧洲人也尝尽了红利。新航线的开辟和日本、美洲银矿的发现，为东西方经济都注入了新的资本，特别是为欧洲的工业革命和资本主义发展打下了基础，更让人们走出了“黑暗的中世纪”，迎来了文化复兴，让人们也有能力再度消费昂贵的中国瓷器、丝绸，掀起了新一轮的“东方奢侈品消费潮”。

实际上，不仅仅是贸易的往来，新航路的开辟让东、西方文化也随之碰撞与交流。

早在屯门海战时期，中国就开始与西方进行“武器交流”。广东海道副使汪鋐开始下令仿制葡萄牙人的火炮，并命名为“佛朗机炮”。这种早期的“后膛炮”有着明显的优势，那就是射速较快，但是由于冶金技术的限制，这种火炮的炸膛率也出奇得高。嘉靖三十二年葡萄牙人获得了澳门通商权，二十年后又获得了在澳门的居住权。万历四年（公元1576年），澳门作为东亚第一个主教区正式成立，这里逐渐成了西学东渐、中学西传的重要窗口。

万历十一年（公元1583年），传教士罗明坚和利玛窦从澳门来到广东肇庆，他们为了博得中国官员的好感而剃了头发、身穿僧袍。他们谦卑的姿态很快得到了回报，距离肇庆不远处的一小块绿树环绕的地方被划给他们盖教堂。这座被王泮称作“仙花寺”的教堂很快吸引了周边居民的拜访，“寺”内鲜艳的油画、数学仪器和自鸣钟让中国人啧啧称奇。最引人注目的是一张用欧洲文字标注的世界地图，对于充满强烈好奇心的中国人，利玛窦总是会耐心地给他们讲解地图的细节。几年之后，这幅地图的2.0版本和利玛窦一起出现在了紫禁城，不同的是地图被放大了好几倍，并且采用昂贵的丝棉绣在了六对大屏风中。万历皇帝十分喜爱这个“新玩具”，每天都要看上好几遍，这就是《坤舆万国全图》。为了能够让中国人接受，利玛窦将中国作为地图的中心进行绘制，地图上甚至出现了南极洲，完全颠覆了大部分中国人对世界“天圆如张盖，地方如棋局”的认知，这也是明帝国最高统治者第一次全面地了解世界。除了地图，利玛窦还为皇帝带来了自鸣钟、西洋乐器。利玛窦由此得以留在了北京。

16世纪初，葡萄牙人在与明朝政府发生几个回合的武装冲突之后，对中国有了一定的了解，开始觉得武力不是与中国建立联系的最佳途径，宗教自然而然地被推向了前台。纵观西方国家的殖民史，宗教似乎总是伴随着欧洲人的枪炮和帆船出现在世界各地。不管最初的目的是什么，利玛窦等一行人的到来，还是让东西方文化产生了深度的交流与碰撞。

利玛窦在中国的身份有很多，僧侣、天文学家甚至是炼金术师——当时人们流传这个来自遥远异方的人可以将水银炼成白银，这引起了曾任刑部主事的瞿汝夔的极大兴趣。初次见面后，利玛窦就给瞿汝夔留下了非常深刻的印象，本来想学习“炼金术”的瞿汝夔，在之后的接触中深深地被西方的天文学和数学吸引，开始比较深入地学习这方面的内容，甚至试图和洋老师一起翻译《几何原本》。但是专业的知识和语言的障碍让这项工作进行得并不顺利，直到万历三十一年（公元1603年），随着成为天主教徒的徐光启的参与，这项工作才得以顺利地进行。不仅如此，徐光启还与利玛窦一起合作完成了《测量法义》《勾股义》等书籍的翻译，让注重经验科学的中国能够系统地了解现代数学及相关科技的要义。徐光启还深入地学习了西方的历法，并且借助西方历法成功推算出了崇祯二年（公元1629年）的日食。徐光启与利玛窦建立起了深厚的友谊，当万历四十七年（公元1619年）利玛窦去世时，徐光启悲痛万分，不能自已。

而利玛窦的去世，并没有阻碍中西方文化的交流，"利玛窦模式"很好地为欧洲人探索出了一种武力之外与这个远在东方的大国交流的最佳方式[1]。之后来到中国的传教士需要先在澳门的圣保禄学院学习，历史上有名的传教士汤若望、南怀仁等均毕业于这个学院，所学课程包括汉语、中国文化、礼仪，除此之外还要研习数学、医学、物理等学科，合格后才能拥有入华传教的资格。这些传教士既充满了宗教热情，同时又精通随欧洲文艺复兴和资本主义兴起而发展起来的科学，为西学东渐做出了重要贡献。徐光启还与熊三拔合作翻译《泰西水法》一书，对发展农田水利、提高农业抗旱能力提供了很大帮助。

难能可贵的是，欧洲的传教士在带来西方的文化与科技的同时，也将中国的古老文明传入了西方，让人们能够更加深刻地去了解东方的文化与智慧。利玛窦晚年开始撰写在中国的经历，公元1614年，传教士金尼阁将这份珍贵的文献从澳门带回了欧洲，

---

1　以当时明朝的国力来讲，即便是采用武力，地理大发现早期的资本主义国家也不是中国的对手。

并且翻译成拉丁文在德国奥格斯堡出版，书名凸显了欧洲人派遣传教士的本意——《基督教远征中国史》。本书较为客观、翔实地描述了中国当时的社会、政治、风俗、法律制度以及新的教务问题，此书一经出版就轰动了欧洲，相继被译成法、德、西、英等多种版本。这本书对于欧洲人了解中国起到了至关重要的作用，有学者认为“它重新打开了自马可·波罗之后关闭了三个多世纪的通往中国的门户”，“它对欧洲的文学和科学、哲学及宗教等生活方面的影响，可能超过17世纪的任何其他历史著述”。

另外，传教士罗明坚首次将《三字经》和部分“四书”的内容翻译成拉丁文并刊行。公元1687年，以柏应理为主的传教士们在巴黎以拉丁文出版了包括《大学》《中庸》《论语》《孔子传》《中华君主统治历史年表》《中华帝国及其大事记》在内的《中国哲学家孔子》一书在欧洲引起轰动，让欧洲人全面地接触到了儒家经典文化，在欧洲掀起了新一轮的中国热。这些从澳门进入中国的传教士就像东西方文化之间的润滑剂一样，让两种意识形态在相对的相互尊重中交流、碰撞。

除了短命的皇帝，有明一朝最低调的皇帝应数穆宗朱载垕了，他在皇位上待了六年，但是很多人甚至没有听过穆宗及其年号隆庆，反倒是这个时代的三个大臣徐阶、高拱、张居正在历史的舞台上“闪耀夺目”。

穆宗的童年十分的悲催，因为前两位皇兄的离世，让父亲世宗皇帝十分相信方士陶仲文“二龙不相见”[1]的理论，从小就很少和父亲见面，造成了他性格上的缺陷。

穆宗登基之时，大明王朝已经处在了崩溃的边缘，嘉靖的长期不朝和醉心修道让朝局不稳，其时天下冤狱遍布，官员自上而下只知钻营贪腐，既不畏公议，也无廉耻，行政处处以得利为上。湖广、河南、山东、陕西连年饥荒，出现了易子相食、兄弟相杀的惨剧。值得庆幸的是，隆庆一朝名臣辈出，朱载垕内向柔和的性格正好让居朝堂之上的阁臣们有了很好的施展空间，在徐阶、张居正、高拱等阁臣的主持下，隆庆一朝颇称大治，一扫前朝政局不稳、官场混浊的局面。

任何事物都具有两面性，柔和的性格加上沉迷于女色，让身体本就不是很好的穆宗健康每况愈下，也没有精力过多地主持政事，这让阁臣之间的权力斗争加剧，万历一朝慢慢地形成了党争。但不管怎么说，仅促成“隆庆开关”一件事，对于穆宗来说已是不易。虽然只有福建海澄的月港被作为“特区”开放，每年核发的“船由”（船籍证书）、“商引”（营业执照）也极为有限（一段时间内东、西二洋各限船四十四只），但毕竟是在政府层面对于“海禁”的修正，是对传统的挑战与革新，开关后仅月港一地，“所贸金钱，岁无虑数十万，公私并赖”。更重要的是它突破了传统的朝贡贸易体系，促进了民间私人贸易的繁盛，促使晚明中国白银货币化的最终完成。不但如此，也影响到了政

1 帝为真龙，太子为潜龙，两条龙相克，因此皇帝不能与太子相见，否则太子就会受到伤害。

治层面。由于有了正面和合法的贸易渠道，东南地区长期存在的“倭患”竟然“倭渐不为患”。虽然隆庆初年开放海禁，仍然严禁海商前往日本，但是民间被抑制的商业活力得以恢复，通过辗转贸易与日本的交流也变得更加频繁。另外，隆庆四年（公元1570年），在南方“开放格局”的影响下，明廷在张居正和高拱等中央大员的积极推动下，利用鞑靼内部纷争，与蒙古部落达成了“俺答封贡”，结束了长达200余年的军事对峙局面，以贸易换和平。大明王朝同时在南、北两个方向获得了相对安定的发展环境，而变革的脚步并没有停止。在隆庆朝末年，百余岁的大明帝国即将迎来一场“续命”的改革……

隆庆六年，明穆宗朱载垕在乾清宫病逝，明朝在位时间最长的皇帝神宗朱翊钧继位。不久之后，在北京内宫会极门，明廷发布了一道重要的诏书——“今有大学士高拱专权擅政，把朝廷威福都强夺自专，通不许皇帝主管。不知他要何为？我母子三人惊惧不宁。高拱便着回籍闲住，不许停留！”随着这道诏书的颁布，也预示着大明的政治舞台即将开启崭新的一幕，之前在穆宗时代风光无限的首辅高拱黯然地退出了权力核心。几天后，年仅十岁的万历皇帝召见了一位还在病中的阁臣，这次谈话没有持续太久时间，便以小皇帝赐酒食的方式结束，这位阁臣就是皇帝的老师——张居正。有学者称：“明只一帝，太祖高皇帝是也。明只一相，张居正是也。”史学大家王世贞更是称其为“救世宰相”。作为万历时期重要的首辅，张居正对病入膏肓的大明王朝进行了“换血”式的救治，而明朝的“重病”却不是在万历时期得上的。

明穆宗隆庆元年（公元1567年），皇帝朱载垕有一次问户部官员国库的钱还有多少，官员的回答差点将皇帝的下巴惊掉了——国库的备用金仅够三个月的花销。官员工资、军费等一系列的支出还有三百多万两的空额，急得朱载垕连忙责成内阁下了一道圣旨，指示要想尽一切办法弥补财政赤字。在这一精神的指导下，连在嘉靖时期查抄严嵩府时皇室获取的字画也被贱卖换钱，如此狼狈，皇家颜面荡然无存，其时政府的财政赤字可见一斑。

不仅仅是财政出现了严重的赤字，国家的政风和军备同样堪忧。时人说“嘉隆以来，纪纲颓坠，法度凌夷”。官员们结党倾轧，工于钻营，而对政事却少有关心。主钱不明出纳，司刑不悉法律，监察不行纠劾，“本朝姑息之政甚于宋代”。军队也是贪污腐化成风，军心涣散，毫无战斗力可言。戚继光调任蓟辽总兵时，有一次组织阅兵训练，突然天降大雨，此时在场的兵士竟然不顾操练纪律作鸟兽散。戚继光督军尚且如此，其他地方军队的战斗力就可想而知了。

在隆庆之前的正德、嘉靖二帝已经将国家折腾得千疮百孔，如此下去“大明集团”的“退市”只是时间问题罢了。虽然穆宗朝比起武宗朝和世宗朝还算靠谱，但是朱载垕主政的短暂六年中，国家经济运行状况并未得到明显好转。朱载垕有一次问户部索要三十万两白银，户部依旧是无钱可出。在穆宗离世时，帝国的新任皇帝朱翊钧还只是一个十岁的孩子，就在大明王朝这艘巨舰即将行往万劫不复的深渊之时，张居正及时操舵，挽狂澜于既倒。

其实在嘉靖时代，年仅二十余岁的张居正就已经摸清了大明王朝的“病脉”，上书朝廷指出：“曰宗室骄恣，曰庶官瘝旷，曰吏治因循，曰边备未修，曰财用大匮。”但作为“职场新人”的张居正人微言轻，他的奏疏如石沉大海一般无人理睬。但是保国安民的理想在他心中从未泯灭，而且在政治斗争极为复杂的嘉靖、隆庆两朝中，张居正凭借高超的政治智慧一路走向了权力巅峰。隆庆六年，张居正取代高拱为内阁首辅，晋中极殿大学士。皇帝才十岁，无力理政，帝国一切军政大事均由张居正主持裁决，大明王朝即将迎来新的篇章。

万历三年（公元1575年）十二月，北京。

十三岁的小皇帝朱翊钧将一批官员打了一顿板子，是什么事情让小皇帝如此震怒？就是因为张居正在万历元年开启的改革（也称“万历新政”）遭到了阻挠，改革的重要举措之一的“考成法”令一众官员闻之色变。

明帝国幅员辽阔，人口众多，要想管理好这么庞大的一个帝国，官僚系统不可或缺，而政令和公文是传达管理内容和思想最有效的一种方式。但是便捷是要付出代价的，那就是每道政令的执行缺乏有效监督。官员们往往将政令传达到位就觉得是完成任务了，至于政令是否得到执行，执行的效果怎样，只能依靠官员的道德良心与职业操守。而在社会价值观整体出现偏差的时候，要求官员自律和勤勉也成了一种空想。明中后期官场道德标准的整体下滑，是造成国家机器运转不畅的重要原因之一。怎么办？张居正给出的解决方案是给官员设置绩效考核，这就是“考成法”。操作方法就是让都察院之外的独立监察机关——六科，对六部进行相应的监督，重要的政务都必须根据实际情况明确完成的期限，登记在册并且编号，除了个别行政部门留底，还要造册一式两份分送六科和内阁存档。到了期限先由部院考察地方官，再由六科进行纠察。六科纠察不力，内阁则进行问责。这就是“稽查章奏随事考成以修实政”，通过这个方式很好地解决了政令难以有效执行和官员不作为的现象。

有考核就会有结果，结果无非是两种，好的与坏的。执政考核不合格的，轻则降职，重则罢官，而且还有“连坐”——如果县令没有完成任务，知府也有责任；知府没有完成任务，那么巡抚也有责任，以此类推。这无疑是在暮气沉沉的大明官场中投下了一颗响雷，各级官吏如惊弓之鸟，夜不能寐。正因如此，才出现了一众官员抗议新政的事件。

此时的张居正早已修炼成“职场达人”，深知治理国家需先整顿吏治。面对官场的怨声载道，张居正抵住压力推行革新，在吏治得到初步改善后，便开始着手解决关乎帝国生死攸关的大问题——经济。

明朝财政出现问题原因是多方面的，最主要的原因是如所有封建王朝一样，出现了严重的土地兼并问题。洪武二十六年，当时全国登记在册的土地还有八百多亿亩，到了正德五年竟然只剩下四百多亿亩。农业作为封建王朝的税收命脉，在册土地的大量减少直接导致了财政收入的严重下滑。那么土地到哪里去了呢？其时大量的富户采用“诡寄”的方式——将田产挂到官绅名下，而官绅具有田税的优免权，富户们只需向官绅交一定的“私租”，就可以逃避征税。富户们也会把田地分散挂寄在佃户、仆人名下让他们替自己交税、当差，甚至干脆用些手段将自己名下的良田谎报为荒地山林。另外，东南倭寇的骚扰与北方蒙古部落的不断进犯也让财政收入受到影响，明王朝的宗室也成了国家财政沉重的包袱。嘉靖四十五年，政府的存粮一度只够一个月的供应量，可以说帝国的经济已经处于崩溃的边缘。

针对以上问题，张居正开始将“一条鞭法”在全国大力推广。新法概括来讲就是把各州县的田赋、徭役以及其他杂征合为一条，以银两征税，按田亩折算缴纳，这样大大简化了征税流程，使地方官员难于作弊，开启了税赋征收的全面货币化。在推行“一条鞭法”的同时，张居正还在全国开展了大规模的土地核查工作，为征税打下基础。王世贞称张居正为“救世宰相”是有道理的，我们来看下张居正主导的改革所收货的成果：改革之前，明朝国家财政存在三百多万两白银的缺口，政府官员的工资几乎都发不出来。到万历八年（公元1580年），张居正重新核查全国的田亩数量比弘治十五年增加近300万顷。到万历十年（公元1582年），经过十年改革，国库已经积银六七百万两，仓库储存的粮食足够支撑十年。国家得到了回血，崩溃的经济被挽救了回来。

客观地讲，张居正的改革确实对明王朝统治的延续起到了重要作用。但我们将时间轴往前延伸就会发现，从嘉靖朝起，明帝国这艘巨大的航船为了避免搁浅就已经开始了小心翼翼的尝试。前面我们曾提到过嘉靖时期就进行过一系列的改革和调整，到了隆庆时期以高拱为主的内阁也进行了以整饬吏治、巩固国防、推行海运等为主的改革。前朝的改革虽然时断时续，但是为之后张居正的改革打下了基础。因此，部分史学家将嘉靖到万历时期的改革看作一个延续的阶段，称“嘉隆万改革”。

张居正改革最大的意义就在于能够有相对的持续性，主导改革的操盘手能够在吏治败坏、世风日下的大环境中抵住压力落实改革。虽然改革出现了“一刀切”和急功近利的情况，比如有些官员为了完成政绩强行摊派征税，但是从整体上来看，改革确实让病入膏肓的大明王朝得到了“续命”。而张居正在改革过程中“苟利社稷，生死以之”的决绝态度，保证了改革得以推行，但也为其最后的悲惨结局埋下了伏笔。

万历十年，大明帝国改革的设计师张居正去世。万历皇帝为之辍朝，赠上柱国，谥“文忠”。然而就在万历十二年（公元1584年）八月，万历皇帝诏告天下，将张居正定性为“钳制言官，蔽塞朕聪，专权乱政，罔上负恩，谋国不忠”，褫夺了一切封号，因为念其“效劳有年”，才免于“断棺戮尸”。短短一年，张居正由大明的“救世主”变成了权臣贼子，在这背后究竟发生了什么？

前面我们说过，张居推行的“考成法”让官场发生了大地震，而在施行“一条鞭法”和清查全国土地的过程中更是动了乡绅豪族的“奶酪”。早在万历八年的时候，刑部侍郎刘一儒就提醒过张居正改革不要操之过急，但是风头正劲的张首辅没有听进去，于是在其死后遭到了大臣们疯狂弹劾。然而这还不是最重要的原因，造成张居正差点被断棺戮尸的最重要原因是来自于自己的学生——万历的报复。

张居正作为帝师时对朱翊钧的要求几乎到了严苛的程度，经常是小皇帝还在梦中就被张居正要求起床读书，学习时读错一个字都要被严厉批评，而生活中的娱乐活动也被严格控制。无论人前人后，小万历都恭恭敬敬地称张居正为“先生”。这样的表现，与其说是对张居正的尊重，倒不如说是对他的敬畏，甚至是恐惧。身为天子却要被老师处处管制，长此以往在万历皇帝的心里埋下了复仇的种子，于是等到张居正一去世，朱翊钧心中多年的积怨终于爆发了出来。

张居正去世时，有人说了一句话“工于谋国，拙于谋身”，据说这个人就是海瑞。两人同为一个时代的“名臣”，但交集不多，甚至海瑞有没有说出前面那句话都存疑，但这并不影响他成为能和张居正一样被历史铭记的臣工。“嘉隆万”时期的名臣太多太耀眼，如果这些臣工是天上的星星，那你一眼就能认出海瑞，为什么？因为他的“光”太奇特。

海瑞出任南平县教谕的时候，上级领导来视察工作，大家见面的时候两个副手见到领导秒跪行礼，而海瑞只是云淡风轻地拱手作揖。领导调侃地对左右说道：“你们看此三人，倒像个

‘山’字笔架。”就是这个“海笔架”成了明朝官场乃至整个社会的另类模范。

明朝官场贪腐盛行，海瑞任淳安知县时廉洁奉公，仅靠五两银子的工资和后院的二分地养活了一家人。他不但自己不贪，也不准下属贪污，搞得淳安的县丞、衙役纷纷主动放弃公职。在嘉靖时期，面对皇帝的懒政和痴醉神道，百官基本选择回避，为天下苍生计的海瑞却选择直犯逆鳞，抛出了震动天下的《治安疏》，直指朝廷弊政，更是把皇帝的毛病列举了一遍，希望其洁身自好、励精图治。在隆庆朝出任都察院右佥都御史、总理粮储并且巡抚应天等处的时候，海瑞在松江府巡查处理土地兼并问题，义无反顾地拿曾经救过自己的前任阁老、松江地区的大地主徐阶开刀。尽管徐阶“高风亮节”地主动退还了一万亩土地，但海瑞依旧是步步紧逼，让徐阶前后退还了四万亩的土地。黄仁宇先生评价海瑞是“古怪的模范官僚”。诚然，海瑞刚正不阿、执法严格、清廉勤政、爱民如子。在他的眼中，善恶是有明显的界限的，世间万物非善即恶。

据《明史·海瑞传》记载：“属吏惮其威，墨者多自免去。有势家朱丹其门，闻瑞至，黝之。中人监织造者为减舆从。”当时听说海瑞要出任应天巡抚之后，这个明帝国的富人居住区炸开了锅。由于海瑞盛名在外，贪官墨吏们很自觉地溜走，乡绅巨富们马上将自己家的红漆大门染成黑色，生怕被海瑞列为重点清查对象；江南督办皇室服饰仪仗的太监们也马上将出行的交通工具八抬大轿降低了规格，换成了普通的轿子。

从嘉靖三十二年出任南平县教谕到户部主事，海瑞用了十一年的时间，而在隆庆元年，曾因为上书嘉靖被下狱的他不仅获得开释，且在一年时间里完成了“三级跳”，升任大理寺丞。要知道举人出身在极度重视功名的明朝能够得到如此迅速的升迁简直如同“开挂”一般。这里边有穆宗的开明，有徐阶对海瑞的关照，更重要的是大明王朝即将迎来大幅度的改革。为了触动混沌的官场和价值观缺失的社会，需要一个模范和榜样，于是时代选择了海瑞。

从制度和道德标准来说，海瑞是教科书式的模范官僚，但是“案例”的特点就是仅存于书上，将他放到世俗的社会，海瑞就成了格格不入的异类，不可能和光同尘，他的一举一动也无法被文官团体乃至社会所接受。因为海瑞是一个偏执的理想主义者，他改变不了现实，想改变现实的人也不可能与他合作，现实中有着太多的人情世故和情非得已，这又是海瑞所不能接受的。所以海瑞只能成为那个时代的传奇，而想通过一个不被世俗所真正接受的榜样来改变整个社会的价值观也是不切实际的。

在万历朝首辅张居正去世五年之后，“模范官员”海瑞也离开了人世。五年之内，大明帝国连续失去了现实的“救世主”和理想的道德模范。痛失重臣，于国不祥，果然五年之后，帝国迎来了一场巨大的浩劫……

## 第十五章

# 壬辰战争——一战定三国

万历二十年（公元1592年）四月，釜山。

浓烈的晨雾弥漫在大海上，数米之外便看不清人影。釜山佥事郑拨正在绝影岛狩猎，直到下午浓雾才慢慢散去，这时他依稀地看见对马岛方向有一支庞大的舰队缓缓驶来，一阵凉意立刻涌上郑拨心头。在迅速返回釜山后，不祥之感得到了印证。远处的海面上，数不清的日本舰船涌向了釜山港，到了日落时分，日本人的舰船数量还在增加。郑拨知道，这些日本人绝对不是来进行贸易的。如此大规模的舰队，此行的目的可能只有一个——战争。

具有讽刺意味的是，在釜山周围的庆尚左水使朴泓、庆尚右水使元均、全罗左水使李舜臣基本上也是在同一时间得知了日本人来犯的消息，朴泓甚至在附近的母港机张详细统计了来犯日舰的数量。而他们指挥的是朝鲜水师的主力，共有一百五十艘板屋船，但在日本人登陆的第一时间内，全都没有发起攻击。此时的日本舰队也在进行一场豪赌，因为护航的舰队还在濑户内海集结，急躁的日本人赌自己可以在没有战舰护航的情况下，用运输舰和渔船就完成第一波兵力投送，这次运气站在了日本人这边，他们赌赢了。

朝鲜水师的不作为让庞大的日本舰队就像是“搬家”一样，花了整整一天时间陆续到达釜山，直到第二天的凌晨，承平日久的朝鲜人终于感觉到了恐怖的降临。

次日凌晨五点，在釜山城墙后边的朝鲜士兵看到了全身披甲的武士、身背弓箭手持长枪的士兵骑着战马，在佩戴着狰狞面具的高级武士的指挥下缓缓登陆。岸上的日本人越来越多，士兵开始列队。全军的色调以黑、红为主，黑色的是盔甲，而红色的是旗帜。

日本人开始分为两队，一队由一位骑着白马的武士领导，沿着海岸向西南行进数公里后在洛东江口的多大浦遭遇到了朝鲜守将多大浦佥使尹兴信，而这个骑白马的武士就是小西行长。另一队日本军队在小西行长的女婿宗义智的带领下直抵釜山，在城下与守将郑拨对峙。在这场登陆战中第一波到达朝鲜的日军共计18 700人，这支入侵朝鲜的第一军团更像是一支“十字军”，因为为首的将领除平户城主松浦镇信以外，小西行长、宗义智、有马晴信、大村喜前和五岛纯玄等大名全部笃信基督教。在到达釜山后，小西在试图以武力迫使朝鲜人投降无果的情况下，一度认为别无选择的战争是“基督之意”。相比朝鲜军队，日本人全副武装，除了传统的冷兵器，还携带了大量的“铁炮（火绳枪）”。

而日本人的铁炮正是来自明朝最大的“汉奸”——王直，嘉靖二十二年，化名为“五峰”的王直造访种子岛，并带来了铁炮。这种武器从种子岛传入日本后被大量列装，这种当时最先进的轻型火器让织田信长在日本的战国时代异军突起。釜山一战的结果毫无悬念，多大浦很快陷落。日军吹响了进攻的法螺号之后，数百名釜山守军就立即被日本人射出的弹雨击中倒地。虽然守军一直奋战到箭矢耗尽，郑拨战死，但是釜山还是不可避免地陷落了。

釜山陷落后，日本人在城内展开了疯狂的屠杀，总共有八千多人被杀死。冲进城内的日本人见人就砍，甚至连猫狗都没能幸免。此时，就在东面不远的山顶上，庆尚左水使朴泓就像观看恐怖电影一般目睹了这一切，被吓傻的朴泓下令凿沉了朝鲜一百艘主力舰船，他这么做的理由是害怕战舰落入敌人之手。于是整个朝鲜舰队还没有参战就葬身大海，之后朴泓失魂落魄地逃向汉城。

日军的“釜山行”拉开了长达六年之久的明、朝“抗日战争”的序幕，这就是历史上对中、日、朝三国有着深远影响的“壬辰战争”。

让时间回到万历十三年，丰臣秀吉在这一年就任关白（相当于丞相），虽然还没有统一日本，但他已经启动入侵中国的计划了。这年9月，他在给自己部下的一封信里毫不掩饰地写道：“我不仅要统一日本，还要入唐（中国）。”更为疯狂的是丰臣秀吉的胃口还远不止“入唐”，南亚的印度、东南亚各国也在他的征服计划之中。而对朝鲜的侵略，从后来发生的事件来看只不过是个“意外”。对于征服亚洲这样的庞大计划来说，丰臣秀吉还是没有完全丧失理智的。他认为以日本的国力吃下这么大一块蛋糕肯定会撑死，于是他计划在对外侵略的过程中，主要由日本人作为军队的核心，在战争持续过程中要充分地借助被征服地区的武装进行协同作战，就是拉拢当地武装或者政府组成“伪军”。不得不说，丰臣秀吉的战略思维还是很清晰的，于是他多次派出使臣入朝，想让朝鲜加入进攻明朝的军团，并作为急先锋。公元1589年之前，釜山之战的指挥者之一宗义智还亲往朝鲜出使，带去了孔雀和火绳枪作为礼物。太平已久的朝鲜人对这个东西完全不感兴趣，竟然把日本人送来的“大杀器”全部存放在库房中，殊不知此时的日本军队已经装备了上万条的火绳枪。这一幕和几百年后清朝乾隆皇帝面对英国使团进贡先进火器时傲慢的态度何其相似。

从洪武二十五年起，朝鲜就开始奉行“事大交邻”的外交政策。朝鲜太祖康献大王李成桂在立国伊始便确立了以明朝为宗主国的外交指导思想，并遣使来朝，而朱元璋授意礼部赐朝鲜国名。礼部告知朝鲜使臣“东夷之号，惟朝鲜之称美，且其来远，可以本其名而祖之。体天牧民，永昌后嗣”，朝鲜由此得名。特别是朝鲜第三代君王太宗李芳远上位后，朝鲜成了明朝最忠实的藩属国之一，不但政治体系效仿明朝，就连礼仪、文化也严格恪守规制。朝鲜王宫“景福宫”就得名于《诗经》中“君子万年，介尔景福”中的“景福”二字，意为福泽绵延。王宫面积与规制严格遵循与宗主国中国的宗藩关系，为亲王规制的郡王府，所有建筑均以丹青之色来区别于中国皇宫的黄色与红色。政治的依附、文化的认同让两国在二百多年的交往中建立了政治互信。如此忠心的属国，面对日本提出的当“伪军”的要求当然是不屑一顾，朝鲜果断地拒绝。然而日本人并不会因为朝鲜人的拒绝就停止自己征服亚洲的计划，此时的丰臣秀吉就像是一个瘾君子一样到了发狂的地步。

公元1591年的一天，丰臣秀吉登上京都的清水阁寺，举目远眺西方，沉默良久，突然对侍从说了一句：“大丈夫当用武万里之外！”就在这年，丰臣秀吉的爱子夭折，已经54岁且身体大不如前的丰臣秀吉似乎感到“时不我待”，决心先征服朝鲜，扫清入侵中国的道路。

釜山一战的战斗局势是有着深刻的历史背景的。公元1467年，日本应仁之乱（围绕室町将军继承人发生的内乱）以后，日本进入战国时代。直到壬辰战争爆发前的公元1590年，日本各地群雄割据，战争不断，日本的军队可以说在一百多年中经受着实战的训练。反观朝鲜，从立朝伊始，在以明朝为宗主国的东亚国家关系中，确立了儒教官僚体制，主张文治社会，二百多年来几乎没有太大的战乱。国内不但有着重文轻武的特点，朝局上也出现了和明朝相似的党争。如此情况之下，朝鲜军备废弛，战斗力极度低下。

在釜山登陆一周之内，日本军队竟然快速地穿越了庆尚道全境，每天行军的速度达到了二十多公里！这还是在进军途中进行作战的速度。朝鲜巡边使李镒感叹："今日之敌，似如神兵。"而缺乏训练、手持刀剑的朝鲜士兵根本不是以火绳枪为主的日本军队的对手，在达鹊院关的一次战斗中，日本火绳枪部队一次性就解决了三百多名朝鲜军人，堪比屠杀。由于烽燧系统年久失修，日军入侵的消息竟然在四天后才传到仅四百公里外的汉城。

丰臣秀吉从公元1591年起，就开始全力准备入朝作战。为了进攻朝鲜，他在九州的名护屋建立了备战的大本营，因为从这里只需要八个小时就能到达入朝的中转站——对马岛，而从对马岛到达朝鲜只需要六个小时。到了公元1592年初，二十三万人集中在名护屋，其中的十五万人将直接前往朝鲜参与作战。而这些部队都是在日本战国时代中生存下来的具备强悍战斗力的士兵。除了精良的盔甲、战刀、战马之外，还装备了超过两万支的火绳枪！战争的结果可想而知。

从釜山登陆开始，日军又攻克东莱城，随后小西军经梁山、密阳、大邱，在尚州击溃巡边使李镒的军队。在天险要塞鸟岭，朝军没有防备，竟让日军未经战斗就顺利通过。28日在忠清道忠州，日本军队利用战术和火器围剿了朝鲜王廷寄予厚望的都巡边使申砬的敢死队。朝鲜国王宣祖李昖得报后立刻逃往开城，而此时加藤清正和锅岛直茂的日军第二军团沿东路急速北上在忠州与小西军会合，两军开始分路合击汉城。5月3日小西军抵达朝鲜王都汉城。16日丰臣秀吉接到攻克汉城的消息后喜出望外，战争的异常顺利让他似乎觉得大明的天下也唾手可得，居然开始幻想将天皇移居北京，自己驻扎宁波了。

公元1592年，朝鲜西南全罗道全州城外的山路中，行进着一支特殊的朝鲜马队。和马队随行的朝鲜官员及士兵的神经高度紧张，他们随时做好了和突袭的日本士兵作战的准备。马背上载运的既不是财物也不是粮米，而是包括《朝鲜王朝实录》在内的五百七十七卷图书史籍。从15世纪开始，为了避免这些珍贵的史料被毁，朝鲜人一共复刻了四份史籍，分别收藏于汉城王宫、忠州、星州和全州，在他们看来，这样做可以保证朝鲜的历史留存万年，因为四份典籍被同时毁坏的概率非常低。然而日本的入侵让朝鲜的历史出现了毁于一旦的可能。此时其他三座史库已经被日本人摧毁，在朝鲜全境即将沦陷的时候，全罗道观察使李洸和前典籍李廷鸾当机立断，将朝鲜最后一座史库中珍藏的史籍成功地转移了出去，使得朝鲜李氏王朝的历史能在战火中保存下来，成了拯救朝鲜“历史”的功臣。虽然“历史”保住了，但是“朝鲜”这个国名却差点成为历史。

随着壬辰战争中日本人的快速推进，朝鲜全国八道已失，仅剩平安道以北和靠近辽东半岛义州一带尚存，李昖北逃至中朝边境的义州。如此境况之下，李昖使出了最后的“撒手锏”——向明朝求援。

当朝鲜即将被日本“团灭”的消息传到紫禁城时，明廷有些不敢相信，甚至派出画师给李昖的画像辨别真伪。此时的万历皇帝——大明王朝的第十三位君主神宗朱翊钧很头疼，因为他要考虑的还不仅仅是朝鲜的问题，还有另一场战争——为平定哱拜叛乱的宁夏之役。不仅如此，短短几年之后，播州宣慰司使杨应龙也起兵叛乱，迫使明廷展开播州之役。大明王朝在万历二十年到万历二十八年的八年间几乎是同时进行着三场大规模的战争，这三场战争全部以明廷取胜告终，这在明朝历史上是罕见的。壬辰战争、宁夏之役和播州之役也被称为“万历三大征”。

其实，不论是什么时代的战争，较量的都是综合国力，明廷在这个阶段能够承受得起这样大规模的战役与张居正的改革是密不可分的。正是这段时期的改革，才让江河日下的大明王朝得以喘息。

张居正的改革主要有两个方面：第一，在全国进行彻底的田亩清查。作为农耕国家，田赋是明廷最重要的赋税来源，在万历朝之前的一百多年里，中央政府基本上可有税收的田亩数在四百多万顷左右。而张居正通过对田亩的核算清查出了将近三百万顷的逃税田亩，为国家财政补上了一个大窟窿。第二，就是我们所熟知的“一条鞭法”。张居正在这里主要抓住了两个重点，一个重点是按照田亩和人丁核算出每户需要缴纳的赋税额度，这种做法让国家可以有计划地进行财政预算，又预防了各级官员的盘剥。另一个重点是将实物征税改为货币税，也就是征收白银。张居正的改革颇有成效，中央政府的财政状况出现了明显好转，国力的增强让明廷有实力抵御强敌。

在确认了朝鲜危亡的信息具有真实性和明晰了战场形势之后，明廷做出了“朝鲜属国，为我藩篱，必争之地”的统一思想，并决定进行大规模渡江作战。

万历二十年十二月，中朝边境，鸭绿江。

这天天气爽朗，远望朝鲜群山之中云海翻滚，鸭绿江碧水与长天一色。江边明朝军队阵容齐整，辎重、火炮分列其中。这时监军刘黄裳大喊道：“此汝曹封侯地也！”随后这支“抗日援朝”的明军队伍浩浩荡荡地向平壤方向开拔，这支四万人的部队统帅正是刚平定了宁夏之役的提督李如松（李成梁长子）。万历二十一年（公元1593年）正月初八，在凛冽的寒风中，随着一声炮响，明军展开了对平壤的进攻。

平壤为朝鲜的陪都，东临大同江，北有牡丹峰，城池高大厚实。日军第一军团指挥官小西行长在平壤坐镇指挥，日军在城墙上使用鸟铳、火箭、巨石阻击明军，“倭炮矢如雨”。明军受阻不能向前，此时仗剑督战的李如松大喝一声，斩落了一名畏缩不前的军士，明军见主帅亲自督战皆奋勇而上。就在李如松与日军激战正酣的时候，年届六十的明将吴惟忠率军从平壤城北面的牡丹峰绝壁攀缘而上，击溃了驻守的日军，升起明军军旗。在北城的日军一看牡丹峰失守，军心大乱。其实在战前，李如松就对围攻平壤城做了周密的部署。不仅是北面，在平壤西南，李如松还命令明将祖承训伪装成朝鲜军队攻城以麻痹日军。如李如松所料，日本人根本没有把战斗力低下的朝鲜军队放在眼中。当这支

“常败的朝鲜军队”靠近城墙时突然露出了明军的铠甲，架起云梯攻城，日军还没来得及反应，祖承训部已经登上了城墙。而西门成了日本人真正的地狱，他们在这里领教了明朝火炮的威力。李如松将入朝带来的火炮部署在了西门，日本人的火绳枪和明廷的火炮比起来简直是小巫见大巫，在几轮的火炮齐射后，日本人只能在残垣断壁中痛苦呻吟，而李如柏（李如松之弟，李成梁二子）早已趁势冲进了西门。至此，日本人在平壤的第一道防线全面失守。入城的明军越战越勇，威不可当。吴惟忠攻下牡丹峰后分兵冲进西门，被鸟铳击中胸膛，老将军却继续挥刀督战。李如松亲自督军进城，战马被鸟铳打中，他换马再战，战马又陷壕沟，此时李如松大吼一声，战马有如神助，从沟中跃起。明军战士看见此景士气大振，将士无不奋勇当先。战斗中明军还将火炮调入平壤，将日军驻守的堡垒一一摧毁。当日战事持续到夜晚，日军全线溃退，小西行长带着残余部队退出平壤，李如松顺势扫清整个朝鲜北部日军。然而明军在后来向汉城方向进军时，在离汉城约三十里的“碧蹄馆”遭到日军阻击，双方伤亡惨重，两军进入了对峙阶段。其后李如松奇袭日军占据的龙山仓，烧毁了日军赖以生存的几十万石粮食，使侵朝日军陷入困境。在这种情况下，日本开始启动向明廷请求重新封贡的谈判，朝鲜局势得到稳定。虽然日后日军撤出了汉城，但长期盘踞在朝鲜南部的釜山。就此时的谈判来说，只不过是因为日军补给线过长，与明军交战损失过大而采取的权宜之计。到公元1597年，得以喘息的丰臣秀吉再次集结大军侵略朝鲜，这次入侵战争持续了一年，史称“丁酉再乱”。就在战争局势胶着的时候，丰臣秀吉突然去世，日军无心恋战，纷纷撤离朝鲜回国，长达六年的壬辰战争就这样戏剧化地结束了。

壬辰战争中与一触即溃的朝鲜陆军形成鲜明对比的是李舜臣统领的朝鲜水师。在宣祖二十五年（公元1592年）五月四日至九日的玉浦海战中，朝鲜全罗道左水使李舜臣统率75艘舰船共歼灭日本水师约44艘船。玉浦海战也是壬辰战争爆发以来朝鲜军队的首场大捷，随后李舜臣又在庆尚南道的泗川和唐浦港大败日本水师。

不甘失败的日本水师在巨济岛一带集结，准备兵分三路向朝鲜水师发动进攻。宣祖二十五年七月七日清晨，李舜臣将集结于巨济岛的日本水师引至闲山岛附近水域，率领全罗道舰队和庆尚道的部分舰队组成联合舰队痛击日本水师。此战击沉日本水师40艘船，史称“闲山岛大捷”。李舜臣还在日本第二次入侵时率领朝鲜水师以少敌多，击败了日本水师，并击毙日军主帅来岛通总。

在壬辰战争持续过程中，明朝作为朝鲜的宗主国始终不遗余力地帮助朝鲜抵御外敌，在战争中甚至还组成了“外籍军团”协助朝鲜作战。

公元1598年，朝鲜国王饶有兴致地观看了一场兵器操演，让所有人都感到无比惊讶的不仅仅是表演者的高超武艺，还有他们令人难忘的容貌——“黄膛漆面，四支手足，一身皆黑，须发卷卷，短曲如黑羊毛，而顶则秃脱。”看完这个“另类”士兵的表演，朝鲜国王高兴地赏赐给他一两白银，而这位相貌奇特的士兵则来自明朝援军。朝鲜史书中关于壬辰战争的多处记录有迹象表明，当时明廷派出的援朝大军很有可能是一支“多国部队”。

《朝鲜王朝实录·宣祖实录》中记载了一则宣祖二十六年（公元1593年）时任兵曹判书的李恒福在造访明朝副总管刘蜓部队后，向宣祖国王报告的事迹。李恒福表示自己在明军中受邀检阅了部队，看到了包括暹罗、缅国等在内的其他亚洲国家及明廷少数民族的士兵。朝鲜礼曹判书尹根寿也在明朝的援军中看到了来自暹罗等国的外籍士兵。因此，明廷很可能在此次声势浩大的国际战争中进行了广泛的动员，并且从帝国的少数民族地区和南亚的属国征召了部分能征善战的勇士。其实早在元朝时期，远征日本的军队中就有过外籍士兵。不仅如此，躁动的葡萄牙人也参与了这场东亚之战。

公元1598年“丁酉再乱”时期，朝鲜宣祖催促明朝游击彭信古南下与日本人作战，彭信古说：“过一月后欲为南下矣。”且称带来异面神兵，使之进见。朝鲜宣祖问是哪里的“神通”，彭信古说：“波郎国人也。渡三海方抵湖广也。距朝鲜十五万余里也。其人善鸟铳（火绳枪）及诸武艺。”这里的“波郎国”就应该指的是佛郎机国，即葡萄牙人，而前面为宣祖表演武艺的正是葡萄牙人的士兵。这些士兵很有可能是来自葡萄牙占领的印度地区的雇佣军，因为他们还用“一匹黄绢盘结如蟠桃状，而着之头上”。据朝鲜方面的史料记载，这些葡萄牙士兵除装备了先进的火绳枪，还有着精湛的航海与潜水技能，这对于明朝一方来说应该是利好消息。“丁酉再乱”时明廷征发浙江、江西、四川、广东地区的士兵救援朝鲜，这些葡萄牙士兵很有可能是从盘踞的澳门地区北上的。可能是因为数量不多，或者其他原因，在我国的史料中没有此段记录。但是在壬辰战争期间跟随小西行长的神父塞司佩代斯（Gregorio de Cespedes）和耶稣会传教士路易斯·弗洛伊斯（Luis Frois），他们在公元1563年时虽然没有亲自到过朝鲜，但从吉利支丹大名和士兵那里得到了详细的情报，在战争中记录着葡萄牙人以不同的形式参与双方交战。

持续了六年的壬辰之乱，随着丰臣秀吉的去世戛然而止。看似偶然，实则必然。因为不管是明廷、朝鲜还是日本，都没有再打下去的实力了。

作为主战场的朝鲜半岛，在战争中被毁于一旦，几乎亡国。王宫被毁，大量人口丧生于战火之中。仅在第二次晋州之战中就有六万人死于日军的屠杀，战后全国户籍人口只有战前的六分之一,百业萧条，全国的耕地仅存五分之一，景福宫已经变成了一堆废墟，即便复国之后也处于崩溃边缘。

日本的入侵还改变了朝鲜的政治结构，战争的破坏，使得朝鲜政府不得不靠大量出售官职来增加收入，因此有更多的人进入到国家权力机构。如同自己的宗主国明廷一样，经历了生死劫难的朝鲜王廷依旧没有改掉党争的毛病。突然增加的官员队伍也加入了党争，使得这一现象在公元1600年到公元1650年间愈演愈烈。

值得一提的是，明朝作为援军介入战争，让中国文化对朝鲜再一次加深了影响。当时的明朝军队将关羽当作战神敬仰，这也掀起了朝鲜人对象征着“忠义”的关羽的崇拜热潮。到即将结束战乱的公元1598年，驻扎在汉城的明朝统帅杨镐在朝鲜王廷的协助下在崇礼门（南大门）外修建了朝鲜最初的关羽祠堂——南关王庙（南庙）。公元1598年，为庆祝关羽生辰，朝鲜皇帝宣祖还亲自焚香祭拜。不久之后，朝鲜政府又在汉城东大门外开始修建比南庙规模更大的仿效了中国祠堂建筑风格的东关王庙（东庙）。尽管这对当时的朝鲜来说是巨大的工程，但是朝鲜王廷还是下决心完成。工程竣工后，东庙成为明朝使臣来朝鲜时必经的参拜之地。壬辰战争期间，在崇拜关羽的明朝将帅的影响下，关帝信仰深入地影响了朝鲜社会，王廷甚至认为是“战神庇佑”才让战争取得了胜利。在官方的影响下，到了17世纪后半期，朝鲜的平民百姓已经普遍地相信关羽作为神灵的存在。同时作为叙述关羽形象作品的《三国演义》成了朝鲜社会最受欢迎的文学作品之一，中国文学作品深深影响了朝鲜时代后期文学创作的风格，如朝鲜最初著名的朝文小说《洪吉童传》的创作就受到了《三国演义》等中国小说的影响。

日本作为战争的发动者，在此次战争中掳掠了大量的朝鲜学者、陶工、手工业者到日本，带走了大量的铜活字，还有数千册珍贵图书，对战后日本社会经济和文化的发展产生了重要影响，如日本著名陶瓷品牌有田烧的陶祖就是朝鲜陶工李参平。因此，日本人甚至称这场战争为“陶瓷之战”或者“活字之战”。在战争中，朝鲜著名的儒学家姜沆也被日本水军藤堂高虎所掳送往日本，他在日本认识了江户时期的哲学家、理学家藤原惺窝。在姜沆的协助下藤原惺窝深入研习了儒家的科举制度与春秋释奠（阴历二月和八月在文庙祭祀以孔子为首的四圣、十哲、七十二贤的仪式）。由于当时藤原惺窝已被德川家康任用授课，这个特殊的身份得以让儒家经典学说在日本广泛传播，使得藤原惺窝的学生林罗掌管了江户幕府官学后（关乎教育、文书、法令等），为日本官学发展奠定了基础。在部分朝鲜学者看来，日本对儒家经典深入地学习和研究并不是一件坏事，朝鲜后期的学者、哲学家丁若镛认为，日本有了懂得礼仪的儒学家，应该不会再度侵略邻国。他认为野蛮的民族无“文”，所以肆意妄为，而儒学思想的发展，对日本演变成尊礼的国家很有帮助。事实证明这位朝鲜学者还是过于理想化了。

对明朝来说，战争的影响更为深远。为了供给这场旷日持久的战争，每年大约有240万两的军费支出，虽然经历了张居正的财政改革，明廷的收入大幅增长，但是每年太仓银的收入也只有200万两左右，仅应付壬辰战争都不够。几乎是在同一时期，明廷还要应付另外两场规模巨大的战争，造成了严重的财政赤字。另外，明廷辽东军备被严重削弱，兵额减员一半以上，这为日后东北地区女真的崛起提供了绝佳的机会。

壬辰战争中明廷出兵，避免了朝鲜亡国，抑制了日本在亚洲的侵略，为战后近三百年东亚地区国家之间的稳定奠定了基础。看似三国政府都没有在战争中得到好处，却有三方势力在壬辰战争中异军突起，甚至影响了半个世纪之后东亚大陆王朝的更迭。他们是朝鲜的光海君、日本的德川家康和辽东的努尔哈赤。

朝鲜立国后不但在政治、文化上高度向明廷靠拢，就连出现的问题也惊人地相似。朝鲜在王位的继承上，严格恪守嫡长子继承制，而朝鲜宣祖正宫懿仁王后却无所出，在庶子中，长子临海君（朝鲜王朝第十五任君主光海君李珲的同母兄）不学无术，劣迹斑斑；而宣祖却最宠爱仁嫔金氏所生之子信城君李珝。在这种情况下，世子之位一直空悬。这和同时期明廷万历朝的“国本之争”十分相似。原本作为次子的光海君李珲是没有希望继承王位的，但是壬辰战争改变了他的命运。

日军的入侵让朝鲜官员强烈要求宣祖选定接班人以备不测，懿仁王后也劝宣祖早立光海君，在这种情况下，宣祖宣布立光海君为王世子。朝鲜宣祖在逃亡朝鲜北部时将朝廷一分为二（分朝），一部分人随宣祖渡江，光海君受命“权摄国事”。光海君收集义兵，亲临一线，号召通国勤王，在朝鲜复国过程中作用巨大，逐渐在民众中获得极大声望，慢慢掌权，并在宣祖去世后成为朝鲜第十五代君王。敏感的立储问题在战后更加复杂，自壬辰战争到宣祖薨逝，朝鲜先后五次遣使请求册封光海君为王世子，但是明廷都予以拒绝，此举导致日后光海君对明廷的不满，在其执政时期长期奉行“不背明、不怒金”的外交政策。而光海君在王位上的日子也是如履薄冰，最后在“仁祖反正”事件中被侄子李倧夺权并流放。

再看日本，壬辰战争后丰臣政权垮台，使得保存实力的德川家康独占鳌头，得到“征夷大将军”之位并且建立了统治日本265年的江户幕府。战后的朝鲜和日本都将精力放在了国力的恢复上。

而本场战争还有一位最大的受益者就是努尔哈赤领导的建州女真。在亚欧大陆偏远的白山黑水的苦寒之地，这个中原文明的边缘地带包含了南起朝鲜北部盖马高原、北至鄂霍次克海、东到库页岛、西至蒙古高原的广大区域，这里长期生活着靺鞨、虾夷、契丹、女真各民族。在历史发展中他们不断融合，同时和周边的汉、朝鲜、大和文明也相互吸纳，但又保留着自己民族独有的特色。

这块土地十分具有特殊性，丰富的自然资源可以让生长在这里的部族从事集采、狩猎和游牧，而在南部的东北平原，亦可进行农业生产。恰恰就是这样的地区部族往往对农耕文明充满了向往和侵略的冲动。看看历史就知道了，契丹人建立的辽和女真建立的金都曾南进中原，由此看来，女真的崛起是历史的必然。壬辰战争只不过是给女真人的再度崛起提供了一个机会，让原本在蒙古、朝鲜、明朝多方势力生存下的女真人实现“翻盘”，而努尔哈赤也抓住了这个机会。明朝用来钳制东北女真、蒙古诸部的辽东兵马在壬辰战争中损失颇大，遂无暇顾及东北女真各部与蒙古势力。早在战前，努尔哈赤已经在建州实现各部统一，壬辰战争刚结束不久，努尔哈赤又和海西女真爆发了古勒山之战，大败海西女真九部，为日后的统一打下基础。半个世纪后，女真人果真人主中原，不但成为中国历史上最后一个封建王朝，而且还在17世纪与18世纪的百年时间里创造了“康乾盛世”，让清帝国成为彼时世界一等一的强盛帝国。而明廷经过“万历三大征”之后，财源枯竭，更加缺乏对辽东地区边防的投入。虽然打赢了壬辰之战，但明廷实际上已经迎来了王朝的末路。

## 第十六章

# 萨尔浒之战——后金的崛起

万历四十七年（公元1619年）的一天，一支万余人的朝鲜军队行进在辽东境内。

指挥官朝鲜人姜弘立的神经已经紧绷到了极点，友军明廷部队“天兵尽殁”的消息令他不寒而栗，还没等他从惊愕和恐惧中走出来，漫山遍野留着辫子的骑兵已经冲到了山脚下的朝鲜军队阵前。朝鲜的火绳枪手只进行了一轮慌张且漫无目的的齐射后，“辫子军”就已经冲散了朝鲜部队，瞬间朝鲜“两营皆覆”。就在这支部队即将全军覆没的时候，左营的将领金应河迅速整队布阵，在拒马（一种可以移动的阻止骑兵和步兵前进的障碍物）后指挥士兵从容射击。上天似乎特别眷顾“辫子军”，眼看朝鲜军队几乎就要击退敌人的进攻了，突然狂风大作，将朝鲜军队的火绳枪纷纷吹灭。“辫子军”抓住机会冲入朝鲜军阵，朝鲜士兵面对左突右冲的骑兵四散而逃，纷纷被杀死，金应河也在乱阵中战死。就在朝鲜士兵如草芥一般被“辫子军”屠杀的时候，距离阵地不足一千步的山坡上还尚存四千多人的朝鲜军队，这些士兵在山坡上目睹这一幕血腥场景早已吓得魂飞魄散，有的人将耳朵捂住不忍再听本方士兵的哀号，有的人则呆呆地坐在地上静等死神的来临。

这场战斗是发生在万历四十七年明朝与后金进行的“萨尔浒之战”中的一场，这支万余人的朝鲜部队是协助明军作战的部队，而冲入阵地的“辫子军”就是后金的骑兵。

此时军中的主帅姜弘立已经万念俱灰，突然后金一骑跑上山坡，口中大喊“通事（翻译）”，朝军翻译马上应答。经过短暂的交涉后，后金骑兵停止了屠杀，剩下的朝鲜人全部投降，女真人命令朝鲜指挥官前往后金军营。在姜弘立前往拜会努尔哈赤的途中，心有余悸的他又见到了终生难忘的一幕：千余名明廷士兵被后金骑兵像切菜一般屠杀殆尽，“僵尸如麻，数十里不绝”。而明廷集结重兵发起的萨尔浒之战在不到一周的时间内也像这次战斗一样以惨败告终。

万历四十六年（公元1618年）四月，抚顺。

仅有千余人驻守的抚顺城的士兵们看到了惊恐的一幕，天际线边涌来了无数的军马，用明军士兵的话说就是：“兵分队而阵，白旗白马白甲，望之如练，红旗红马红甲，望之如霞。”这段记载在《筹辽硕画》[1]中的文字一点也不夸张。就在这年，努尔

1 编年体史籍，明代程开祜编撰。全书主要收录万历四十六年至泰昌元年辽东长城地区问题的奏疏。

哈赤动员了两万兵力直接参与了对抚顺城的进攻。结果可想而知，后金的军队不费吹灰之力就占领了抚顺城。守城游击李永芳不但率军投降，而且摇身一变成了努尔哈赤的“女婿”，他的九个儿子也入旗籍为清廷效力。这一战中，后金军队还攻克了抚顺周边的五百多座小城堡，掳掠人口、牲畜三十多万，并且击溃前来驰援的广宁总兵张承荫等率领的万余明军。与这些相比，最重要的是努尔哈赤在此次战役中俘获了建朝初期最重要的汉人谋臣之一的范文程。

抚顺陷落的消息传入明廷，举朝上下一片哗然。然而此时的明廷已经将张居正十年改革的红利用尽，大明王朝进入了寿终正寝的倒计时。相对于万历前期张居正辅政改革和万历皇帝的奋发图强，万历中后期近三十年的“万事不理”和“长期不朝”成了重要的政治特色，对郑贵妃的宠幸也导致国家储君长期的悬而未立，造成长达二十多年的“国本之争”，间接使明廷与彼时朝鲜君主光海君有了嫌隙。同样因为敏感的国本问题，光海君长期以来不受明廷的正视，在萨尔浒之战中迫于压力派军共同作战之前，还给主帅姜弘立秘密下达了“不要一味地听从明廷将领指挥，最重要的是自保”的指令。而“万历三大征”将万历前期改革积累的财富损耗殆尽，辽东军备更是在壬辰之战中受损严重。

万历亲政后曾一度“事事由朕独断”，为何会出现之后长期不朝的局面呢？有学者归结于朱翊钧对郑贵妃的宠幸和对朝廷中朋党之争的厌恶，而近代学者孟森则把责任归结到首辅申时行的身上，认为是这位首辅的“遇事迁就”导致了万历的随心所欲。

如果说这些原因没有影响是绝不可能的，但是万历的健康问题也是造成他懒政的重要原因之一。

“身体是革命的本钱”，这句话一点没错，万历皇帝就像他父亲一样，身体一直不怎么好，再加上他长期沉迷酒色，导致了健康状况更加不容乐观。万历十四年（公元1586年）九月十六日到三十日，朱翊钧因为“头昏眼黑，力乏不兴”竟然请了半个多月的“病假”没有上朝。此后，万历皇帝经常因为健康问题不上朝，朝臣一度怀疑皇帝是在装病。

万历十八年（公元1590年），申时行委婉地劝诫朱翊钧，一个月最好能“上三四天班”，然而皇帝无奈地说：“朕病愈，岂不欲出？……只是腰痛脚软，行立不便。”万历十九年时，万历皇帝的症状竟然发展到“面目发肿，行步艰难”的地步。万历自己也在与申时行的一次交谈中动情地说道：“朕近年以来，因痰火之疾，不时举发，朝政久缺，心神烦乱。”可以看出皇帝内心的无奈。头晕目眩确实是一种对日常工作影响非常大的疾病，作为帝国的大脑每天要考虑众多的问题并做出决策，有这个病无异于雪上加霜。这也导致了万历中后期的执政生涯基本采用批阅奏疏的形式来进行。

但是遇到后金入侵这样的大事，不管万历有没有精神、国家有没有钱，都要打起精神积极应对了。

其实早在壬辰战争之前，明廷对辽东局势就已经失去控制。成化年间明宪宗发动过两次针对女真的“犁庭行动”，维持了辽东地区半个世纪的安定局面。到了万历年间，国力衰退的明廷已无暇东顾，辽东都司失去了对女真部族的直接管理，只能靠扶持当地部落首领“以夷制夷”。好在嘉靖时期逐渐壮大的海西女真首领王台对明廷忠心耿耿，得以让明廷在辽东地区少操心。投桃报李，明廷授予了他左都督一职，明朝官员也惊叹王台的忠诚：“岂非百世一奇观哉！”而同时期建州女真的首领王杲却是桀骜不驯，屡屡与明廷为敌。万历二年（公元1574年）王杲扰边被明军击溃后投奔王台，王台将其押送明廷，最后王杲被处死，王台因此被授予“龙虎将军”并且获得了抚顺关朝贡贸易的支配权。女真人成为“金路”，建州女真与海西女真由此彻底决裂。

历史发展中的巨变总是由千丝万缕看似无关的小事组成。万历十一年明军联合建州女真苏克苏护河部尼堪外兰在古勒寨围剿王杲的儿子阿台时，误杀了在城中的觉昌安及其子塔克世，而觉昌安的孙子就是后来建立后金的努尔哈赤。面对祖父、父亲无端被杀，努尔哈赤以十三副盔甲，不满百余兵士起事，开始了自己的复仇大业，被推上了历史的舞台。

成功总是属于有准备的人。努尔哈赤绝非一般的蛮地猎民，通晓汉文化的他带领着在夹缝中生存的族人硬是在辽东打出了自己的天下。从万历十一年开始，努尔哈赤用武力与计谋，先后收服董鄂部、浑河部，并杀死尼堪外兰报了之前其协助明军杀死自己祖父、父亲的大仇。万历十五年（公元1587年），努尔哈赤在呼兰哈达东南的二道河子筑城，建立统治中心。万历十七年

（公元1589年），努尔哈赤完成了对建州女真各部的统一。具有讽刺意味的是，在努尔哈赤逐渐扩大势力的时候，明廷不仅没有警觉，反倒一再给他加官晋爵。原来，努尔哈赤在自己统一建州女真各部的过程中频频向明廷示好，还协助明朝剿灭犯边的女真部落，出色的演技成功地骗过明廷，以至于明廷认为努尔哈赤是“今日之王台”。身处前线的蓟辽总督张国彦、辽东巡抚顾养谦等也一致肯定努尔哈赤的忠心。唯有处在第三方视角的朝鲜，时刻洞悉着努尔哈赤的意图，屡次通告明廷戒备努尔哈赤。此时据朝鲜人的侦察，努尔哈赤的势力已经远非昔日“吴下阿蒙”了，其部统率约1.5万人，并分成“环刀军”“铁锤军”“串赤军”“能射军”，军马粮草、武器装备一应俱全。统一了建州女真的努尔哈赤并没有停下脚步，因为他需要更加强大才能对自己内心深处认定的终极仇人——明朝进行报复。

万历二十一年（公元1593年），努尔哈赤在古勒山（今辽宁新宾）大败前来进犯的海西女真与蒙古科尔沁部联军三万余人，缴获战马军械无数。至此，建州女真确立了在辽东地区的绝对霸主地位。到万历四十一年（公元1613年），努尔哈赤几乎是不停歇地征服了区域内叶赫部以外的所有部族。努尔哈赤的坐大正是瞅准了明廷和朝鲜陷入壬辰战争之中的这个空当。朝鲜的判断是准确的，然而此时的朝鲜刚经历过“八道尽糜”的战乱，也无暇北顾。

朝鲜和女真，作为东北亚地区有紧密关系的民族与政权，也是“剪不断，理还乱”。朝鲜在国力强盛的世宗大王李祹时期，由于女真部频繁犯边，李祹采取强硬措施，宣德八年派大将金宗瑞击败女真兀狄哈部，宣德九年平定东北女真部落之后，在明朝划定的女真地区建州左卫建立了会宁、稳城、钟城、庆源、庆兴和茂山六镇。正统八年（公元1443年），李祹又在北部边境设置了闾延、慈城、茂昌、虞芮四郡。然而“风水轮流转”，近两百年后，日渐强大的女真不但在东北建国，而且还发动了两次几近让朝鲜灭国的侵略。一次是在天启七年（公元1627年），皇太极以朝鲜“助南朝兵马侵伐我国”“窝藏毛文龙”等理由对朝鲜宣战。后金大将阿敏、济尔哈朗等人率军过鸭绿江长驱直入，朝鲜军队被打得毫无招架之力。朝鲜仁祖李倧逃往江华岛，并命使臣求和。后金大军撤退时在朝鲜京畿道海边一带尽情劫掠，令该地区“尽成空壤”。这次入侵在朝鲜历史上被称为“丁卯虏乱”。

崇祯九年（公元1636年），皇太极正式称帝，改国号为清。为了彻底征服朝鲜，解除“前有明廷，背有朝鲜”的不利局面，皇太极率大军亲征朝鲜。清军渡江后，仅用十二天便抵达王京城下。京畿之内“上下惶惶，罔知所为，都城士大夫，扶老携幼，哭声载路”。朝鲜仁祖李倧率领文武百官退守南汉山城，后迫于清军压力只好求和。公元1637年，朝鲜去明年号，奉清朝为正朔，这就是朝鲜历史上的“丙子虏乱”。

明万历四十六年，羽翼丰满的努尔哈赤在新建的行政中心赫图阿拉（今辽宁省新宾）发布对明朝的“七大恨”征讨檄文，宣布对明朝开战，他的第一个目标就是抚顺。

抚顺的沦陷令万历皇帝大为震惊，虽然长期不朝，但是并不代表朱翊钧不过问政事。糟糕的身体状况令他只能把有限的精力放在“重要且紧急”的事情上，比如后金的入侵。抚顺陷落，明廷反复商议后定出了方针——征讨。

此时的万历皇帝责任心爆棚，忙活了近两个月协调调兵筹措饷银，这让他本就糟糕的身体状况进一步恶化，整日头晕目眩还伴有严重的腹泻。即便如此，万历皇帝还一直关注着整军备战，只是视财如命的特性又在这次事件中暴露出来。内阁上书希望能从内帑银中拨出五十万两接济军费，一听要用自己的“私房钱”，万历皇帝不乐意了，表示“内帑无银”，最后见户部要得紧，掏了十万两了事。缺钱且不说，兵员也是个令人头疼的大问题。

此时辽东全镇兵员实际能够参与出征的只有两万人，而且其中老弱兵痞大有人在，于是明廷开始在九边重镇和山陕、浙江等地全国性地调兵。虽然这支队伍里边有从南方调来的“戚家军”等战力强悍的部队，但是因为对阵的敌人不同，实际上在后来的战役中并没有发挥太大的作用，而且南北方军人之间的隔阂与气候的巨大差异也大大影响了军队的整体战斗力。

除了这支临时拼凑起来的军队，明廷还敕令海西女真叶赫部与藩国朝鲜协同作战，但这两支军队堪称完美的“猪队友”，不但作战效率低下，朝鲜更是成了军事情报的“单向输出者”。彼时的李氏王朝官员往往在下朝回家时将廷议机密全部与家人和盘托出，以此来炫耀自己的身份与地位，于是这些机密成了内眷们对亲友炫耀的资本。当明廷要求朝鲜协同作战的时候，很多行动机密被后金侦知。

打仗就是打“兵马钱粮”，“兵”和“钱”在战前都堪忧，而主帅的人选更是给此战埋下了一颗大雷。由于长期的重文轻武，大战的统帅一般由文官担任，大战在即可堪为帅的人竟然寥寥无几。无奈之下首辅方从哲推荐与自己私交甚好且有领兵作战经验的前辽东巡抚杨镐出任主帅，但是杨镐本人对南兵颇有成见，进一步加深了大军协调的困难。

战前，杨镐与众将领进行了多轮的军事磋商，最终确定了“四路出击”的方针。以总兵官马林出兵开原，进攻北路；杜松出兵抚顺，攻打西面；李如柏从鸦鹘关出兵直奔清河，攻打南路；东南面则由刘綎出兵宽甸，朝鲜军队协同刘綎作战，号称大军47万（实际上算上朝鲜军队，明廷的兵力也只有12万人左右）。

这个部署的初衷可以说是好的，意在发挥明军人数上的优势，尽管明军人数只有十余万，但相对于努尔哈赤的近6万人还是具备优势的。杨镐要求各路兵马“合探会哨，声息相闻，脉络相通”。这一策略是有成功先例的，成化年间的“犁庭扫穴”就是采用分兵合击的策略。但是杨镐显然不懂运用辩证法看问题，此时的女真岂是成化年间的女真可比？把仅有的优势兵力分布在几百公里的弧形战线上，依靠过去原始的通信在乱战开始时又怎能保持“脉络相通”？这样的布置把仅有的兵员优势也人为分散开了。

就这样，筹划了大半年，公元1618年冬，大明王朝这辆打满补丁的战车终于准备启动了。

“这些士兵都有着十分坚毅的品质，行军打仗时他们会利用短暂的间隙冲调米糊充饥，连续作战一周也不知疲倦。他们的马似乎也在长期的战争中养成了这种习惯。闲暇之余战士们总会比较谁身上的伤疤多，并以此为荣耀。与我们祈望太平大不一样，如果后金人听到即将有战争来临，他们就像遇到了盛大的节日一样兴高采烈，就连大户人家的奴隶都争前恐后地要求上战场。”这是在萨尔浒之战中被后金俘虏的朝鲜文官李民所著《建州闻见录》中的记录。该书记述了他在后金的军营中被囚禁一年时间里的所见所闻。可以说，从大战开始，两军的军事力量就不在一个级别上。在萨尔浒之战前二十年，李如松之弟李如梅就曾评价后金的战力：“倭子三十人，不能当鞑子一人！”

由于生产力的低下，后金士兵对武器的爱惜及保养程度也远胜于明军，刀枪剑戟经常是擦得光亮如新。在通信手段方面，后金的士兵在丛林作战特别是夜间时经常采用牛、马、鸟、蛙之声相互联系，这也是他们在长期的游猎过程中养成的特殊技能。这样的联系极大地增强了隐蔽性，如同莫尔斯电码一般，让明军在战斗中头疼不已。

明军在战术上唯一有优势的就是火器。依靠这种武器，明廷在对阵蒙古骑兵时取得了巨大的优势，但是这种武器在面对后金的进攻时却失去了作用。努尔哈赤根据火器的特点，创建了一种独特的兵种，就是我们前边所说的四军之一的“串赤军”，由车盾兵组成。其实这也不是什么神秘的武器，就是在能够行走的两轮车前加上一块巨大的厚木板，包裹上牛皮或者铁皮。因为早期的火器威力有限，所以这辆楯车能够有效地阻挡火器带来的杀伤。而东北地区严寒和经常出现的漫天大雪让明军火器的应用极为不便，多山的地形也让大炮难以自如排布，所以在萨尔浒之战中火器对明军的协助实在有限。

除了以上各种领先的作战指标以外，努尔哈赤的军队中还出现了属于自己的智囊集团。这些谋臣被称为BAKSI（巴克什，意为师傅，有学问的人），其中典型的代表是额尔德尼、达海等女真人，他们都精通满蒙汉几种语言，学识不亚于汉人，经常为努尔哈赤出谋划策。额尔德尼、达海等人还完善了满文。范文程等汉人，也成了后金阵营中重要的智库，参与做出了很多重大决策。

再说将领，就综合素质和凝聚力而言，后金军队指挥官的整体配置也是远胜于明军。后金这边不仅有文武双全的努尔哈赤，其周围更有额亦都、扈尔汉、安费扬古等一众猛将。额亦都作战勇猛，在一次战斗中被弓箭射穿了大腿仍然勇猛作战，被明廷称为“大虎”。扈尔汉曾经率领百余人与乌拉女真万人对敌而丝毫不落下风。努尔哈赤本人更是女真百年历史少有的、杰出的首领，他不仅具有军事指挥才能，而且还具备出色的领导力与政治头脑。一次努尔哈赤和部众外出行猎，时值大雪初停，于是将自己的锦衣脱了下来，部众窃窃私语认为他是害怕把衣服弄脏。有人觉得他很小气，努尔哈赤得知后哈哈大笑说道：“我是真的舍不得将衣服弄脏，因为这么好的锦衣我还想着用来赏赐给我们勇猛的战士呢！”众人听后无不感动。努尔哈赤还遴选出“不贪酒、不贪财”的人充任后金的官员，制定了扶弱击强的部落管理原则。每次战斗之后，如果财物充足，大家都要均分；如果财物不够，那么弱势的参战者将会得到相对多的赏赐。他努力要在后金建立起一种相对公平、易于指挥和具有活力的竞争机制，其中对牛录组织的改造与优化使后金社会军事生活制度有了巨大的进步。女真人集体狩猎的时候为了统一指挥提高狩猎效率，需要由“牛录额真”进行指挥，而狩猎的集体即为“牛录”。万历二十九年（公元1601年），努尔哈赤确定三百人为一牛录作为基本的户口和军事编制单位，设牛录额真一人管理，在后来的顺治一朝，牛录额真发展成了佐领。努尔哈赤规定五牛录为一甲喇，五甲喇为一固山，而“固山”在汉语中的意思就是“旗”。八旗制在初建时是一种兵民合一的制度，有点类似于朱元璋创制的卫所制。在八旗制的管理下，女真人全民皆兵，八旗兵丁平时从事生产劳动，战时荷戈从征，军械粮草自备。八旗组织具有军事、行政和生产等多项职能。八旗制的确立为后金的壮大和入主中原打下了重要的基础。

反观明军阵营，将领们却是“各自为战、良莠不齐”。前边说过，主帅杨镐对南兵颇有成见，而他本人也是极为自负，自称“知兵善战”，但实际上其军事指挥才能差强人意；西路军主将杜松虽然战功赫赫，但是他本人“刚愎自用，好大喜功”，之前在镇守辽东的时候一次因为和同僚意见不合于是自己贸然出战，结果几乎是无功而返，面对同僚的嘲笑他竟然气得要自杀；北路军战将马林是明朝名将马芳之子，但是与父亲的百战余生、名扬边陲相比马林的喜好是文学、诗词和书法，战将的基因好像没有太多地遗传到这个“将二代”的身上；东南方面军的主将刘綎倒是一名悍将，早在播州之役中就已经立下了不世之功，被人称为“刘大刀”，而且他和主帅杨镐是“老相识”，但这并没有让二人配合得更加默契，反倒一开始刘綖就有说不出的别扭。原来早在朝鲜战场上二人已经相识，只不过当时刘綖在朝鲜战场是节节胜利，打得日本人抱头鼠窜，而杨镐却经历了蔚山大败。一个败军之将充当主帅，心高气傲的刘綖实在是不服。

如此的配置，战争的败局似乎已经注定……

苦心准备了大半年的明军，在万历四十七年三月初开始发动战役，不到一周之内，除行动迟缓的李如柏一路败退幸存外，其余几路全被后金歼灭。然而战役失败的后果除了损失“几万条人命”，更重要的是大明帝国已经开始进入了灭亡的倒计时。萨尔浒一战就像是推倒了多米诺骨牌的第一张牌一样，引起了一连串的反应。

“主客出塞官军共八万八千五百五十余员名……阵亡……等官共三百一十余员名……阵亡军丁共四万五千八百七十名。”这是担任过辽东经略的明末官员王在晋在《三朝辽事实录》里记述的萨尔浒之战明廷的损失。此战的战损率达到了惊人的50%

以上！更为重要的是包括总兵杜松、王宣、刘綎和裨将柴国栋、王诰、祖天定在内的拥有丰富作战经验的一线指挥官和中层官员三百多人全部战死沙场，这对辽东甚至是整个明廷的军备建设都是致命的打击。俗话说“三军易得，一将难求”，如此众多的将领在短时间内全部战死，对军队的建设影响不言而喻。这使得辽东的军备在战后很长时间内无法重建，整个军队战力低下。战后辽东经略熊廷弼在观检辽东明军训练时无奈地说道：“辽东兵虽九万有奇，堪战者不过八千。”在观看火器操演时，士兵打靶“三十人射打，通计仅中一铅”，军备糜烂，可见一斑。而萨尔浒之战也让明朝元气大伤，再也无力掌控辽东局势，明朝大战失败的消息迅速传遍了辽东，对该地区官员及民众的打击极大。大量人口逃往关内，明廷更是“人心恇怯”。努尔哈赤在其后的两年里先后攻克铁岭、沈阳、辽阳，辽东明土尽被后金掌控。明朝再也无力发动攻势，对后金的作战策略由迅速绞杀转变为全面防守。

不但领土尽失，明朝在东亚地区苦心经营的地区局势也被打破。归顺明廷的女真叶赫部被努尔哈赤收服，至此努尔哈赤完成了女真的统一大业，建立起了北起嫩江，南至朝鲜，东达东海的统一政权。随后努尔哈赤又发起了对蒙古内喀尔喀巴林、扎鲁特等部族的征讨，逐渐将之前归顺于明廷的蒙古各部族拉拢到自己的阵营中，后金的壮大对明朝藩国朝鲜的震慑作用也不言而喻。萨尔浒之战明廷惨败的消息传到朝鲜王城的时候，朝鲜国王光海君对着两班大臣说道：“胜、广起兵，秦室渐危，黄巾倡乱，汉家亦亡。执此见之，则必他贼先动，奸雄继起。此贼（努尔哈赤）终不知如何，而为天下乱贼之首矣。”想不到光海君的预言在短短的二十多年后竟然变成了现实。萨尔浒之战可以说是后金作为重要政治力量崛起的关键一战，更为日后清军南下入主中原奠定了基础。

除此之外，还有更为重要的一张多米诺骨牌倒下了，那就是走向崩溃边缘的大明财政体系。彼时“万历三大征”已经将明廷的财源耗尽，万历皇帝又将自己的私房钱“内帑银”捂得紧紧的，没办法，明廷只能根据先例加税，于是诞生了明末著名的“三饷”之一的“辽饷”。万历四十六年，明廷开始按万历六年统计的七百余万顷土地为基础开征辽饷，每亩权加三厘五毫，除贵州苗变地区，“其余勿论优免，一概如额融通加派”。

据《明神宗实录》记载，当年辽饷共征收二百三十万三十一两四钱三分八毫，但这只是朝廷收到的银两，征收过程中被各级官吏贪污了多少就不得而知了。令皇帝没有想到的是，原本以为能够很快结束的战争却因为失败使得辽东地区的防守变得更加棘手。于是“暂累吾民一年”的临时加派变成年复一年的常税，加派数额也从万历四十六年到万历四十八年（公元1620年）的两年520万余两白银，一路飙升到崇祯四年（公元1631年）的一年667万余两白银！

从萨尔浒之战后到明朝灭亡不到三十年中，“三饷”是导致明朝覆亡的重要原因之一。由于明代士绅有免税特权，再加上明末土地兼并严重，因此这些税收基本上都是由普通农民来埋单。

而且各级官吏上下其手，在征税时贪墨侵吞，让很多农民破产变成了“流民”。此时神宗的怠政、官员的贪腐、国家农业水利常年不修、政府组织救济系统完全崩溃，让“流民”逐渐变成了“流寇”，朝廷为了编练新军镇压“流寇”，又加征了为镇压农民起义的“剿饷”和“练饷”（“剿饷”“练饷”“辽饷”合称“三饷”）。如此恶性循环，无异于饮鸩止渴，自己把自己推进了火坑。

如果在萨尔浒之战前，明廷能够冷静客观地分析时局，采取和后金长期对抗的策略，以待变局，结果尚未可知，至少明廷不会在短短二十多年内就迅速覆亡。然而历经了两百多年，庞大的帝国早已失去了当年的锐气。朝上是不见踪影的万历皇帝，朝下是庸庸碌碌的一班大臣，党争和腐败弥漫朝野。

萨尔浒之战只不过是引发多米诺骨牌倒下的第一张牌而已。

第十七章

# 魏忠贤——宦官专政的极端产物

万历四十八年是特殊的一年。

在这一年里，大明王朝走马灯似的换了三位皇帝。首先是有明一朝在位时间最长的万历皇帝在七月驾崩，如履薄冰做了多年太子的光宗朱常洛登基，成为明朝第十四位君主。这位“梃击案”和“红丸案”的当事人，曾经给满朝文武带来了一线曙光。与长期沉溺酒色、深居大内的万历皇帝相比，这位从小就不受亲生父亲待见的太子在执政之初就显出了仁君之相。相比起神宗的抠门儿，朱常洛继位后便借皇帝遗诏的名义一次性地从内帑中拿出二百万两银子犒劳边防将士，并严敕各部专款专用；而罢免全国范围内的矿监、税使的旨意更是让朝野欢腾。前朝因为上书立储和反对矿税而被罢免的正直官员也纷纷得到重新起用。朱常洛的一系列举动让朝臣们似乎看到了中兴的希望。然而老天爷却开了一个大玩笑，谁也没有想到，在登基大典上容光焕发的皇帝继位仅仅十天之后就一病不起。病急乱投医的光宗在弥留之际，试服李可灼进献的“红丸”后出现了精神少还、欲思饮食的现象，光宗以为自己的病情好转，于是持续服用红丸。而这红丸根本就不是什么灵丹妙药，它是用妇人的经水、人乳、辰砂调制而成具有一定毒性且性热的物品。就这样，光宗在泰昌元年（公元1620年）九月初一驾崩，当了十九年的太子却只做了一个月的皇帝，时间之短令人猝不及防，以至于大臣们后来还讨论过要不要启用“泰昌”这个年号。

光宗在位短短一个月确实给泰昌年号启用与否出了一个大难题。不用泰昌年号显然不合适，等于否认了光宗的存在，但是怎么用都会影响前朝的万历纪年和后来的新纪年。在众臣反复的讨论之下，终于诞生了一个“三全其美”的方案，那就是定万历四十八年八月初一之前为万历四十八年，八月初一之后为泰昌元年，第二年为天启元年。

朱常洛的离去，打破了大明中兴的希望，而把另一个不靠谱的皇帝——大明王朝的第十五位君主明熹宗朱由校——推上了历史舞台。

天启年间的一天，朱由校身边的太监们看到皇帝的操作差点惊掉了下巴。

在皇帝的木工房，一个三丈深的大铜池内充满浮萍，鱼、虾游动其中。水池四周帷幔高挂。随着一阵锣鼓响起，一艘艘木质宝船模型游入水池，船上武士、水手等木偶神态栩栩如生，盔甲艳丽。突然木偶随着音乐声开始打斗翻滚，一旁的太监们看得是目瞪口呆，其震撼效果不亚于那个时代的西洋玩意儿。

水池内上演的是木偶戏《郑和下西洋》，水池内的宝船、人偶全部由机关触发，由帷幔后的太监们操控。这些精巧的木质人偶其工艺复杂程度绝不亚于同时期的西洋钟，而这些精密的机械玩具，全部出自朱由校之手。除了设计木偶剧，朱由校还设计过一种身高八九尺的“机器人”。他给这种木质机器人穿着绫绢，腰佩弓矢，摆放在各宫殿前，好似卫士。

不但宫内的人对皇帝的木匠手艺大为赞赏，就连“市场”对朱由校的产品也是十分的认可。他曾经制作过一款镂空的护灯小屏，镂刻寒鹊争梅，不但宫内的嫔妃十分喜爱，小太监们拿到市场上去销售也被抢购一空。

除了醉心于木工设计，在艺术方面，朱由校也有着浓厚的兴趣。明代宫廷大兴戏曲，弋阳腔、昆曲受到神宗以来诸位皇帝喜爱。朱由校不仅爱看戏，更爱演戏，经常与太监高永寿等同台演出《雪夜访赵普》等戏目，与戏子厮混通宵。

这位多才多艺的皇帝似乎对除政事之外的一切事物都充满了喜爱，对运动也是乐此不疲，专门在皇宫中开辟了射猎的场所，将獐子、麋鹿等动物放入园内，然后自己骑马射猎，有时候玩得兴致大起，连茶水都顾不上喝。朱由校还专门在皇宫内修建了“足球场”，经常举行足球比赛。

明代的皇帝好玩或者有特殊癖好已经不是个例了。宣宗好斗蟋蟀，被人称为“蟋蟀皇帝”；世宗醉心神仙修道，自封为“万寿帝君”。但是不管怎样，宣宗的主要精力还是放在治国上面，世宗前期的嘉靖新政也是有所作为，更重要的是彼时大明帝国的政局还没有糜烂到无法收拾的地步。但是再看看天启时期的大明帝国。

天启三年（公元1623年），黄河决口，睢阳、徐州、邳州一带方圆一百五十里以内夷为平地，第二年黄河又在徐州决口，城中水深达一丈三尺。天启五年六月各地频发饥荒，延安持续了三个月的大风雪，济南飞蝗铺天盖地，帝国出现“人相食”之惨剧。内忧未解，外患频发，从1620年开始，后金不断在辽东发起攻势。天启元年（公元1621年），后金攻克沈阳和辽阳，次年广宁失守；与此同时河套蒙古入侵延安、黄花峪等地，深入中原六百里，杀掳数万人；天启五年（公元1625年）正月，后金军攻取旅顺。

天启三年，工科给事中方有度向皇帝上书，自辽东战事起，每年加派新饷四百八十五万余两，共达两千余万两，民不聊生，“百姓敲骨剔髓，鬻子卖妻，以供诛求”。并提醒皇帝，兵饷问题不解决，帝国将有倾覆之忧。与之形成对比的是军队的严重贪腐，刑科给事中解学龙疏陈边将贪腐情状：“两辽东三帅各领银一万二千两为治宅第之资令人骇愕，营房每间领造价钱六两，而镇将睹自侵克，每间实际用银不过五六钱。马料刍豆十扣其半。”在帝国的危急时刻，边将们连马料都要贪。

面对如此朝局，天启帝是一筹莫展。诚然，16岁继位的他从小就没有受过什么像样的教育，猝然继位，不管是从心理还是从能力上，朱由校都不具备治国的能力。从这个角度看，朱由校醉心于玩乐也许是对现实的一种逃避吧，不然在弥留之际也不会对弟弟朱由检说出“吾弟当为尧舜”的话。

天启一朝的局势就是，内忧外患，皇帝不管。于是，一个人就堂而皇之地登上了历史舞台，成了明代最后一位权势显赫的宦官，这个人就是魏忠贤。

万历四十八年的一天，紫禁城。

两个宦官的争吵惊动了年轻的朱由校，而他们争吵的焦点竟然是为了一个女人。在明朝后宫流行一种习俗叫“对儿”。高墙深院之内，宫女与宦官寂寞难当，于是常常寻到自己情投意合的人，组成“对儿”。而那个女人是朱由校的乳母，于是这次放不到台面上的争吵惊动了朱由校。不久后朱由校赶到，了解了事情的原委之后大声说道：“客奶（乳母），尔只说尔处心要着谁替尔管事，我替尔断。”此时朱由校的乳母客氏毫不犹豫地把手指向了惊魂未定的李进忠。就是这一指，将一个宦官推向了权力的巅峰，这个叫李进忠的宦官就是魏忠贤。老天爷就这样给大明王朝开了一个玩笑，在同一年里，上位了一个庸君和一个权奸，把本就立在悬崖边上的苦命王朝又狠狠地推了一把。

客氏能够为了魏忠贤抛弃自己之前的“对儿”是有原因的。魏忠贤身躯壮大，性格开朗爽快，由市井泼皮进宫成为宦官之后自始至终谨小慎微，做事一丝不苟，竟然积攒了一定的口碑。不得不说，魏忠贤真的很得上天的眷顾，在进入皇宫十几年后，他来到了东宫太子身边，监管起了伙食，同时还负责侍候太子身边相貌平平的王才人。就是这次机会，让魏忠贤认识了改变他命运的两个人——后来的天启帝和客氏。朱常洛一直不受万历皇帝待见，在太子的位置上战战兢兢地待了近二十年，而中国社会的人情冷暖在皇宫中被无限放大，所有的明眼人都知道皇帝不喜欢这个儿子，所以就连太子身边的人都常常抱怨自己跟错了主子。然而魏忠贤似乎不这么想，也许是因为自己境况相比之前有所改善，也许是别无选择，魏忠贤死心塌地地对太子好。他这一注，赌赢了。

他的忠心耿耿很快赢得了回报，王才人先是让他恢复了本姓，改名叫魏进忠（魏忠贤初进宫时叫李进忠），之后更是在日常生活中和后来的天启帝建立了深厚的感情。小皇孙刚刚懂事，就喜欢跟在他屁股后头玩。明宫规定后妃从不亲自抚养婴儿，皇子由奶妈、太监和宫女们照顾，天启帝长期被这些来自社会底层的人包围，也没有受过良好的教育，就如同被惯坏了的孩子一般，这也是后来他从政之后荒诞行为的根源。天启帝从小“不好静坐读书”，而是好动爱热闹，更喜欢骑马射猎。这正中魏忠贤下怀，魏忠贤身体灵活，“喜驰马，能右手执弓，左手彀弦射多奇中”，动手能力也很强，和天启帝情趣相投。朱由校在自己备受冷落的小圈子里接触到太多势利之徒，而魏忠贤从小的陪伴给他带来了难得的欢乐。还有一个令朱由校难舍难离的就是乳母客氏，常居深宫大院，客氏将自己的母爱全部输出到朱由校身上，朱由校也对客氏形成天然的依恋。十六岁时他还和奶妈住在一起，形影不离。登基后按惯例乳母要迁出大内，朱由校竟然“思念流涕，至日旰不御食”，不顾群臣反对把她接了回来。朱由校登基未逾月，便封客氏为奉圣夫人，客氏荣宠不在太后之下。而兼管膳食的魏忠贤除了取得朱由校的好感外，也接触到了客氏，细心的照顾和情感的慰藉让客氏很快与魏忠贤成了“对儿”。宠信太监和留恋大龄女性的情况在明朝的皇帝中并不罕见，但问题是此时的大明王朝已经进入了生命的倒计时，再也经不住权奸和昏君的折腾，而偏偏这两样天启朝都沾上了。

天启年间，有四人相聚饮酒，席间一人痛骂魏忠贤，虽在私处，其余三人亦不敢多言。突然东厂番子破门而入，缉捕四人，骂魏忠贤者被凌迟，而其余未言者三人得赏金。这是在魏忠贤把持朝政时期流传最广的一个故事，但是就当时魏忠贤实行的恐怖统治来说，绝对毫无夸张之处。据《明史》记载：“民间偶语，或触忠贤，辄被擒僇，甚至剥皮、刲舌，所杀不可胜数，道路以目。”大家在街上碰到熟人害怕说错了话，只能互相用眼神交流。

其时东厂特务们无所不窥，整个社会弥漫着一种恐怖的气氛。在以魏忠贤为首的宦官们看来，只有高压和禁言才是长治久安的基础。为了制造出这种局面，宦官集团调动全部特务系统积极活动，采取了全方位监视、恐怖震慑以及保甲连坐法等一系列手段。

天启六年（公元1626年），苏州卫指挥朱祖文将自己在京的见闻写成了《北行日谱》，清楚地记录了当时社会惶悚恐怖的情状。

当时的京城“禁门森严，正阳尤甚，一出一入殊有戒心”，对于出入城门者要进行严格搜查而且还要收税，京城内外也布满了番役探子。一次，朱祖文和仆人在城外正在赶路，突然遇到番卒三人阻拦，当场将他们主仆二人浑身上下搜了个遍。在大马路上就这样肆无忌惮，住店更是不用说了，朱祖文就遇到了“有长髯居然闯入，四顾其行装者”的事。

厂、卫特务们还用威胁利诱等不同手段鼓励人们告密。朱祖文初次进京到友人家借宿，朋友居然害怕得不敢接待，告诉他：“倘客非其人，十家连坐，君以异乡入吾门，比邻已有密为觇伺者，君其务就逆旅乎！”就是说你来我这儿，邻居早就暗中观察好了，准备随时打小报告呢！请你一定去旅店住吧。这种严格的保甲之法大大扩充了特务们的侦察监视网。

在这种严密的特务统治制度下，即使在远离政治中心的乡下，人们仍然会感觉到被注视的不安。朱祖文曾两度到离京数百里的定兴、吴桥等县，仍然是“主仆二人深藏如处子，不敢一窥户外”。

对于那些被查出胆敢犯禁的人，厂、卫特务都会进行无情镇压。除了厂、卫原有的各种酷刑外，魏忠贤时代又创造了剥皮、封舌等杀人手段，并且“动以立枷示威，前后毙者以千计”。由于严密的特务统治网在整个社会铺开，富于效率又极其残忍，京师内外“大非昔比，即戚里侯门，无不惴惴危惧”，整个社会都噤若寒蝉。

有明一朝是我国封建主义集权达到顶峰的时代。太祖皇帝出身贫寒，饱尝人间冷暖，于是在判断一切事物时习惯从“人本恶”角度出发，以保护自我、打击对方为目的。这也很好地解释了为什么朱元璋登基之后长期处于“寝食不安，忧悬于心”的状态中，而且处理事情十分偏激甚至到了残暴的程度。

由于对一切事物的怀疑与不信任，所以看似强势的太祖实际上内心极度缺乏安全感，这个基因也遗传到了历代明帝身上，他们甚至连自己的儿子都不信任。大将功臣们长期大权在握或者拥兵自重，这是皇帝不能接受的。即便再信任的人，长期不在身边也有“变心”的可能，只有常常相伴左右的人才能时刻察其言观其行，看看对自己是否忠心。在封建制度下的深宫高墙之中，只有一种人符合这个条件——宦官。出于身体上的残疾，宦官往往对皇帝的忠诚度极高，因为皇帝是他们在深宫之中唯一可以依靠的人。

鉴于前朝的教训，太祖三令五申不得重用宦官。即使是这样，也掩饰不住朱元璋对宦官的青睐。他的外甥李文忠有一次对朱元璋说：“内臣太多，宜稍裁省。”皇帝听了大怒，竟然怀疑外甥是要削弱自己的势力，于是下令把李文忠的门客都杀了，而李文忠自己也“惊悸，得疾暴卒”。从靖难之役后，朱棣为了巩固政权，开始大规模地起用自己身边的亲随宦官。永乐朝出名的宦官如郑和、阮安等也是层出不穷，充斥在政权的每个角落，如彻底打开了潘多拉的魔盒。明代强调皇权至上，所谓“每日清晨一炷香，谢天谢地谢君王”，皇帝被神化，与神明一起被供奉起来。神仙怎么能让凡人经常见到呢？为了维持这种神秘感，皇帝甚至刻意地回避大臣，嘉靖皇帝就最喜欢“装神弄鬼”。皇帝被神化，导致君臣隔阂，这种极不正常的政治局面使皇帝将宦官倚为心腹，为阉人专权大开方便之门。

利用宦官牵制文臣，也是明代宦官政治形成的重要原因。明代特有的政治形态就是内阁与司礼监的双轨模式。司礼监是内廷宦官机构十二监中的首揆，重要的职能是代行皇权。二十四衙门中最重要的部门，掌印、秉笔、随堂太监掌管批红及宣传谕旨，是司礼监的重要工作，相当于掌握了帝国最高行政命令的审批回复。与此同时司礼监还是左手握着“笔杆子”，右手握着“枪杠子”，他们控制着东厂、西厂、锦衣卫等机构，执行侍卫、缉捕、刑狱之事，各地还有为数不少的镇守太监。这样设置的本意是实行双轨制，实现权力的制衡，但是由于内廷的宦官往往与皇帝朝夕相处，深得信任，因此在授权执行旨令方面具有优势。比如魏忠贤每次奏事都会选择明熹宗玩木工的时候，于是很多时候都会出现“忠贤以是恣威福惟己意”的情况。再往前朝，武宗时期的刘瑾奏事专挑皇帝全神贯注欣赏杂技的时候，因此刘瑾常常自作主张。而且宦官长期伴随君王左右，得天独厚的优势使得“外廷千言不如近密片语”的状况经常出现。久而久之，在明中叶司礼秉笔太监的权力逐渐“居内阁上”，形成了“而相权转归之寺人（宦官）”的现象，司礼监的首席太监也被称为“内相”。在出现大宦官的朝代，廷臣往往都敬而远之，也有很多官员开始自甘下流，巴结宦官以求仕途。英宗时王振权倾一时，有位官员刘睿，“路遇王振，跪于道中”。王振非常高兴，便提升刘睿为户部左侍郎。一日王振又问侍郎王佑：“王侍郎，你怎么没胡子？”王佑立刻跪倒：“老爹没有，佑安敢有？”

王振大喜。王世贞在《觚不觚录》中记载："国朝文武大臣见王振而跪者十之五，见汪直而跪者十之三，见刘瑾而跪者十之八。"宦官权势可见一斑。

宦官能够在明朝形成一势还有一个重要的原因，就是他们充当了皇帝敛财的工具，诸如采办、矿税、盐政、市舶、织造等大量国家垄断的重要经营或者税收机构都由宦官执掌，宦官对经济领域的荼毒往往比政治领域更深。虽然是给皇帝办差，但是由于庞大的宦官机构缺乏有效的监督机制，他们往往在"龙旗"的庇护之下滥加苛捐杂税，对工商业横征暴敛，使整个社会的生产力受到严重摧残。虽然明太祖一再对宦官加以限制，但实际上从洪武年间宦官实际上已经开始插手干预财政。洪武十年户部奏天下税课司局征商不如额者百七十八处，对任何人都不信任、疑神疑鬼的朱元璋便"遣中官（宦官）、国子生及部委官各一人核实，立为定额"，开启了宦官干预财政的先河。永乐十九年皇帝又派遣宦官参与核天下库藏和仓粮出纳之数，勾起了宦官心中的贪欲，及至正德年间，各地税务已普遍由中官管理，掌握了税务权的宦官变本加厉。明代京师税务主要是九门的税收，而监税的全部是内官。据《中官考》记载，九门税收最初在弘治初年是钞六十六万五千八十贯、钱二百八十八万五千一百三十文，到了嘉靖二年增至钞二百五十五万八千九百二十贯、钱三百一十九万二百三十文。天子脚下都是如此，其他地方不言而喻，到隆庆时期发展到"凡桥梁、道路、关津私擅抽税，罔利病民”。而明朝起用宦官对商业巧立名目征收各种商税，对资本主义商业和市场经济的发展造成了严重的打击，“征榷之使，急于星火，搜刮之令，密如牛毛”。变本加厉地征税导致商业繁荣的长江、大运河等经济带遭到严重摧残，昔日“吴丝衣天下”，随处设肆的繁华盛景变为“三家之村，鸡犬悉尽；五都之市，丝粟皆空”。在纺织业发达的苏州府，万历年间增设税网，对机户广派税额，不论织机、织品一律课税，使得这一地区“家家割机”“闻风逃窜”。万历年间皇帝又派出矿监到处开矿，开矿工程大，更容易从中舞弊，敲诈勒索。宦官在全国采矿过程中在为皇帝捞钱的同时也疯狂地中饱私囊，甚至在有些地方借着奉旨开矿的名义抢劫家财，拆毁民房，挖坟盗宝，疯狂至极。

明面上为皇帝和自己敛财，暗地里更是“挖墙脚”，贪墨国库财物也是宦官常用的伎俩。崇祯帝曾经痛斥魏忠贤“将我祖宗蓄积贮库传国异珍异宝金银等，朋比侵盗几空”。正德二年，大太监刘瑾假传圣旨派遣科道官查盘天下军民府库，令地方把历年积储的财物全部解送京师，如此巨大的财富有一半进了刘瑾的腰包。隆庆四年内承运库中官甚至用没有署名、没有印信的空头札子传谕户部进银十万两！

到明朝中后期，宦官经理仓场、提督营造、市舶、织造，各处经济命脉近乎处处可见宦官身影，虽然宦官们在不同的岗位，工种各有不同，但是他们的目标却出奇一致，那就是敛财。弘治时，宦官张庆采办以进贡为名，每年搜刮百姓财物数万；正德时期，镇守河南太监廖堂打着进贡的旗号，“无名之征百出，其后继之者率以为常”。除了横征暴敛、贪墨公款，宦官恣意侵占官民田地和屯田更是在腐蚀封建王朝的经济根基。说宦官导致了明朝覆亡可能言过其实，但是宦官制度绝对是有明一朝的政治毒瘤。明朝一代又一代层出不穷的宦首如同接力一般，加速了明朝的政治腐败与经济崩溃，使王朝大步走向了覆亡的万丈深渊。

明晚期宦官之所以能够触碰到权力的顶峰，除了皇帝的信任，官僚集团的推波助澜也是功不可没。封建王朝中能够触碰到权杖的有四股势力——皇权、外戚势力、内臣（宦官）集团和文官集团。明朝皇权得到空前的加强，外戚势力也控制得很好，皇帝的娘家人虽然在宪宗等朝扩张迅速，但更多的是贪恋荣华富贵，始终也没有越雷池一步。再看看宦官与文臣。有了正德时期的教训，世宗皇帝上台以后对宦官大力整治，可以说将宦官们打回了原形，嘉靖一朝宦官始终安分守己。到了万历一朝，新的问题又出来了，那就是党争。

其实党争在嘉靖一朝就初现端倪，只不过世宗有足够的掌控力驾驭群臣，而到了万历一朝，皇帝出于立储等问题和官员集团对抗，长期怠政，使得朝堂之上逐渐地在后期形成了各系的党派。在万历朝晚期，政坛上出现了东林党、浙党、齐党等文臣势力，这些政治势力各自为政，完全不将国事与朝局放在第一位，在他们眼里最重要的就是自己的利益，往往在讨论国策的时候为了反对而反对，斗得不可开交，没有原则和底线。朝局的失控，让皇帝必须寻求新势力，于是以魏忠贤为代表的阉党正式上线了。

天启一朝，魏忠贤权势滔天，以司礼监掌印太监兼提督东厂，海内争相望风献媚，有不少的文臣也加入了这个行列，完全将士人风骨抛在脑后。督抚大臣纷纷沦陷，如阎鸣泰、刘诏、李精白、姚宗文等，争相为魏忠贤颂德立祠，唯恐落后。整个明朝上到大臣下及武夫、商贾小人都为他建祠。监生陆万龄甚至请求以魏忠贤配祭孔子，以魏忠贤的父亲配祭启圣公。正当魏忠贤风光无限的时候，天启七年熹宗在西苑游船戏耍时不幸落水，到八月发展到浑身水肿病重身亡，这位木匠皇帝就以这样的方式告别了人生。由于朱由校没有子嗣，帝位落到了弟弟信王朱由检的身上，这就是大明王朝的第十六位皇帝——崇祯帝朱由检。

八月继位，十一月皇帝就贬魏忠贤到凤阳守陵，这位权倾一时的大太监在当月就自杀了，年轻的皇帝以迅雷不及掩耳之势铲除了阉党。这再次证明了一个事实，不管宦官的权力有多大，在已经确立了绝对皇权的明代，也只不过是皇帝手中的一枚棋子。需要时，可为“将帅”，无用时便为“弃子”。

在封建帝王时代，作为大地主阶级的代表，每当政局逐渐稳定，生产力恢复，皇帝的消费欲望就会越来越大。打天下的开国皇帝经过创业艰辛大多还能克己自律，但是他们的后代往往管不住自己，含着金汤勺出世的这些龙子凤孙们肆意追求享乐，无底线地吮吸民脂民膏。大明王朝极具代表性，明中叶后的皇帝如武宗朱厚照、世宗朱厚熜、神宗朱翊钧、熹宗朱由校就是最好的例子。这些皇帝长期沉迷于酒色，或者醉心于神仙丹术，行为荒诞不羁，总之是不干正事。这对于权力集中的封建王朝来说绝对是致命的打击。

作为国家统帅将朝讲、召对、面议俱废，朝局状况就可想而知了。权力是不可能出现真空的，皇帝不管事，权力自然要转移，而明代特殊的内阁与司礼监制度，让权力自然地会流向这两个集团。但是明朝的皇帝天生对文官不信任或者是讨厌——洪武帝最憎恨的就是官僚集团，武宗觉得天下事未必就是阉人所坏，神宗更是对言官和朝臣头疼，那么权力被宦官所掌控就很正常了。

明代大家王世贞说过："即狼戾如（王）振、（刘）瑾者，（皇帝），一嚬（皱眉头）而忧，再嚬而危，片纸中夜下而晨就缚，左右无不鸟散兽窜，是以能为乱而不能为变也。"宦官得势可以权倾天下，但皇帝一旦发现宦官有野心、对皇权构成威胁时，这些宦官立即从权力的顶峰上掉下来跌个粉身碎骨。

宦官专权是封建皇权专制的产物，是封建专制主义制度下无法去除的肿瘤，皇帝需要宦官的存在来制衡文官集团，身体残缺的宦官也只能依靠皇权生存。这就是明朝宦官专权屡禁不止的原因。魏忠贤死了，大明王朝却在朝堂无休止的党争中迎来了自己的末日，直到李自成的农民军打进北京城时，陪在崇祯帝身边的居然是司礼监秉笔太监王承恩，而忝居朝堂的一班大臣降的降、跑的跑。在他们看来，明朝的灭亡只不过是改换门庭而已。

明朝晚期国家已经从各个方面陷入腐朽，士人正气也荡然无存，我们又何必纠结于宦官呢？

第十八章

# 郑芝龙——称霸东南亚的海上霸主

“我的上帝啊！火！地狱之火！”战舰上的水手们发出绝望的喊声，这些身经百战的荷兰水手惊慌失措地跳入海中，然而却无济于事，整个海面呈现出地狱一般的恐怖画面，上百艘海船燃烧着熊熊烈火扑向了料罗湾内荷兰人的盖伦战舰。落水的水手发出撕心裂肺的哀号，在他们旁边漂浮着不计其数的船只残骸。

就在几分钟前，荷兰舰队指挥官普特斯曼（Hans Putmans）还信心满满地要将敌方舰队绞杀在海湾之内，而他的敌人，是大明水师。

姜还是老的辣。在面对明军火船自杀式的攻击时，普特斯曼显出了指挥官应有的素质，他沉着冷静地指挥着舰队两侧的战舰运用装备的新式加农炮对明军进行轰击，企图靠装备的优势挽回败局。然而就在他组织起有效的炮击不久，他惊恐地发现，在上百艘小型火船之后，有相当强大的火力向两舰袭来。放眼望去，在明军的舰队中游弋着几艘体形宽大的三桅船，每艘船的侧面交替喷射出一颗颗炮弹，其威力丝毫不亚于荷兰人的加农炮。没过多久，荷兰人的两艘战舰就缓缓地沉入了海底。

此一役，荷兰舰队的九艘战舰中有五艘被击沉，剩下的也遭受重创，灰溜溜地逃出了料罗湾。明军水师大获全胜，俘虏并斩首荷兰水兵近150人（随船沉没的荷兰水手未在统计之列）。这次海战发生在明崇祯六年（公元1633年）的福建金门料罗湾。料罗湾海战是中国面对西方殖民者正面碰撞时取得的一次重大的军事胜利。

此次战役的水师统帅是明军“五省游击将军”——郑芝龙，也许很多读者对这个名字很陌生，但是一提起他的儿子，想必大部分人都知道，他的儿子就是郑成功。此一战只是郑芝龙水师的冰山一角，就在料罗湾大战之后，郑家军更是成了17世纪中叶东南亚海上贸易的霸主。

纵观14世纪末到16世纪，东西方的交流遇到了前所未有的障碍。一方面，东亚大陆上处于元、明两个王朝更替之际，蒙古帝国的溃散，令中国北疆通往欧洲的贸易道路陷入一片混乱；另一方面，在遥远的东南欧和西亚，一个改变世界历史进程和地缘政治的帝国也在迅速崛起，这就是奥斯曼土耳其。历史总是在机缘巧合中发生碰撞，14世纪末奥斯曼帝国的触角延伸到了巴尔干半岛，然而这并没有满足其野心。公元1453年，奥斯曼帝国用巨大的乌尔班大炮击碎了君士坦丁堡坚固的城墙，占领了黑海与地中海的贸易要冲。奥斯曼帝国的扩张和元朝的溃灭，让东西方的贸易通道遭到了严重的阻塞。虽然以做生意精明而享誉世界的阿拉伯人和意大利人帮助欧洲人转运来自东方的茶叶、瓷器和丝绸，但是无奈他们的配送费用实在太高。于是，新的海上贸易航路的开辟，成了欧洲人的首要任务。

其实不单单是欧洲人，远在东方明帝国的子民们也对航路的阻塞忧心忡忡，特别是东南沿海地区的人们。中国长期以来以金、银、铜作为流通货币，但由于人口和经济的爆炸式发展，这些稀有金属经常出现短缺。从宋代开始出现纸币“交子”之后，元、明至之后的清朝，都出现了纸质货币或者银票。当然这些货币的出现一方面是因为商品经济的发展，纸币在使用和流通上具有便捷性，但另一方面也反映出了贵金属的稀缺。货币就像润滑剂一样推动经济向前发展，在没有严格调控的年代，金属货币更是促进贸易流通的硬通货。中国的贵金属产量本来就不是很高，特别是白银。像明代盛产白银的云南地区，一年的产银量也不过是区区的20万两。那么最简便快捷得到金属货币的办法就是与世界产银地区进行贸易，用中国的丝绸、茶叶等获取白银内流。宋元两朝这种情况就比较好，因为奉行开放的对外政策和商业政策，世界的白银大量流入中国。到了明朝，从开国初期朱元璋下令禁海，只指定和部分国家进行朝贡贸易以来，给中国的贵金属流通造成了很大困难。即便是隆庆开关之后，因为政府对贸易限额有着严格的配给，每年给海商发放的通商许可不过百余张，这种情况也没有得到太明显的缓解。尤其是东南沿海地区，从宋元以来很多人就靠贸易发家，海贸的限制让他们无所适从。但是事物发展的客观规律是无法打破的，虽然官方明令禁海，但是民间资本面对巨大的利益诱惑，从来没有停止过对外贸易。其实从16世纪欧洲人的航路到达亚洲之后，以亚洲和欧洲为中心的两个巨大的经济体就紧密地联系在了一起。

不仅仅是东南沿海地区，到了明朝中后期，就连内地的徽商也组团投资海外贸易。而这些商团的贸易形式跟同一时期的阿拉伯人如出一辙——中国的瓷器、茶叶、丝绸由他们组织人力运输到各大港口，如日本的长崎、中国澳门以及菲律宾，在这些地方再由欧洲人的商船运往欧洲以换取真金白银。

以上的贸易大部分没有政府的通商证，说白了属于走私，所以要冒着极大的风险。除政府的打击外，一旦进入公海还要面临着各国武装力量的威胁。彼时的东南太平洋是繁忙的商业航道，大航海时代的到来，让这里的洋面上充斥着葡萄牙人、西班牙人、荷兰人。这些国家的商船最大的特点就是全副武装，他们亦商亦盗，明朝的船只很难在海上与其抗衡。一旦与这些武装商船相遇，运气不好的话连身家性命也难保。特别是荷兰人在16世纪末成功摆脱西班牙统治之后，资本主义经济快速发展，凭借着先进的航海、造船技术与武器装备，荷兰人很快在东南亚航线取得优势，劫掠其他国家的商船成了荷兰人最爱干的事情。公元1615年，荷兰东印度公司总督燕·彼得逊·昆（Jan Pieterszoon Coen）就下令有组织地对中国商船进行劫掠。于是在东南沿海地区，走私集团在大笔赚取白银的同时，还有一件货物引起了他们的兴趣，那就是西洋的火枪与火炮，毫无疑问，只有这些东西才能够最大限度地保证安全。于是很多走私商团也形成了武装性质的海盗商团，而我们提到的料罗湾海战的主人公郑芝龙，正是武装商团出身，甚至参加海战的整个部队名义上是明朝的水师，实质上就是郑芝龙的私人舰队。

郑芝龙舰队的出现，让东南亚的海上格局发生了改变。郑芝龙更是在料罗湾海战之后牢牢掌控了东南亚地区的航运贸易，这也是历史上少有的能够令老牌资本主义国家俯首称臣的时期。

明万历三十二年（公元1604年），郑芝龙出生在福建南安。俗话说："一方水土养育一方人。"与内地尊儒尚耕的文化不同，地处沿海的福建自古以来就与海洋有着剪不断的联系。自宋朝以来，开放的贸易和高度发达的商业经济给东南沿海地区带来了巨大的财富，当时福建的泉州可谓是世界级的贸易港口。福建商人的生活水平在宋元两代可以算是富人阶级的标杆。到了明朝，虽然国家总体上实行禁海，但是巨额的贸易利润让走私成了福建人的首选工作，生丝、绸缎的利润基本在100%，个别稀缺品如香料、肉桂的利润最高能达到500%以上！一句话形容就是，何以脱贫？唯有走私。而在成年时，郑芝龙的家境逐渐艰难，看着邻居们开着豪华帆船出游东南亚，带着一箱又一箱的银子回来，郑芝龙毅然加入了下南洋的队伍。

时势造英雄，历史上评价郑芝龙是"性情逸荡，好拳棒"。如果放在中原的开化之地，郑芝龙可能充其量就是个街头混混，然而在波谲云诡的东南亚贸易舞台上，郑芝龙可谓是如鱼得水。

虽然不爱读书，但是郑芝龙在语言方面却有着惊人的天赋，长年混迹于东南亚的广阔海洋之上，让他掌握了葡萄牙语、西班牙语、日语、荷兰语。在与葡萄牙人的交往中，郑芝龙深受葡萄牙文化影响，接受了天主教洗礼，取教名“尼古拉斯·加斯巴德”（Nicholas Gaspard）。作为在传统儒家社会生长的中国人，却有一个天主教名字，这在那个时代是不可想象的。

虽然早年郑芝龙在东南亚海面上混得是风生水起，但他深知“圈子”的重要性。机遇永远属于有准备的人。在日本经营期间，郑芝龙遇到了在日华商领袖李旦，彻底改变了他的人生。

李旦是郑芝龙的“乡党”，福建泉州人。他早年在菲律宾经商，后来由于受到西班牙人的排挤转战日本扎根。李旦作风强悍，与日本当地海盗集团和政府关系良好，其武装集团很快成了东南亚地区一支令人生畏的海运武装力量，连欧洲商人也敬畏地称李旦为“Captain China（华人领袖）”。正所谓英雄相惜，李旦一见到郑芝龙就被他身上那股特殊气质所吸引，再加上郑芝龙确实能干，帮其把生意打理得井井有条，不久之后李旦就收郑芝龙为义子，并且将自己的一部分舰队交给他，让他从事与越南各地区的交易。至此郑芝龙算是赚到了自己的第一桶金。然而更重要的是，李旦和日本幕府之间有着紧密的联系，借助李旦的平台，郑芝龙很快就在日本站稳了脚跟，并且在华人和欧洲人的圈子中声名鹊起。日本上层的达官显贵也向郑芝龙伸出了橄榄枝，使他成了包括前幕府将军德川秀忠、地方诸侯松浦氏在内的要人的座上宾。而松浦氏更是介绍平户藩之家臣田川昱皇之女田川松给郑芝龙认识。二人婚后育有一子，这个小孩就是我国历史上大名鼎鼎的民族英雄——郑成功。没错，郑成功是中日混血。

事业爱情双丰收，在一般人眼里郑芝龙已经达到了人生顶峰。如果剧情按照这样走下去，郑芝龙可能就会做一辈子的“安乐公”与其他的海盗一起湮没在历史的长河里了。但是李旦的去世，让他拥有了能够在历史舞台上成为主角的资本。李旦去世后，郑芝龙继承了这位海盗义父的全部资产——近七百艘舰船。相比同时期的海盗，郑芝龙具有着超前的战略眼光和政治头脑，他绝不甘心做一辈子的海盗。他对麾下部队做出了大刀阔斧的改革——建编、武备、立威。郑芝龙开始迈出了构建东南亚郑氏贸易帝国的第一步。

首先，他在军队中建立了明确的指挥与监督体系，设立监军、监守、参谋等职务，同时把自己的部队划分为十八个集团军，在灵活调度的同时也防止了底下部将的拥兵自重。一支具备现代化指挥体系的军队逐渐成建制，经过整编后的这支部队在料罗湾把荷兰人打得满地找牙。

此外，由于长期与荷兰人打交道，郑芝龙深知“科学技术就是第一生产力”。荷兰人的红夷大炮，“铳炮一发，数十里当之立碎”的威力与这一时期先进的盖伦战舰[1]“舰艨艟高大”的体积

1 16世纪参与开辟大航海线路的英国、西班牙、荷兰等国家研制出的新式战舰，特点在于船身巨大，一般排水量都在500吨以上，并配置多帆和多层甲板，以便装备更多的火炮。

给他留下了深刻的印象。郑芝龙在军队的武器装备上坚持自力更生，不惜高价聘请葡萄牙、荷兰各国兵器工匠，仿制红夷大炮与西方战舰，建立起自给自足的兵工基地。

如果仅此而已，那么郑芝龙顶多算是有军事头脑的悍匪而已，他聪明在知道自己“名不正则言不顺”。因为郑芝龙的生意始终被官方视为走私行为，而郑芝龙也一直在琢磨着怎样让自己的行为合法化。在整训部队之后，郑芝龙就开始思索着向明政府“投诚”。

他实施了一个重要举措，就是给部队立下了军规——遇到读书人不抢；遇到穷人要接济；深入内陆后严禁烧杀掳掠。不但如此，沿海地区遇到灾荒海难，郑芝龙还会拿出自己的钱来赈济灾区。如此一来，郑家军的军纪甚至比同时期明军的一些游勇部队要好，这给郑芝龙打好了一定的群众基础，在东南沿海赢得了好口碑。另外，在对明军“强化治安”的清海行动中，郑家军武备精良，训练有素，明军基本上是屡战屡败。但是郑芝龙对明军却摆出了周礼之风——“不重伤”，抓到的俘虏也全部放回，甚至在一次战斗中活捉了明朝游击卢玉英后，也是礼待有加，并让他给政府传话，说自己是实属无奈，始终怀着一颗赤子之心想报效国家。

军事上的革新加上正确的战略，让郑芝龙成了东南亚地区首屈一指的海上军事力量，就连彼时被称为“海上马车夫”的荷兰人，郑芝龙也不放在眼里。

天启七年，郑芝龙的舰队已经拥有了近千艘战船，里面不乏自家兵工厂研发的新式“战列舰”——大福船。这种中西合璧的战舰舰身采用传统中式的大福船以获得更好的稳定性和载重量，而夹板和风帆参照欧洲的盖伦战舰，布置多层夹板和多风帆，在个头上丝毫不输横行大航海线路上的盖伦舰。最重要的是大福船上内置了多达几十门的红夷大炮，这让这种新式战舰在与欧洲战舰交锋时毫不逊色。眼见自己兵强马壮，郑芝龙一改往日八面玲珑的脾性，毫不犹豫地对荷兰人“亮剑”。

仅在天启七年这一年里，郑芝龙水军对荷兰人发起的攻击就达几十次，有十多艘荷兰商船被击沉，还有多艘商船连同满船的财富被郑芝龙收入囊中。这一时期的荷兰人一听到“郑芝龙”这三个字就觉得头疼，荷兰驻台湾总督揆一无奈地对部下说道：“在中国沿海应尽量减少活动，避免被郑芝龙袭击。”

在有了郑芝龙对明朝政府军和荷兰人一系列的亮眼举动之后，这个原本不入流的海上大盗终于引起了明廷的注意。明朝末年可谓多事之秋，其间在北方的后金已经形成气候，不断对明朝进行骚扰。万历四十七年，由努尔哈赤率领的八旗军在萨尔浒痛击明军，东北战局的恶化，让明政府无暇顾及东南。在大国本位、农耕为先的意识形态下，从皇帝到大臣都认为东北之患是大病猛症，东南海江之事不过是小小足疾。加之郑芝龙之前对政府军一直礼待有加，又多次表忠心愿意为大明守土戍疆，于是索性招安了郑芝龙。郑芝龙摇身一变，成了明王朝的“五省游击将军”。

三万军队、上千战舰、“五省游击将军”官方认证身份，对于一个以走私起家的海盗来说，应该满足了。然而郑芝龙却不这么想，他骨子里流淌着商人的血脉，对利益有着无尽的追求。什么华人领袖、游击将军，对他来说只不过都是实现梦想的工具罢了。下一步要做的就是让东南亚变成自己的市场，构建起一个君临东亚的巨大的海洋商业帝国。

有了官方认证之后，郑芝龙首先以政府的名义，将东南沿海的零散各股海盗势力全部剿除，在此期间借机壮大自己的实力。这时的郑芝龙突然意识到了要培养自己的接班人，于是把生活在日本的儿子郑成功接回身边悉心培养。郑氏父子团聚，事业做得风生水起，荷兰人却不愿意了。视东南亚为自己的贸易地盘的荷兰人怎能容忍郑芝龙抢自己的地盘？新任的台湾总督普特斯曼一上任就向荷兰东印度公司请求武力解决郑芝龙集团，并且要求明政府给予荷兰贸易最惠国待遇。还不知道已经变天的荷兰东印度公司同意了普特斯曼的请求，于是就有了本章开头那一幕精彩的料罗湾大海战。

此次海战彻底把“海上马车夫”荷兰人打服了。台湾的荷兰殖民者在承认郑芝龙航线主导权的前提下，还愿意每年支付十二万法郎的“保护费”。东南亚海域正式成了郑氏集团的地盘，澳门—马尼拉—台湾—长崎的贸易航线由郑氏集团全部垄断。在航线上过往的商船，不论是荷兰、西班牙还是葡萄牙，只有花钱购买郑氏的“令旗”才能得到安全保障。如果有舰船胆敢进攻郑氏舰船，那么将遭到数倍的还击，以郑芝龙为代表的华人军事贸易集团牢牢掌握了东南亚地区的海洋霸权。据《明季北略》统计，每年仅令旗这一项收入就高达白银上千万两。荷兰人也承认，在东南亚航线被郑氏集团战舰拦截的概率高达50%，在福建沿海则是100%。

明崇祯后期仅中国商船造访马尼拉的数量每年都维持在五十艘左右，而在日本更是受到礼遇。如果郑氏的货船与荷兰人的货船同时进港，日本人规定荷兰人必须让行。以往荷兰人会在东南亚航道劫掠包括西班牙、葡萄牙等国家在内的各国商船，但是自从郑芝龙确立了贸易主导权后，荷兰东印度公司总督维尔多次命令在这条航线上的荷兰战舰要“保持克制”，避免引发与郑氏集团的冲突。

从郑芝龙称霸东南亚海运航线到明朝灭亡的这段时间内，东南亚的商贸被打开了任督二脉，大量的白银通过海上贸易涌入中国。葡萄牙学者马加良斯甚至认为，在这段时间内，全世界有一半以上的白银流入中国。商业贸易的繁荣，促进了资本主义萌芽在中国诞生，江南地区出现的现代化雏形的纺织工坊就是最好的佐证。

作为东南亚航贸实际控制者，郑芝龙在这一时期可谓风光无限，但他也不过是被历史选中的代表而已。不论是谁，都无法阻止全球一体化和历史前进的车轮。

第十九章

# 朱由检——孤独的皇帝

崇祯十七年（公元1644年）三月十八日，紫禁城。

不远处传来隆隆炮声，寝宫内桌上的菜肴还算丰富，但是所有人都毫无食欲。“皇上如听臣妾之言及早南迁，不致有今日！”周后啼哭着向崇祯帝朱由检说道。皇帝此时早已没了与周后昔日的温存，但见他手握利剑，目露凶光回道：“事已至此，可以一死！”听了这句话，周后与几个儿女挥泪诀别，随后便在坤宁宫自尽。

眼见周后身亡，朱由检手执利剑分别砍向安乐公主、昭仁公主。杀女之后他似乎着了魔一般，欲将后宫嫔妃全部斩杀。大内顿时血流成河，宫女太监四散而逃。众人的尖叫似乎将这位得了“失心疯”的皇帝的魂魄拽了回来，他脸上迅速恢复了以往的神态。朱由检找到几位皇子，并交代心腹太监将他们带出宫。望着皇子远去的身影，他如释重负地叹了一口气，然后失魂落魄地走出了玄武门。

已近三更，雾大雨疏，虽然近四月天，但是如此雨夜还是带有一丝寒气。朱由检来到紫禁城后边的煤山，这时他还心存一丝幻想，也许上天庇佑，会有勤王之师逆转战局。他想在这个制高点看看远处的战况，但见黑夜里远处点点火光，听着不时传来的零星炮声，他知道大势已去。这时从小受到的教育和生在帝王之家的心志让他眉宇间顿生一股英气，朱由检咬破手指在衣襟上写道“任贼碎裂朕尸，但弗伤我百姓”，书毕在寿皇亭边自缢而死。

伴随着崇祯皇帝的死去，正史上记载的国祚276年的大明王朝宣告覆亡。明思宗朱由检是明朝的第十六位君主，相比明朝历代君王，他虽然算不上明君，但至少也不昏聩。朱由检聪敏好学，勤政节俭，但在其执政的十七年中，整个王朝反而江河日下。

朱由检运气的确不好，到他上位之时，朋党、边患、饥民、腐败这些重症已经将大明朝的肌肤彻底侵蚀，政治腐败、武备孱弱、道德沦丧、经济崩溃，命运选择了崇祯，但历史却抛弃了他。

时间回到万历三十二年，常州府。

无锡东门弓溪旁新落成的书院大门上的一副对联尤其引人注目，上联是“风声雨声读书声声声入耳”，下联是“家事国事天下事事事关心”。书院内一人正对“四书”经义做讲解，台下人则全神贯注地聆听。讲师叫顾宪成，这座他亲自创办的书院叫“东林书院”，这也许是最接近日常讲学的一幕。

顾宪成为官直言敢谏，经常对朝政弊端有所非议，从而触怒了神宗被革职。

他决定回乡从事讲学活动，由于在士大夫中有着很高的威望，得到了包括常州知府、无锡知县等众多官员和文人的支持。万历三十二年十月，由顾宪成主导，其弟顾允成、高攀龙、安希范、刘元珍、钱一本、薛敷教、叶茂才等人成立了东林大会，定期举行讲会，吸引了众多的学子官员，由此东林声名大噪，号称“东南讲学之盛遂甲天下”，而一讲就是四年。

万历三十六年（公元1608年），“今日天下大势尽归东林”，神宗看到这行字双眉紧皱。几天前内御史徐兆魁等朝臣反映顾宪成“讲学东林，遥执朝政”，并与户部尚书李三才结成“东林党”，经常“杂以时事”，刊印讲义涉及政治，胁迫地方干扰行政等。皇帝还没做出反应，光禄寺丞吴炯等正直的官员对徐兆魁的奏折提出异议，由此掀开了关于“东林党”是否乱政的长期讨论。

从本意来说，面对糜烂的朝局，回乡的顾宪成有心回归学术。明朝虽然是我国封建集权趋于鼎盛的时代，但是也是思想与精神激烈碰撞的时代，催生出了影响整个亚洲的阳明心学。但是顾宪成对阳明心学的理念不甚认同，他意欲正本清源，重整道德，传达孔孟儒学，回归程朱理学才是顾宪成开办书院的目的，讲学的内容也大多是“四书”经典。在顾宪成等人看来，朝堂之上政清人和，在野为民回归儒学正脉是重整道德的重要标志。

但是以顾宪成为主的讲学团体确实具有着一定的“精神洁癖”，正本朝纲、清除思想流弊是他们对现实的美好愿望，并致力于通过道德改革运动重新确立儒家的传统行为准则。但是这些人往往止步于学术讨论而很少有实际干才，因此美国学者贺凯形象地称东林团体是“道德的十字军而不是改革家”。而掀起波澜的徐兆魁的奏折，背景则是阁臣李廷机意欲阻止户部尚书李三才入阁的斗争，李廷机团体污蔑李三才结党营私，同时含沙射影地指出其后的党就是东林书院。天真的顾宪成知道此事后写信向朝廷解释，正好被李廷机团体利用大做文章，而且这个误会越来越深。到了天启朝，东林书院的一些成员回归政坛，并且与魏忠贤团体抗争，从而引得魏忠贤的嫉恨，后者更是欲要把东林党除之而后快。天启五年，东林书院终被明廷禁毁。

可以说从一开始，东林党就从来没有形成过党派，只不过是对政见或者学术思想一致的一群人的统称，但是明朝中后期的朋党之争却从来没有停止过。起初的争执还能够为国家计，到后来这些科举出身的官员往往只是因为政见的不同而互相参奏、诋毁，在政局上没有谁能独善其身，必须“站队”，这样就给国家带来了不可挽回的负面影响，更重要的是这种党争一直贯穿于整个明朝后期。

除了无尽的党争之外，人才的匮乏也是令崇祯帝头疼的一件事。

相比于明朝初期三杨辅政，万历年间的张居正、冯宝二人组，崇祯年间无论是内阁还是司礼监堪用之才实在不多。朱由检在位十七年共换掉了十七任内阁首辅，继位的第一年，内阁首辅就换了四人。而这些阁臣确实不堪重用，有的人连基本的行政素质都不具备，甚至在给皇帝的票拟中经常会出现错别字。有一次皇帝问周道登“为何宰相要用读书人”，他竟然恍然不知，当着皇帝的面回复要查查书才能知道。如此庸才竟然能够忝居内阁首辅，崇祯朝的政治昏聩可见一斑。

另外，崇祯帝的处事风格和性格缺陷也导致了很难有人能和他“搭班子”。年轻气盛的皇帝初登大宝，心中万丈豪情，目中无视一切。身系九州万邦，应该包容天下，他却总是盯着别人的缺点和做事的细节。而且崇祯似乎还有道德洁癖，他认为即便是唐太宗这样的盛世之主不免也有“玄武门之变”这样的道德污点。总是这样的严于律人，试问能有谁可以入得了朱由检的“法眼”？此外，由于幼年时长期处于压抑和不安全的环境中，崇祯帝形成了自卑和敏感的人格，他最恨别人欺骗自己，十分多疑，这样的皇帝实在是让人难以相处。

在历经了多轮的内阁换血之后，朱由检终于发现一个阁臣堪用，那就是少詹事（主管太子教育）刘鸿训。他年轻，有干劲，有想法，很多事情能和皇帝合拍，然而就是这样一位有机会成为辅佐良臣的人，却因为建议崇祯拿出内帑银来抚慰官兵令皇帝心生嫉恨。崇祯在生活中十分小气，衣服穿破了都舍不得换新，就是这样一位皇帝，让他拿出内帑银来赈济官兵，无异于心头割肉。就这样，崇祯对刘鸿训的青睐也戛然而止。

其实崇祯朝不缺文臣武将，但是由于皇帝自身的性格缺陷，把一张张好牌全部打废了。

崇祯二年十二月初一，紫禁城。

袁崇焕跪在建极殿外的平台上，摆在他面前的是三个根本无法回答的问题。

第一，为何要杀毛文龙？第二，为何要引清军入京？第三，为何要伤满桂？

虽然身上披着厚实的貂皮大衣，但是袁崇焕还是感到了刺骨的凉意。袁崇焕没有回答，皇帝似乎也不愿意让他回答，很快锦衣卫将其拖下了大殿。此时身旁的祖大寿战栗不止，年近七旬的内阁大学士成基命泣泪乞求崇祯三思，而皇帝丝毫不予理会，至此崇祯皇帝废掉自己手中最大的一张王牌。

就在一个多月前，皇太极率领八旗劲旅绕开山海关从龙井关、洪山口、大安口入关攻占遵化，直逼京师。袁崇焕星夜回驰抗击后金军，史称“己巳之变”。进攻受阻的皇太极玩起了“反间计”，在北京城内散布谣言污蔑袁崇焕是后金军的内应，于是就出现了刚才的一幕。

平心而论，在对袁崇焕一事的判断上，对于还不及弱冠之年的崇祯来说是不小的考验。抛开皇帝本身多疑的性格不说，他的政治经验也比较少。纵观有明一朝，从太祖废丞相起，整个国家的权力就被分割成很多部分，被内阁、六部、司礼监等部门分治，特别是军权的设置，早已被朱元璋打散。在这种情况之下，不论是历朝历代的权相、宦官怎样权势滔天，但实际掌控大权的只有皇帝一人。另外明朝将封建集权制以及皇帝受命于天的封建伦理纲常已经灌输于士大夫阶层脑中，皇权至高无上不可侵犯。不仅如此，考虑到前朝外戚当权的教训，明朝后宫选妃一般也不从权贵之家选取，再加上锦衣卫等对皇帝直接负责的特务机构的监控，皇帝可以“翻手为云，覆手为雨”，任何权奸都不过是皇帝的傀儡而已。早在天启帝行将离世之时，魏忠贤集团内部就已经出现了分裂，魏忠贤甚至提出要寻一婴孩冒天启帝之嗣继位，然而大家从内心惧怕皇权，无人敢应。朝中的一些阉党朝臣也开始为自己准备后路，而且魏忠贤为祸数年，民间怨气更大，正是在这种情况之下，崇祯帝才能够游刃有余地对付阉党。

反观处理袁崇焕的事件，是在后金军兵临城下的危急时刻做出的。其实一开始崇祯皇帝并不相信袁崇焕与皇太极勾结，这个时候他还能对重大事件做出清晰的判断。事情的转折发生在袁崇焕入京后的第一次平台召见，袁崇焕多次要求进城休整，而面对皇帝提出的要尽快将后金部队击退的要求时也没有给出明确答复，也许是考虑到一年前第一次面见皇帝时夸下海口“五年平辽”的教训，也许是还没有把握能够击退清军，袁崇焕选择了沉默。但是这一态度刺激了皇帝多疑而又敏感的神经，他想到后金军在城下似乎并不急于进攻，皇太极带着八旗贵族甚至开始在京郊游猎，好像在等着什么时机，而城中关于袁崇焕意欲反叛的谣言越来越盛，皇帝的心理防线彻底被击溃，最终促使他做出了逮捕袁崇焕的决定，亲手毁掉了抗击后金的柱石。

其实在袁崇焕接手北京防务之初就已经踏入了万劫不复之地。彼时的明廷在面对后金的进攻时全面处于防守态势，而漫长的北方防线不仅仅是一个山海关的问题。对此袁崇焕观若洞火，他不止一次提出要加强满是漏洞的北方防线，他上书朝廷说：

“惟蓟门陵京肩背，而兵力不加。万一夷（指蒙古）为向导，通奴（指后金）入犯，祸有不可知者。”但是，袁崇焕的两次上疏，都没有引起皇帝足够的重视，或者说是朝廷实在无暇顾及这么漫长的一条防线。当得知皇太极奔袭京师的那一刻，袁崇焕就深感大事不妙。作为北方防线的统帅发生了贼兵兵临城下的重大工作失误，他怎么都脱不了干系，以崇祯帝的性格，大概率是会发生“秋后算账”的事情，结果又被袁崇焕猜中。

如果说考虑到当时的情况和崇祯皇帝的政治阅历尚浅，做出这样的决定还可以理解，那么在十四年后督促孙传庭仓促出征则是亲自断送了大明朝的最后一支精锐。

崇祯十六年（公元1643年），皇帝任命孙传庭为七省督师（陕西、山西、河南、四川、湖广、贵州以及江南、江北），并且督促他赴河南与李自成作战。此举打破了孙传庭“休养整军、以待敌变”的计划。而此时河南的李自成农民军声势正盛，此时兵部侍郎张凤翔多次向崇祯帝提出孙传庭部为明朝最后一支有生力量的重要性，要求皇帝收回成命，但是朱由检仍旧一意孤行，最终导致了孙传庭在孟津兵败身亡。

孙传庭的覆亡完全是皇帝急躁、多疑的性格造成的。在明末对农民军的征剿过程中，崇祯皇帝经常会给远在前线的统帅设置目标，要求在一定期限内完成征剿，同时又总是担心统帅尾大不掉。

皇帝的担心是有理由的，明朝的卫所制到了明末早已名存实亡，大量军田被土豪兼并，士兵逃亡严重，军备废弛。募兵制与地方军成了国家武装的重要组成部分。特别是地方军，战斗力强悍，比如戚家军、关宁军。然而这时又出现了一个问题，那就是地方武装割据。地方军往往被主将视为“私产”，政府已经很难进行有效的调动了。比如在崇祯末年活动于长江流域的左良玉部，身为平贼将军他却不听明廷调遣，在与农民军的战斗中经常是避其锋芒保存实力，同时还不停地吸纳兵员形成了拥兵数十万的地方军事力量。由于明末朝廷已经无力供给数量庞大的军队，左部经常打家劫舍补充军需，如同强盗一般。长江流域很多地方的人民听到左部前来往往惊恐无比，如临大敌。一次左部流动到芜湖竟然公开要求南京为其筹措军饷，惊得南京官员严阵以待。面对左良玉如此行径，中央政府没有任何办法，而且崇祯帝还心存幻想希望左部能够迷途知返，为朝廷所用。

文华殿已经被黑夜吞噬，年轻的朱由检在书案之前虽然已有困意，但是他还不能睡。还没有吃饭的他对宫内的食物绝不敢沾，幸好入宫前王妃往他怀中塞了一些麦饼，靠着这些食物他勉强撑过了漫长的一夜。这是崇祯帝即位之初发生的事，好在这样的日子并没有持续太长时间。由于天启帝的突然离世，信王朱由检成了被历史选中的人，仅仅三天就继位成为大明第十六位皇帝。朱由检从礼部拟定的四个年号里选取了“崇贞”这个年号，还亲自把“贞”字改为“祯”，意为吉祥，希望自己继位之后能够重整朝纲，让大明复兴，让人民过上幸福的生活，也是为自己讨个好彩头。

朱由检的童年生活不算幸福。由于父亲一直不得祖父的喜爱，所以朱由检从小在宫中就体会到了什么叫世态炎凉。即便是之后自己的父亲和哥哥继承皇位，朱由检的生活也没有太大的改变，这位王爷并没有引起太多人的注意，而他也似乎乐得这样的处境，登基之前的朱由检唯一的希望就是赶快出京就藩。

由于处于权力旋涡之外，朱由检开始用大量的时间阅读经史子集和程朱理学，也通过历史兴衰开始思考时局政治，感慨朝局糜烂，也会偶尔幻想如果自己操盘，该如何驾驭庞大的国家前行。继位之后的崇祯皇帝更是勤政好学，比起豢养虎豹的正德皇帝、长期不朝的嘉靖和自己的木匠皇帝哥哥，他堪称“劳动模范”，在位十七年认真参与经筵日讲。

可惜天不遂愿，崇祯帝继位之初除了要面对无法破局的党争之外，关外后金的崛起也在时刻威胁着王朝的安全。

在皇太极的统领下，后金的经济、政治已经比努尔哈赤时期有了质的飞跃。关外抚顺、开原、沈阳、辽阳、旅顺等战略重镇早已落入后金之手。公元1625年后金迁都盛京（沈阳），意味着后金已经从偏安一隅的地方政权变成虎视关内的强劲对手。在明末的十七年里，后金总共五次入关（不算1644年那次）觊觎中原。

崇祯二年的己巳之变后，金军绕过山海关从喜峰口入塞，围困北京，袁崇焕入狱后，祖大寿连夜奔回山海关，满桂战死，时局糜烂。此时崇祯皇帝甚至开始下令整理内宫文件和财物，准备马匹南逃。这次危机直到崇祯三年（公元1630年）后金军队主动撤离才解除。明朝此役受难两府十几个县，三名总兵死于战场，后金获得大量财物、人口，更为重要的是有大批官员和文人在此役中或投降或被虏，为后金提供了重要的人才储备。

崇祯七年（公元1634年）皇太极分兵四路，以大同、宣化一带为主攻方向，分别破关口而入。相比于上次威胁京畿，此次的目的很明确，就是劫掠。后金部队深入山西和河北，崇祯帝下旨令各地官员严守，然而地方守官怯战畏敌。明朝南山参将毛镔带部分兵士到永宁开会，永宁城的守将担心有诈，四门紧闭，在城上与之对话许久，也不敢放他进来，令人目瞪口呆。后金几十名骑兵竟然在山西淳县掠获妇女、小孩千余人，经过代州城下哭声震天，城上明军却不敢发一矢，更不敢出战，任由后金兵从容过去。此次南下后金兵如入无人之境，在明朝州府台堡之间往来穿梭如同游猎，而明军没有组织起一场像样的阻击战。

崇祯九年，后金多罗武英郡王阿济格大军分三路奔向冀北，不日便抵达北京延庆，后取昌平，由于城内有后金军细作做内应，明军大败，守城总兵巢丕昌竟然投降，明德陵（熹宗朱由校和皇后张氏的合葬陵墓）被焚毁，阿济格兵锋直指北京西直门。京师震动，崇祯帝大惊，京城戒备。而后金军队却不攻北京，先后挥兵进击房山、顺义、怀柔、密云等地，环猎京畿，后金军获得近十八万人畜和无数财物后从容撤退，明兵部尚书张凤翼率军尾随却不敢出击，后金部队沿路留下“各官免送”字样的木头戏谑明军。阿济格大军带着辎重用了四天才从容撤出关外。

崇祯十一年（公元1638年，此时后金已经改国号为清），和硕睿亲王多尔衮从墙子岭和青山关毁边墙而入，由于地形险峻，清军花了三天时间才越墙进入关内，在这三天时间里，镇守墙子岭的总兵吴国俊正在密云参加镇守太监邓希诏的寿宴，清军如蚂蚁般涌入关内竟没有遭到任何抵抗。蓟辽总督吴阿衡此时也在宴席上，清军抵达时仓促应战被杀。

在清军的步步进犯之下，崇祯本来想听从兵部尚书杨嗣昌的建议与之议和，但督师卢象升坚决反对，崇祯忙否认自己有议和打算，便同意他带兵出征。然而杨嗣昌和太监高起潜处处为难他，卢象升名为督天下兵，实际手上可用兵马不足两万！后来杨嗣昌从中作梗，竟又把这两万人马分走一半，卢象升率军至巨鹿，兵马又溃散一半，仅剩五千残卒，没有粮饷。卢象升哀求与他相距不足五十里的高起潜增援，但高起潜置之不理，卢象升军中无不失声哭泣。十二月十二日，卢军被清骑兵包围，连围三重，卢象升大呼血战，身中四箭、三刀毙于战阵。高起潜闻听，拔营就跑，本来应该向西逃，慌乱中竟向东边误逃20里，陷入清军埋伏，大败逃窜。试想如果在此时与清军议和，大明王朝或许可以摆脱“内忧外患”腹背受敌的尴尬局面。说实话此时的清军就算屡次南下，但从综合国力上来说仍然不具备鲸吞明廷的实力。而对明朝构成真正威胁的心腹大患是来自王朝内部如星火燎原般的农民起义。

崇祯二年的一天，紫禁城。

朱由检仔细阅读着刑科给事中刘懋的一封奏折，奏折内说：

“当今天下州县困于驿站的约十之七八，而驿站用于公务的仅十分之二，用于私事的占十分之八。”一向精打细算的崇祯帝似乎又看到了一项“节流”项目，于是立即授意大臣们就“裁撤驿站”这件事进行讨论，此举却招致大臣们的反对。针对这个情况，刘懋再次上疏说：“游滑不得料理里甲也，则怨；驿所官吏不得索长例也，则怨；各衙门承舍不得勒占马匹也，则怨；州县吏不得私折夫马也，则怨；道府厅不得擅用滥用也，则怨；即按抚与臣同事者不得私差多差也，则怨。所不怨者独里中农民耳！”但是，驿站制度还是在崇祯一朝被革除。根据崇祯四年二月的财报，朱由检得知在取消驿站之后国家“节银六十八万五千余两”甚是欣慰，然而问题却没这么简单。在这次裁撤驿站的行动中有一个人“失业”了，这个人就是十五年后率领农民军攻进北京城的李自成。省了六十万两银子，丢了大明江山，精于算计的崇祯帝这次可是亏大了。

明朝驿站的设立对社会的稳定具有一定作用。据《明季北略》记载：“祖宗设立驿站，所以笼络强有力之人，使之肩挑背负，耗其精力，销其岁月，糊其口腹，使不敢为非，原有妙用。”在千百年来的封建王朝中，善良淳朴的底层百姓其实是很容易满足的，但凡有一口饱饭吃，有一个正经差事做，谁都不愿意去铤而走险。说驿站的裁撤导致了李自成的起义和大明王朝的灭亡似乎有点夸张，但正是诸如此类的原因才造成了大量底层人民失去生计成为流民，而当自己没饭吃的时候，造反似乎成了他们能想到的第一件也是唯一一件事了。

其实从天启末年，农民起义就已经开始形成燎原之势了。天启七年连续的自然灾害导致饥荒愈加严重，多地出现了“草木尽、人相食”的惨剧，如此光景之下，贪官污吏仍旧是横征暴敛，白水农民王二、种光道等插旗起义于白水县，揭开了明末农民起义的序幕。

崇祯元年（公元1628年），陕西府谷王嘉胤、安塞高迎祥、米脂张献忠等领导饥民起义，迅速波及陕西全境。从崇祯元年至崇祯三年间，陕西境内竟然出现大小义军队伍一百多支！很多官军因为长期欠饷也加入其中。虽然三边总督杨鹤采用“剿抚兼施、以抚为主”的战略，但是此时的明廷根本无力养活大批饥民，即便后继者洪承畴改用“以剿坚抚，先剿后抚”的方针效果仍不理想，农民军经常是“朝归暮反”。百余万的农民军在崇祯一朝在黄河南北、长江上下十几个省的辽阔地区长期流动，将明廷拖入了万劫不复的深渊。

到崇祯十六年，大明王朝基本上已经进入了倒计时。此时北面清军连连南下中原如入无人之境，鲁王、信阳王、东原王一批皇亲国戚或被杀或自尽。失去抵抗意志的明军对清军的劫掠行为丝毫不敢有所行动，清军南下到山东时正值春暖，他们竟然在此安营扎寨，牧马狩猎，仿佛就是在度假一般。而李自成已经在河南、湖广两省占领了十府多县，他改襄阳为襄京昌义府，设置“六部”并设府尹、州牧、县令等官职，成立国中之国；张献忠部西进湖广，连下数府，奔袭武昌。而最令崇祯帝心寒的是在农民军攻城拔寨的时候，各府县大量的官员士绅向农民军“投怀送抱”，毫无抵抗之意。随着国家的日渐腐败，士大夫已经渐渐接受了明廷行将就木的事实，一大批资深的政府官员和士绅加入到农民军阵营，在这些人中有很多还抱着希望农民军改天换地、创立新朝的想法。

面对千疮百孔的国家，崇祯帝在最后执政的日子里陷入无尽的痛苦之中。一方面是自己殚精竭虑试图挽狂澜于既倒，而现实却是江河日下，帝国已经病入膏肓。在这段时间内的朝臣们也是十分焦虑，他们倒不是焦虑帝国的基业将毁于一旦，而是这段时间里崇祯帝的情绪十分不稳定，时而对大臣们谦逊温和、虚怀若谷，时而对朝臣痛骂斥责甚至是痛下杀手。皇帝此时面对危局的压力和长年高强度的工作已经患上了精神疾病，导致双重性格的出现。

崇祯十七年正月初一，在这个一年之始的祥和日子里，北京城内没有一丝喜庆的气氛，沙尘暴一直持续到下午。就在这天，李自成在西安宣布建立大顺王朝。当消息传到北京时，崇祯帝面对内阁重臣潸然泪下：“朕非亡国之君，事事皆亡国之相……朕要亲自率师出兵，决一死战，就是死在沙场也没什么……”弄得大臣们不知所措，有人当即表示要替皇帝出征，有人表示要捐出家产，但都不过是惺惺作态罢了。

其实面对危局，崇祯曾经一度考虑过迁都。但是在这个问题上，朱由检好面子的毛病又害了他，介于朝臣压力和形象上的考虑，崇祯帝一直想让一位德高望重的朝臣提出此意见，然后自己再“不得已而为之”，可惜只有品阶不高的詹事府左中允李明睿提过这件事，怎奈人微言轻，没有引起注意。朱由检曾经秘密召见过李明睿并详细地询问了他关于南迁的想法，但无奈朝中就是没有重臣响应。就这样，南迁的计划不了了之。

平心而论，大明帝国的覆亡绝非朱由检所致。官员贪腐、朝纲不振、军备废弛、土地兼并、外族入侵这些问题在前朝一直存在，只不过到了崇祯一朝积重难返而已。而且明末又赶上了小冰河时期，导致自然灾害频发，这对于靠天吃饭的农耕社会无疑是致命打击。朱由检在位期间六次发“罪己诏”，他每天宵衣旰食，勤于朝政，二十多岁时就开始生白发，一心只想复兴大明，无奈明廷气数已尽。

我们不能武断地说崇祯是一个昏君，但是他应该是个孤独的皇帝。纵观王朝末路，能够心存国家、实心用事的朝臣确实已经不多了。当李自成立朝，率领大军浩浩荡荡地进逼北京的时候，财政空虚的国家已无饷可用，崇祯号召朝臣和皇亲捐款，内阁首辅魏藻德竟然只拿出了区区五百两，并且在崇祯面前哭穷。有的大臣为了躲避掏钱，把家具甚至锅碗瓢盆拿到大街上叫卖以示清廉。皇帝的岳父家资雄厚，只拿出一万两还如同割肉一般，难怪朱由检会说朝臣没有实心用事者。

崇祯十七年三月十八日，随着农民军攻入北京，朱由检在煤山自尽，此时和他一起殉节的不是文臣也不是武将，而是司礼监秉笔太监王承恩。经历了十七年的风风雨雨，苦命的朱由检终于在这一刻得到了解脱，但是神州大地的苦难却并没有结束……

第二十章

# 蜀乱——天府之国变人间炼狱

南明永历元年，清顺治四年（公元1647年），四川，清军破内江。

几个人神情疲惫地走在内江通往威远的林间小道上，在这群人中有一个叫欧阳直的书生。在这林木阴森的山路中，他们一行人精神高度紧张，他们恐惧的既不是乱兵，也不是山中会出现的毒虫野兽，而是在两边茂密的林木中的一群衣衫褴褛的流民，他们始终和欧阳直一行人保持一定的距离。这群人在阴暗的丛林后用一种异样的眼光盯着他们，突然一位伤重的同伴被几只手拉进了林木中，透过林木可见流民们马上开始在他身上啃咬，一个个眼中露出了瘆人的绿光。欧阳直一行人见状加快了步伐，虽然大家已经筋疲力尽，但是求生的欲望还是指挥着他们的双脚小步快跑地走出了这片森林。因为他们知道，如果掉队，会被林子里的人吃掉。没错，就是人吃人，这种事他们已经碰见过很多次了。

在明末清初的近半个世纪里，天灾、兵祸、虎患、瘟疫先后肆虐着川蜀大地，人类文明遭到严重破坏，让这片昔日的沃土呈现出寥无人烟、野兽横行的惨状，宛如人间炼狱。顺治八年（公元1651年）清军占领四川全境后开始审核户籍，此时全川人口竟然只剩下八万左右，而且这八万人中还有一部分是移民，以至于康熙二年（公元1663年）走马上任的四川巡抚张德地面对蜀地破败凋零之惨状感叹："有川之名，无川之实！"

逃出密林的欧阳直可以说是整个蜀乱的经历者，他先后目睹过瘟疫的流行、张献忠部队的滥杀、从"摇黄"的大本营脱险，还经历过"虎口余生""人相食"的惨剧。欧阳直是幸运的，他躲过了发生在蜀地的这场浩劫，并且著有《欧阳氏遗书》一书，将自己目睹的人间惨剧完整真实地记录在了书中，其中最著名的一句就是"天下未乱蜀先乱，天下已治蜀后治"。

平心而论，明末的蜀乱是自然气候和政治腐败多方面原因造成的，通俗地讲就是"天灾"和"人祸"。在17世纪，全球都经历了气候异常的现象，极端的天气对中高纬度国家影响尤为严重，甚至改变了中国的政治格局。气候史研究结果表明，彼时北半球气候异常寒冷，冬季的平均温度比现在要低2摄氏度。其中明万历二十八年至崇祯十六年是中国历史上的第五个小冰河期，而崇祯即位的1628年正好是这一段时期的极点。不但是中国，朝鲜的南平曹氏在《丙子日记》中也对这一时期的气候变化作了第一手的记录。反观后来清朝康熙时期实现的"康乾盛世"，除康熙帝具备极高的治国才能之外，与小冰河期结束、气温普遍回暖给北方农业带来了良好的生长环境也有着很大的关系。

作为典型的以农耕为主的封建王朝，恶劣的气候对国家的影响不亚于今天的经济危机。因为在北半球中高纬度地区，年平均气温每增减 1 摄氏度，会使农作物的生长期增减3周到4周；中国广袤的农业生产基地基本都处在亚热带和温带季风性气候地区，气温与降水之间关系密切——气温高，降水多；反之则少。所以，明崇祯时期迎来了最大的一次旱灾，而大灾害过后一般又会并发虫灾等次生灾害。

河南人郑廉所作《豫变纪略》为我们提供了第一手翔实的史料。据书中记载："崇祯三年旱，四年旱，五年大旱，六年郑州大水，黄河冰坚如石，七年夏旱蝗，八年夏旱蝗，怀庆黄河冰，九年夏旱蝗，秋开封商丘大水，十年夏大蝗，闰四月山西大雪，十一年大旱蝗，赤地千里，十二年大旱蝗，沁水竭，十三年大旱蝗，上蔡地裂，洛阳地震，斗米千钱，人相食，十四年二月起大饥疫，夏大蝗，飞蝗食小麦如割，十五年怀庆地震，九月开封黄河决。"可以看到的是，从崇祯三年起的十余年间，作为北方农业生产基地的河南基本上没有过上一天的好日子，旱灾、虫灾交替发生，这里也发生了"人相食"的惨剧。

崇祯时期发生的大旱不仅局限于河南一省，其受旱范围之大百年未见。北方的主要粮食产区河南、山西、陕西、山东等地都连旱五年以上，且在此期间很多灾区都并发虫灾。到了崇祯十一年，在广袤的中国大地上，不论东西，不分南北，竟然形成了近千公里的特大灾区，全国共有二十多个省份受到旱灾的严重影响。到了崇祯十三年（公元1640年）灾情扩散到黄河长江中下游和整个华北平原，四川亦受到波及，与此同时长江流域迎来了大面积的蝗灾。

自然灾害的袭击，最直接的结果就是老百姓没饭吃。曾任兵部尚书的吕维祺上书朝廷说："庚午（崇祯三年）旱；辛未旱；壬申大旱。野无青草，十室九空。于是有斗米千钱者；有采草根木叶充饥者；有夫弃其妻、父弃其子者；有自缢空林、甘填沟壑者；有鹑衣菜色而行乞者；有泥门担簦而逃者；有骨肉相残食者。"生存是人的本能，没有吃的就要找替代品。此时有些地区的饥民开始吃蓬草、树皮，还总结出了"榆树皮较为好吃"。灾区的榆树皮吃完了，有些人又发现了可以吃的土块，可惜这只是一种胀腹的假象而已，吃土的人"不数日则腹胀下坠而死"。

崇祯十二年（公元1639年），灾情之下，每石米的价格已经涨到一两，仅仅过了一年，米的价格就疯涨了三倍以上！这个价格还不算太离谱，四川地区的粮食价格已经高得让人无法想象了，据《蜀碧》记载，蜀地其时两升珍珠竟然都难买一碗白面。价格已经不是关键了，因为粮食的总量是缺乏的，总有人吃不到粮食，而这些人自然就是处在社会最底层的农民。沉重的赋役、严重的土地兼并本来就已经让社会矛盾激化，这次百年未遇的自然灾害更是压垮了明朝脆弱的神经，迫使农民揭竿而起，很快席卷大半个中国。

公元1644年，在中国封建社会历史上是十分特殊的一年，中国大地上出现了四个年号：明崇祯十七年、清顺治元年、大顺（李自成政权）永昌元年、大西（张献忠政权）大顺元年。四川之所以会发生兵祸，跟这四个政权并立有着很大的关系。从公元1644年张献忠破万县入川开始，四川历经了长达三十余年的战乱。其间张献忠的农民军、明朝残余军队、清军和一部分李自成部在昔日的天府之国进行了犬牙交错的拉锯战。清军平定四川后的康熙十二年（公元1673年），镇守云贵的吴三桂起兵反清，四川再次受到波及成为战场，无数百姓亡于战火。

封建社会的战争有个很大的特点，就是战争期间“玉石不分”，百姓卷入战祸丧命的概率相当大。而蜀乱期间的兵祸更甚于其他的王朝更替时发生的战争，彼时一方面是压迫日久的底层农民阶级的情绪大爆发，另一方面是游牧民族与农耕文明两种意识形态的碰撞，以致战争中出现了大量的非理性、不人道的虐杀行为。

公元1645年，成都南门外的河流已经变成血红色，河水被尸体阻塞，流动缓慢，周围的空气散发着难闻的尸臭和血腥味。然而对读书人的屠杀依旧有条不紊地进行着——前来应试的考生被集中在大悲寺，每个人都要通过张献忠严格的审核，除年龄较小和他看得顺眼的人之外，其余考生被士兵依次带往城南。这些考生满心欢喜，以为是赶赴考场。然而当到达城门时立刻被兵士剥去衣服，押到桥上，用刀斧砍入水中。屠杀持续了三天，其计划之缜密有序、手段之残忍令人咋舌。据《蜀警录》记载，约有一万七千人在此次屠杀中殉难。然而这只是张献忠为魔一世中疯狂杀戮的一个小小片段。

公元1644年，张献忠西进四川，建立大西政权，年号大顺。大西政权存在于公元1644—1647年，行政范围大约在今天的四川省。政权虽然只建立了短短的三年，但在四川主政时期张献忠却掀起了一场血雨腥风。张献忠在这三年中以自己的方式接管四川，他的方式也很简单，就是“杀”。

在蜀乱期间，张献忠一共屠杀了多少四川人？据清初毛奇龄编著的《后鉴录》统计，明末蜀乱死于张献忠刀下的人数约为200万！明万历六年（公元1578年）登记在册的四川人口约为310万，但是考虑到瞒报、漏报等因素，根据经验推算当时蜀地的人口在600万上下，可以说蜀地每三个人中就有一个人死于张献忠的刀下。毛奇龄在康熙时期参与了政府组织的《明史》的编修，使其能够有机会较为广泛地接触到当时的史料。他生于公元1623年，亲历了明末的兵祸。毛奇龄在做学问方面十分严谨，力求“字字质正”“句句可考”，由此可见《后鉴录》的记载应该是比较客观真实的。

张献忠出身卑微，世属军籍，成年后他理所当然地进入了军队。然而明朝末年军备废弛，士兵被克扣军饷是司空见惯的事情，张献忠的生活不但没有保障，还经常被军官体罚。有一次他被人诬陷奸淫掳掠，差点被正法，虽然得到赏识他的军官力保逃过一劫，但是军队的饭碗却丢掉了。回到家后不久，他又被官府抓到大狱，背上了勾结匪盗的罪名，最后因为证据不足被放回了家。作为长期生活在社会底层的成员，目睹的都是社会上最阴暗的事，再加上自己这一阶段的经历，张献忠的心里留下了不可磨灭的阴影，也造成了他仇视社会的扭曲心理。

公元1645年，张献忠的军队在川南与明军对抗中屡屡失败，军事上的失利让他恼火不已，这时入主成都才两年的张献忠竟然决定屠城，因为他觉得是成都的百姓暗通敌军才导致自己节节失败，为此他亲自做了极为详细和周密的布置。在张献忠军中长期随行的传教士利类思和安文思亲历了这次屠杀，并详细地记录在了《圣教入川记》中。

是年十一月二十二日，张献忠以军事演习为借口，组织全城的百姓有序出城，等待集结完毕后，张献忠亲自率马队来到南门外沙坝桥边开始指挥屠杀。顿时城外无数手无寸铁的百姓被士兵刀砍斧劈，哀号之声震耳欲聋。有些人看见了马队中的张献忠立即跪地哭求："大王是我等之王，我等是你百姓，我等未犯国法，何故杀无辜百姓？乞大王救命，赦我众无辜小民。"然而张献忠不但毫不动容，更是驰马跃入人群践踏。就这样，将被带到城外的百姓屠杀殆尽。据《圣教入川记》记载，当日城外"逐处皆尸，河为之塞，不能行船。锦绣蓉城顿成旷野，无人居住"。《圣教入川记》主要记叙天主教在四川的活动，包括明朝末年四川地区天主教布教过程，也记载了明末张献忠制造四川大屠杀的详细经过。内容大部分来源于被张献忠封为"天学国师"的西方传教士利类思和安文思，这两位西方人深得张献忠看重，跟随其多年，其记录的文字可信度较高。

同样的屠杀行为在四川各地进行。在简州，全城百姓同样被有组织地搜押出城，张献忠的军队先是选出他们需要的人员，随后将剩下的老少无辜屠杀殆尽。据清代学者彭遵泗所著《蜀碧》记载，张献忠部以“砍剁手足”计功，集二百双便可晋升“把总”。其部队还发明了名目众多的虐杀方式——把儿童放入火堆烧死叫“贯戏”，拿长枪把人从背部挑起来刺死名曰“雪鳅”，经常将人杀死后用内脏来喂食驴马。四川人费密，一个蜀乱亲历者所著《荒书》中也有这样的记载，公元1645年张献忠部孙可望率军屠阆中，所到之处人手堆积如山，断指手骨散落田野，就连躲藏在山野的老人妇孺也屠杀殆尽。可见张献忠虐杀蜀地百姓的事实和其军队的残暴。

在日常生活中，张献忠对待生命也是如同儿戏，发怒要杀人，生气要杀人，就连喜欢一个人也要杀死他。

公元1644年，张献忠举行了一次武科考试，一个名叫张大受的考生拔得头筹，受到张献忠的亲自接见。在大殿上见张大受身长七尺，气宇轩昂，而且作为武状元的他诗词书画兼通。张献忠对他十分喜欢，马上赐予金币刀马，赐宴同坐。次日又命御用画匠为张大受精描肖像，复赐美女家丁几十人。欢喜之余，张献忠环顾左右说：“老子太喜欢这个状元了，喜欢得一刻也离不得，见了又要给赏，老子简直不敢再见其面了，怎么办呢？”正当众人不解其意时，他突然下令“杀掉张大受”。可怜只当了三天状元郎的张大受就在张献忠的“无厘头”思维之下命丧黄泉。

传教士利类思和安文思严重怀疑长期以来高强度的征战和复杂的环境导致张献忠精神失常。《圣教入川记》中记载“然有神经病，残害生灵”。特别是进入四川之后，经常是无征兆地下令杀戮百姓或者官员，而过后常常会表示后悔。这是典型的“反社会型人格”精神病的表现，而且罹患这种疾病的人童年大都在恶劣的社会与家庭环境中成长，这与张献忠的出身高度相似，这种病症的典型症状就是易怒，常为小事做出不计后果的行为。如果这一记录真实的话，我们也就不难理解为什么张献忠能够做出如此暴虐的行径了。

入蜀短短三年，张献忠对四川造成了巨大的破坏。公元1647年张献忠在西充凤凰山被清军绞杀，张献忠死了，然而蜀地的苦难并没有结束……

顺治四年（公元1647年），重庆外围的中军大营里虽然灯光昏暗，但是依然掩饰不住帐内清军主将的兴奋，他在给皇帝的奏折中写道：“此役臣斩首数万，所获骡马无数。复入内江，击破张献忠部一百三十六营，斩首两千三百,四川大定。”写奏折的人就是清和硕肃亲王豪格。

由于历史上清政府在修编《明史》的时候，有意将史料中对清军入川时的破坏做了销毁与隐匿，现在要比较精确地统计清军的屠杀人数已不太容易，但是从现存的档案和资料中还是能够从侧面分析出清军对四川人口的破坏情况。

清军在入关初期的战役中，常常以劫掠来犒赏兵士，伴随而来的自然就是屠杀。稍遇抵抗，无论军民都无差别地屠杀一光。顺治九年（公元1652年），清军由吴三桂率领与南明军队大战阆中，兵士死者一次就达四万多，尸体竟然将江水堵塞。在吴三桂给清廷的捷报中有这样一段文字："擒斩复臣及伪将等二百余员。贼兵四万余级。"而顺治接到了奏折后竟然直接下达屠杀原则，就连俘虏也要杀干净。有了皇帝的首肯，在剿灭张献忠部及南明势力的战争中，清军进行了大规模的屠城。

面对清军的屠杀暴行，公元1646年归顺南明的农民军将领郝摇旗、刘体纯等人，联合抗清地主武装王光兴、谭文等人，在夔州、远安、竹溪、施州广大区域的山岭之间建立基地，拥兵数万，抗击清军，史称"夔东十三家"。

夔东十三家的根据地在如今的三峡地区，此处是兵家必争之地，易守难攻，而且是四川入湖北的通道。义军此时在根据地内减租减税，实行了一系列的政策巩固根据地，一时间夔东地区呈现出"招徕抚集，百堵皆作"的景象，使以夔州为中心的社会经济得到短暂的恢复，成了蜀乱中的一块"乐土"。此时清军刚刚入川不久，军纪败坏，这一地区的抵抗情绪十分激烈，如果要剿灭夔东十三家，必然上演一场血战。清军权衡利弊之后，决定绕开夔东地区，直接南下剿灭南明政权。直到十几年后清军彻底消灭了南明政权，才开始对夔东地区抗清武装的绞杀。

康熙元年（公元1662年）九月，清军集结大军开始对夔东十三家进行围剿，战事惨烈。这场战役一直持续到康熙三年，夔东十三家最后一支部队李来亨部被消灭。清军在剿灭起义军的过程中，派出大批兵丁“四山搜剿”，以确保“扫穴无遗类”，坚持斗争21年之久的夔东十三家被清军剿灭。然而清军平定四川没过多久，镇守云南的吴三桂又起兵反清，四川再次成为战场。

为什么四川会频繁地成为战争的主战场？这与四川重要的战略位置密不可分。首先四川“沃野千里，天府之土”，是重要的战略基地，纵观历史，秦朝开发蜀地使国力大增、三国刘备据蜀而有天下三分，都证明了四川作为根据地的重要性。另外，四川地势险要，易守难攻，出可近中原腹地，退可守千里沃野。就连近代抗日战争时期，国民政府也是将西南作为大后方才得到了休养的时机。

康熙十二年到康熙二十年（公元1681年）的三藩之乱是四川百姓的第三次大劫难。吴三桂起兵时，郑蛟麟、吴之茂响应吴三桂叛于四川，兵祸使四川再遭蹂躏，“十室九空，……生灵涂炭，怨声满路”。康熙十九年（公元1680年）清军入川，供给遇到了极大困难，主将赵良栋、王进宝等人上奏折向清廷求援，此时主政的康熙却下令“就地打粮”：“惟蜀路运粮，最为重要，宜于所复城池、村落，遍访贼积米谷，悉行察收。”川蜀之地几经兵祸瘟疫，百业凋敝，百姓手中哪还有余粮？但有了圣旨，清军便肆无忌惮地抢掠财物，屠杀川民，很多城镇呈现出“路无行人，道惟荆棘，空城不闭”的景象，就连政府官员也逃遁得不知所终。清军入关时原始游牧民族的野性再一次暴露出来，一直到康熙二十年这场浩劫还在雅州等地发生，谷豆荞麦尽掠、鸡鸭牛羊尽杀、瓦屋茅舍尽毁，以至于大批难民不得不往川西谋生。

由于各方政治势力长期在蜀地进行角力，这一地区出现了大面积的权力真空地带，滋生了“摇黄”势力，无疑让蜀地战乱雪上加霜。

在四川兵祸持续之时，相继出现了“遵天王”袁韬、“逼反王”刘维民、“黑虎混天星”王高、“夺食王”王友进、行十万等一系列集团，“摇黄”是对这一系列性质相同的集团的统称。虽然有很多武装集团，但是他们的主要活动的范围还是在四川。相比起张献忠的部队，这股武装力量的残忍性有过之而无不及。他们由失去土地的流民组成，没有统一的政治纲领和口号，军纪更是无从谈起。长期以来受尽了阶级剥削和生活在社会底层的困苦之中，一旦有了权力，这群人的欲望便无限制地放大，化身为魔鬼。

正因如此，“摇黄”的破坏力从某种程度上来说比张献忠部更为强大和残忍，所掠之地，丁壮被掳，妇女被淫。崇祯九年，“摇黄”尽掠通江等县，造成赤地千里。

欧阳直在《蜀乱》里描述说：“乙酉（清顺治二年），……‘摇黄’贼屠巴州、通江、东乡、太平、达州、梁山、新宁、开县各地方，人烟俱绝。”“‘摇黄’贼攻破长寿、垫江、邻水、大竹、广安、岳池、西充、营山、渠县、定远各州县，城野俱焚掠。炮烙吊拷后，尽杀绅士及军民老弱男妇，掳其少妇幼子女入营……积尸遍地，臭闻千里。”

正是因为没有政治纲领，当时的几方政权都没有把“摇黄”作为政治敌人来重视，也无暇顾及他们，因此“摇黄”得以滋生和进行无所顾忌的破坏。通常是军队进剿，“摇黄”便遁入山林，官军去后，他们又照常出来劫掠。在川东、川北之地，“摇黄”活动更为频繁。这一区域本来就地瘠田少，百姓死亡不计其数。

崇祯十一年之后，“摇黄”的势力越来越大，川东、川北民不聊生，就连陕南也遭到了入侵。随着“摇黄”势力的扩大，很多乡绅、豪霸、亡命之徒，也都乘机加入，教唆奸淫烧杀之技。

欧阳直就曾落于“摇黄”行十万部，在军中他常常见到他们杀人作乐：士兵常常把小孩抛向空中，然后用枪接住；把人绑在树上，将内脏掏出……十年后当吴三桂率军从保宁向重庆进军时看到的是这样一幅景象：“枳棘丛生，箐林密布，虽乡导莫知所从。惟描踪伐木，伐一程木，进一程兵。”

“摇黄”侵蚀着蜀地，其破坏力之大，行事之残忍可见一斑。这股势力直到清朝定鼎中原之后才被清政府消灭。

而在长期的兵祸中，又催生了令人咋舌的“虎患”。

一队百姓高度警惕地行走在“密林”中，他们手持棍棒，排成环形，中间的几个人手持木桶，整个队形快速地往三十米外的水井方向移动。到达水井时，手持武器的人们迅速散开，面朝外包围住水井，手持木桶的人们迅速开始打水，打完水后他们又恢复了之前的队形，快速撤离。

这是顺治八年居住在成都市中心的老百姓日常取水的一幕。当时的成都是什么样子呢？可以从南明总督李乾德给孙可望（张献忠部将，后归降南明政权，随后降清）的信中看出来："荆棘塞道，万里绝烟，茂草荒林，惟有马迹，狐游虎逐，罕见人迹。"经历了几十年的战乱，人类文明似乎从四川的大地上被抹去了。原先的良田万顷、市井繁华荡然无存，不要说偏远的县城，像成都这样的大城市都变得是残垣断壁，植物疯长，飞禽野兽游走其中，成都原先的蜀王府也是野兽成群。文人王沄在康熙九年（公元1670年）入川时，目睹蜀王府荆棘丛生，成都更是"山麋野豕，交迹其中"，以至于幸存的居民将蜀王府称为"棘园"。如此环境下，老虎更是疯狂繁殖，在四川造成了为祸一方的"虎患"。

来看下欧阳直的记录："遍地皆虎，或一二十成群，或七八只同路。"而且这时的老虎还掌握了新技能——"逾屋上墙，浮水登船爬楼。"欧阳直本人就曾经历过虎口逃生。约在公元1647年他到达资阳、简阳县交界处的密林时，突然遇见四只老虎，但是这些老虎并没有吃掉欧阳直，而是从他身边"细嗅而过"。在宜宾、泸州等地，他又见到老虎多得像羊群一样的壮观场景。这些老虎在四川各地横行无忌，吃人无数，而且为祸时间长达半个世纪，造成了四川人口的严重损失。直到康熙二十二年（公元1683年），四川的考官方象瑛在《使蜀日记》中还记载了到达新都县时看到的情景："中衢茅屋数十家，余皆茂草，虎迹遍街巷。"在闹市区仅有茅屋十余座，其他地方杂草疯长，而且还能到处看见成群的老虎，可见蜀乱破坏之大。

四川因为虎患到底丧失了多少人口现在已经无法精确统计了，但是可以从四川巡按张瑃给朝廷的一份奏折中看出老虎的威力：“从陕西、甘肃入川的移民506人，被虎食228名；复又新招移民74人，被虎食42人。”

“蜀乱”为什么会出现如此猖獗的虎患呢？我们知道，四川被称为“天府之国”，川西平均海拔为三千米，而川东以丘陵盆地为主，全川地貌复杂，山地居多，气候湿润，植被茂盛，非常适合老虎生存。另外就是兵祸导致的虎患，大量的战争与杀戮导致川中人口锐减，城镇乡村荒废，很多地方荒无人烟，老虎等猛兽失去了重要的天敌，这为老虎提供了极佳的生存环境。在虎患最严重的地区，老虎竟然吃人都吃腻了，经常是撕咬几口便离去，以至于后来顺治、康熙时期，入蜀任职的官员第一件工作就是组织人力围剿老虎。

在天灾、兵祸、虎患之后，我们再看看蜀乱中的瘟疫。

崇祯六年，鼠疫首发山西。崇祯十四年（公元1641年）随着流民波及，北京变成了人间炼狱。昌平州的记载中称鼠疫为“疙疸病”——“病者先于腋下股间生核，或吐淡血即死，不受药饵”，而且“见则死，至有灭门者”。此次疫情大约夺走了20万北京人的性命，京中士兵、小贩、雇工大批倒毙。随着流民、兵祸的日益蔓延，鼠疫和其他疾病同样也传到了蜀地。

据《四川总志》记载：“大兵之后，凶年饥馑，瘟疫仍频。”当时四川主要有哪些流行疾病呢？我们先来看下症状：有的人患病以后，头大如斗；有的人双眼赤黄外凸；有的人双腿肿胀像马蹄一样，不能行走。凡是有以上三种症状的人基本就只能等死了。从以上的病例来看，蜀地的传染性疾病已经远远超出了鼠疫的范畴，霍乱、肝炎、疟疾数疫并发。同时在清平世道为人们看家护院的狗，在乱世也化身为恶魔——各个城镇以及郊野山林出现了大批携带狂犬病的野狗，它们往往几十成群，以死尸为食，频繁袭击路人。被疯狗咬伤的人往往会得上“疯病”（狂犬病），数日则毙。

直至康熙三十八年（公元1699年），四川等地还经常出现大规模的疫情。

中国封建社会往往在天灾之后会出现大的疫情，封建统治者会将这些情况与“天谴”“气数”“天道轮回”挂钩，其实这一系列的灾害都是有内在联系的。明末首先出现了大面积、长时间的自然灾害与病虫害，从根本上破坏了农业体系，其结果就是人们长期处于饥饿状态，这种情况下人的各项器官活动强度会明显降低，代谢水平下降，所以容易感染疾病。这还不是最重要的，灾害导致的饥饿往往造成了大量的流民和叛民，从而引发兵祸。灾害和兵祸造成的人牲死亡，尸体往往得不到及时处理，使病菌继续污染食物和水源，同时老鼠、跳蚤等害虫还会大批量地携带病菌，增加了传染媒介。

对于明末大疫病的流行，吴又可创新性地认识到了关于控制传染媒介的重要性，创立了“温疫”学说。他认为当时的疫病不是个体本身造成的，而是通过空气传染的，人对不同的病原体的适应性、抵抗力都不同。一旦相互接触就会传染，带来意外的灾难。他认为疫病“自口鼻而入”，并总结出一套切实可行的救治办法——提倡病患“戴口罩”和“隔离”。吴又可于1642年写成《温疫论》一书，领先西方的疫病学说二百年。

历经长达半个世纪的蜀乱，昔日的天府之国已经成为一片废墟。人口的锐减不再累述，就连四川境内的文明也毁于一旦。彼时成都街巷尽毁，城内百草丛生。成都一些水井之中水已枯竭，塞满人骨。四川境内千里无人烟，无鸡鸣犬吠，虎啸狼吟响于耳边。偶见一人，也是“断手瞎眼”，不成人状。

介于四川破坏之大，康熙二十二年（公元1683年）至乾隆六十年（公元1795年），清政府开始有计划地往四川移民，并且颁布“开荒即有其田”等土地政策，由此开启了四川移民热潮。其中湖北、湖南、广东、广西外来移民大约占了一半，湖北籍移民最多。因为在当时交通不便的情况下，由湖北进入四川较为方便。

在一百多年的移民过程中，全国各省总共有一百多万人定居四川，为蜀地的重建贡献了巨大的力量。而四川也逐渐在政治稳定、气候变暖的清朝中期慢慢恢复了天府之国的原貌。

# 激发个人成长

多年以来，千千万万有经验的读者，都会定期查看熊猫君家的最新书目，挑选满足自己成长需求的新书。

读客图书以“激发个人成长”为使命，在以下三个方面为您精选优质图书：

## 1. 精神成长

熊猫君家精彩绝伦的小说文库和人文类图书，帮助你成为永远充满梦想、勇气和爱的人！

## 2. 知识结构成长

熊猫君家的历史类、社科类图书，帮助你了解从宇宙诞生、文明演变直至今日世界之形成的方方面面。

## 3. 工作技能成长

熊猫君家的经管类、家教类图书，指引你更好地工作、更有效率地生活，减少人生中的烦恼。

每一本读客图书都轻松好读，精彩绝伦，充满无穷阅读乐趣！

## 认准读客熊猫

读客所有图书，在书脊、腰封、封底和前勒口都有“**读客熊猫**”标志。

## 两步帮你快速找到读客图书

1. 找读客熊猫君

2. 找黑白格子